【定本】

ハピネス・トラップ

マイン … 人のための

心 …

The … nessTrap 2nd Edition

Stop St … ing, Start Living

ラス・ハリス

Dr. Russ Harris

岩下慶一 訳

Iwashita Keiichi

筑摩書房

Chikuma Shobo

（定本はどこが変わった？）

今から十六年前に世に出た『ハピネス・トラップ』（日本語版は『幸福になりたいなら幸福になろうとしてはいけない』二〇一五年、筑摩書房刊）の改訂を思い立った時、きっと大した手間はかからない、ちょっとばかりの訂正を加えれば事足りるだろうとたかをくくっていた。だが作業を始めてすぐに、ほぼ全編にわたって大幅なオーバーホールが必要なことが分かった。終わってみると、実に五〇％以上が新たに書き下ろしたものになっていた。これはつまり、この数年間私がACTについて考え、語り、施術してきたなかで起こった変化の結果だと思う。

定本には多くの変更を加えたが、なかでも新しいツールやテクニック、エクササイズがかなり追加された。また、感情の特質やその理由についての新しい情報（そして感情の麻痺への対処法）、悪い習慣の断ち切り方、先送り癖の直し方、パニック発作、心配や執着、価値（一般的な価値ではなくACTにおける価値を指す。第10章参照）の対立やジレンマなどへの対処、誰にでもいい顔をしてしまう〝八方美人癖〟や完全主義、さらにはトラウマに悩む人々へのヒント、そして〝セルフ・コンパッション〟に関する多くの新しい情報などを含んだ章やトピックが追加された。

また、定本では、不明瞭な言葉や繰り返し、そして専門用語を極力排除した。もしあなたが最初の本を気に入ってくれたのであれば、本書はさらに多くの実りをもたらすだろう。

読書を楽しまれんことを。

幸運を祈る！

ラス・ハリス

contents

第2部　思考と感情の扱い方　75

献辞

私の兄弟、
エイドリアン、ダレル、ユラニー、クェンティンに
本書を捧げる。

昔のことわざにこんなのがある。

「家族は木々の枝のようなものだ。
それぞれ別の方向に伸びていくが、
根っこはいつも一つだ」

君たちが私の人生にもたらしてくれた愛と喜び、
優しさと笑顔に大きな感謝を。

本書は、
『幸福になりたいなら
幸福になろうとしてはいけない』
（原題〝The Happiness Trap〞）
の改訂第二版を
全訳したものです。

第1部

幸福になるのはなぜこんなに難しいのか？

第1章　人生は楽じゃない

　私たちがこの星で生きるごく短い期間、たくさんの驚きや感嘆、喜びを経験する。だが同時に山ほどの不安や恐怖、落胆も押し寄せる。愛情の高まりや人とのつながり、友情によって最高の気分になったと思えば、孤独や拒否、喪失などによる最低の感情も味わう。成功や勝利、何かを達成した喜びもあれば、失敗、敗北、失望の惨めさもやってくる。

　要するに人生は大変なのだ。ある程度の長さを生きていれば、痛みやストレス、苦痛はさまざまな形で現れる。問題は、私たちがこうした現実への対処の方法を知らないことにある。私たちはけんめいに幸福をさがす。だがそれはほとんど失敗に終わる。たとえ見つかってもたいていすぐになくなってしまう。残るのは不満と、もっともっとという感情だけだ。

「幸福になるのはなぜこんなにも難しいのだろう？」よくぞ聞いてくれた。この本は、私たちがいとも簡単に落ち入ってしまう〝心理的な罠《わな》〟を、膨大な科学的研究に基づいて明らかにする。私たちは、皆が信じているというだけで、幸福についてのまるで役に立たない知識を抱え込んで生きている。これらの知識は一見理にかなっているため、多くの記事や自己啓発書に繰り返し登場する。だがこうした誤った知識は人々を悪循環に誘い込むだけだ。結果、幸福を追求すればするほど、苦痛が大きくなる。この心理の罠は巧妙に隠されているため、私たちは自分がそれに囚われていることにさえ気づかない。

悪いことばかり書いたが、幸い希望はある。幸福の罠《ハピネス・トラップ》にはまった時、すぐに気づける方法があるのだ。さらに、そこから抜け出す方法も。その知識をこの本で伝授しよう。それは、アクセプタンス＆コミットメント・セラピー（ＡＣＴ）として知られる心理学モデルに基づいており、その効果を裏付ける論文は三千以上発表されている。

ＡＣＴ（アクトと発音する）は心理学者スティーブン・Ｃ・ヘイズと、その同僚ケリー・ウィルソンとカーク・ストローサルによって、一九八〇年代中頃に米国で開発された。以来、世界中に広まり続け、今日では米国はもとよりイギリス、ウガンダ、インド、インドネシア、そしてイランなどの多くの心理学者やセラピスト、カウンセラー、コーチや医師がＡＣＴを実践している。

ＡＣＴがこれほどまでに普及している理由の一つは、さまざまな心理的問題に対して驚異的な効果があるからだ。先に触れた三千もの論文は、うつ、依存症、不安障害、精神病、慢性痛やトラウマまで、あらゆる問題を扱っている。またＡＣＴはこうした精神疾患の治療法にとどまらない。慢性疾患や身体障害を持つ人々を環境に適応させ、さらには深刻な病を抱えながらも有意義で実り多い人生を生きることさえ可能にする。またＡＣＴは健康面や幸福感にも寄与し、ストレスを弱め、能力を高めて打たれ強くする効果があるため、軍隊や救急医療、政府関係、プロのスポーツチームやオリンピック選手などに採用され、ビジネスシーンや医療施設、学校などでも使われている。

最後にもう一つ。私たちは皆、健康的な食事や日常的なエクササイズ、良好な人間関係を保つことが大事だと知っている。これらは健康の基本であり、満ち足りた生活の土台だが、それを保ち続けるのはとてつもなく困難だ。言うは易し、というやつだ。ここでもＡＣＴは、悪しき習慣を打ち破るためのツールと戦略、先送りをやめモチベーションを上げて健康的な習慣を身につけ、人間関係を良好にする方法を授けてくれる。これらはいずれ説明するが、その前にあなたに考えてほしいことがある……。

■幸福があたりまえ？

人生とは不公平なものだ。家族の愛情と援助を一身に受けた人もいれば、保護者に虐待されたり、無視されたり捨てられた過去を持つ人もいる。想像もできない貧困、暴力と犯罪が日常的な地域、紛争地帯や刑務所、難民キャンプで生活する人もいれば、素晴らしく快適な住居で暮らす人もいる。重い病気やけがが、障害を抱えた人がいるかと思えば、健康を謳歌する人もいる。良質の食事、教育、医療、福祉サービスを受け、法に守られ、旅行や娯楽を楽しみ、仕事も順調な人がいる一方で、これらのいくつか、あるいは全部を奪われている人もいる。肌の色や宗教、性別、政治信条や性的嗜好などによる偏見、差別、迫害は後を絶たない。だがどちらの側にいるのも人間であり、したがって共通点もたくさんある。その一つが、どんなに恵まれていようと、あるいは不遇だろうと、私たち誰もが生まれながらに心理的苦痛に囚われやすい、ということだ。

　あなたも気づいているだろう。書店の自己啓発書のセクションはどんどん大きくなっている。そこにはあらゆる種類の本がある。うつ、不安、怒り、離婚、人間関係、依存症、トラウマ、低い自尊心、孤独、悲しみ、ストレス、自信の欠如……。心理学者やコーチ、カウンセラー、セラピストの数は年々増えているし、処方される薬の量もうなぎ登りだ。テレビやラジオ、新聞、雑誌、そしてポッドキャストやＳＮＳでは、自称〝専門家〟がひっきりなしに人生を向上させるというアドバイスをしゃべりまくっている。にもかかわらず人間の惨めさは増えこそすれ、減る兆しはまったくない。

統計を見るとさらに驚く。世界保健機関（ＷＨＯ）は、もっとも手強くて、費用がかかり、人間を弱らせる疾病はうつだと認定している。どの年を見ても、成人人口の十人に一人が慢性的なうつ状態で、五人に一人が人生のある時期うつになるという。また全成人人口の三分の一が人生の一時期、不安障害に悩まされる。さらには大人の四人に一人がアルコールや薬物に依存するという（米国だけを見ても、一四〇〇万人がアルコール依存症とされる）。

そしてもっとショッキングな統計がある。二人に一人が人生のある時期に自殺を考え、二週間ほど思い悩むという。さらに恐ろしいことに、十人に一人は実行に移してしまう（幸いにして成功する人はごくわずかだが）。

これらの数字をあなたの家族、友人、同僚に当てはめてみよう。彼らの半数が、惨めさに押しつぶされ、ある時点で自殺を考える。そして十人に一人は実行に移してしまうのだ。

心理的障害でなくとも、私たちを落ち込ませる要因はたくさんある。仕事のストレス、パフォーマンス不安（訳注：人前に出る不安）、孤独、人との対立、病気、離婚、親しい人との死別、けが、老いへの不安、貧困、人種差別、性差別、いじめ、実存的不安、自己不信、全般的な不安、失敗への恐怖、完全主義、自尊心の低下、中年の危機、インポスター症候群（訳注：自分の能力を信頼できず、自分は偽物ではないかと思うこと）、嫉妬、取り残される恐怖、人生の目的の欠如……挙げればキリがない。

つまり、いつまでも幸福であり続けるなど不可能なのだ！　となると、次の疑問が浮かんでくる……。

■なぜ幸福になるのがこんなにも難しいのか？

答えを探るために時間を三十万年ほどさかのぼろう。石器時代の私たちの先祖にとって人生は危険に満ちていた。でっかいオオカミやサーベルタイガー、毛むくじゃらのマンモス、敵対する部族、悪天候、食糧不足、そしてホラアナグマ……。ざっと挙げてもこれだけある。石器人が生き残りを望むなら、自分を傷つける恐れのあるものに常に注意を向けている必要があった。これができない者は若くして死んでいった。つまり我々の先祖は、危険を予測し避けることに熟達するほど長生きして子孫を残すことができた。

結果、その後の何世代にもわたり、危険を予知し、気づき、避ける能力は高まっていった。それから三十万年たった今も、私たちの心はいまだに周囲のあらゆるものを警戒し、判定し、判断している。これは良いことか悪いことか？　安全か危険か？　私たちの役に立つか、それとも足を引っ張るか？もちろん現代の心が恐れるのはトラやクマやオオカミではない。それは仕事をクビになること、人から拒否されること、スピード違反で捕まること、人前で恥をかくこと、癌になることなどだ。不安の種は他にもごまんと存在する。その結果、私たちはまず起こらないことにまで心を悩ますようになってしまった。

生き延びるために欠かせないもう一つの要素は集団に帰属することだ。いにしえの先祖はこのことを熟知していた。部族から追い出されたらオオカミにやられるのは時間の問題だ。集団から追放されないために心が気にかけることは何か？　答えは他のメンバーとの比較だ。自分は集団の中でうまくやれているだろうか？　正しい行動をしているか？　仲間に貢献しているか？　他者にくらべて劣っていないか？　追い出されるようなことをしていないか？
身に覚えがないだろうか？　私たちの心は社会から拒否されるぞと警告を発し、自分を他者と比較し続けている。私たちがこんなにも人に好かれているかどうか気にするのは当然なのだ。自分を向上させることにこれほど熱心なのも、また自分なんてまだまだだと責めるのも当然だ。雑誌やテレビやＳＮＳには、自分より賢く、金持ちで、痩せていてセクシーで、有名でパワフルな成功者があふれている。

私たちはこれらのきらびやかなメディアの創造物と自分とを比べ、失望や劣等感に浸る。さらにまずいのは、心が自分が望む理想像を作り出し、現実の自分と比較し始めることだ。勝ち目などあろうはずがない。自分は無能だという思いしか残らない。

どの時代のどの社会でも、成功のルールは〝より多く、より良く〟である。より良い銃があればより多くの食糧が手に入る。より多くの食物を蓄えていれば、食糧難を乗り切る可能性も高くなる。より良い住居は、危険を遠ざけてくれる。子供が多いほど成人する数も多くなる。私たちの心がいまだに〝もっと良く、もっとたくさん〟を追求するのも仕方ないのだ。より多くのお金、より良い仕事、高い地位、かっこいい体、もっと多くの愛、もっといいパートナー。うまく事が運んでたくさんの金やいい車、魅力的な肉体が得られると、私たちは満足する。ただしごく短い間だ。遅かれ早かれ（たいていすぐに）私たちはさらに多くを求めはじめる。

つまり、私たちは苦悩するように作られているのだ。自分と他者を比較し、厳しく自己評価し、批判する。自分にないものをあげつらい、現状に不平をこぼし、まず起こることのない未来の最悪のシナリオを想像する。これで幸せになれる方がおかしいではないか！

さらに拍車をかけるのが、人々に信じられている幸福についての情報の多くが、不正確か、あるいはまったく間違っているという事実だ。それらを信じることで人々はさらに惨めな状況に落ち込んでいる。中でも一番有名なものを二つ挙げよう。

●幸福についての神話その1　幸福なのが自然な状態だ

多くの人が、「幸福であるのが自然な状態だ」と信じ込んでいる。だが、先に紹介した統計はそれを明確に否定している。人間にとって自然なのは、自分が今いる場所、していること、起こっている出来事に従って、一日の間に苦痛と喜びの間を行ったり来たりする感情を、ただ経験し続けていくことなのだ。私たちの感情、気分、感覚はちょうど天気のようなもので、刻々と変化する。一年中、毎日暖かく、太陽が降り注いでいるというのはあり得ない。同様に、一日中ハッピーで楽しい、などというのも不可能だ。人生を最大限に生きようとすれば、あらゆる種類の感情を経験することになる。愛や楽しみ、興味などの満足感、そして悲しみ、怒り、恐れなどの苦痛。これらは人間にとってごく正常で自然な感情なのだ。

●幸福についての神話その2　あなたが幸福でないのは何かが間違っているからだ

神話その1から導かれるのは、西洋の社会が心理的苦痛を異常と見なしているという事実だ。西洋では苦痛は弱さ、病であり、欠陥を抱えた不完全な心による産物なのだ。結果、私たちは、苦痛の思考や感情を持った時、それを恥じたり、自分の弱さ、愚かさ、未熟さを責めることになる。

アクセプタンス＆コミットメント・セラピーはこれとはまったく別の見方をする。「あなたが幸福でないのはまったく正常なことだ」。考えてみよう。人生は厳しく、多くの困難に満ちている。常に幸福を感じている方がどうかしている。そして、人生を意味あるものにするには喜びや苦痛など、あらゆるタイプの感情を経験しなければならない。親しい人間関係について考えてみよう。それがうまくいっている時、愛と喜びなどを感じる。だがたとえ最高の関係であっても、遅かれ早かれ対立や失望、フラストレーションが現れる（完璧な人間関係など存在しないのだ！）。

これは、キャリアを築き上げる、家族を養う、あるいは健康と運動に気を配るなど、あらゆる有意義な計画において当てはまる。こうした行動は熱狂や高揚感をもたらすが、ストレスと不安が湧き起こるのも避けようがない。したがって、神話その2を信じていると面倒なことになる。不快な感情を受け入れる気がないと、よりよい人生を作り出すのは不可能だからだ（どうかご安心を。本書で不快な感情に対する別の対応を伝授する。今までとはまったく異なる方法だ。これによってこうした感情の影響をかなり弱められる）。

■ところで幸福っていったい何だ？

私たちが欲してやまない幸福。常に渇望し、それを目指してがんばる。だがそれはいったい何なのか？

人々に質問すると、たいてい「いい気分のことさ」という答えが返ってくる。喜びの感情、うれしさ、満足感。いにしえのローマ人は、幸福の感情を追求する生き方について、特別の言葉〝ヘデモニア〟を持っていた。ヘドニズム（快楽主義）という言葉はこれから生まれた。私たちは快楽が大好きだ。従ってそれを追いかけ回すのは当然といえる。だが幸福感は他の感情と同様、来たと思ったらすばやく過ぎ去る。どんなにそれを握りしめようと、長くとどまることはない。これから見ていくが、〝いい気分〟をひたすら追い求める人生は、結局は大きな不満足に終わる。実際、研究によれば、いい気分を追求すればするほど、また不快を避けようとするほど、うつと不安に悩まされやすくなるという。

だが、幸福についてのまったく別の解釈が存在する。それは、豊かで意味ある人生を送る、というものだ。私たちが、生きる上での〝信条〟をはっきりと決め、それに従って生きると、つまり自分がなりたい人物のようにふるまい、自分の心が望む行動をし、価値ある人生だと思える方向に舵を切ると、人生に意味と目的がもたらされ、莫大なバイタリティーが満ちてくる。これは、現れては消える感情とは全然違う。古代ローマの言葉でいうエウダイモニア、現代では繁栄と呼ばれる種類の幸福だ。こうした生き方をすると、確かに多くの喜びがやってくる。と同時に悲しみや不安、罪悪感などの歓迎されない感情も現れる（前にも言ったが、人生を目いっぱい生きようとすると、あらゆるタイプの感情を経験することになる）。

あなたも分かっていると思うが、この本で扱うのは最初に挙げた幸福ではなくこちらの幸福だ。いい気分になりたいのは誰もが同じだ。いい気分がやってくるとそれを味わい、楽しもうとするのは当然だ。だがいつもそうであろうとすると間違いなく失敗する。

実際のところ、人生は厳しい。この事実から逃れる術はない。遅かれ早かれ私たちは衰えていき、病に冒されて死んでいく。大切な人間関係も、拒否や別離、あるいは死によって結局は終わる。危機や失望、失敗なども避けようがなくやって来る。要するに、私たちはどんな形にせよ、苦痛の思考や感情を必ず経験するのだ。

ここでいいニュースだ。こうした苦痛を避けることはできないが、うまく扱うよいやり方がある。苦痛から逃れ、それを乗り越え、生きる価値のある人生を創造する方法だ。本書は、苦痛の思考・気分、感情、感覚、記憶などが持つインパクトを和らげるためのシンプルで効果的なスキルをあなたに伝授する。それらの持つパワーを抜き去り、それに抑圧されたりつまずくことがないようにする方法だ。苦痛に押し流されることなく、それがやって来て、去るがままにさせておくテクニックだ。また、過去に何が起きていようと、今どんな問題を抱えていようと、豊かで意味ある人生を築く方法も学ぶ。それはあなたに強力なバイタリティーと満足をもたらす。

ここでちょっと小休止し、あなたの心がこうしたことにどんな反応を示しているか見てみよう。それはポジティブで熱心な反応だろうか？　心はわくわくし、期待し、前向きになっているだろうか？　そうであればそれが続く限りいい気分にひたろう。だが執着してはいけない。後々見ていくが、心地よい思考や感情にしがみつくといろいろやっかいな問題が起こってくる。

あるいは、あなたの心は懐疑的、悲観的かもしれない。「これは私には合わない」または「こんなうまい話は信じられない。ウソっぽいね」と言うかもしれない。これらはとても正常な思考だ。あなたの心はちゃんと働き、あなたを苦痛や不快感から守ろうとしているのだ。どういうことかって？　例えば、あなたがこの本を読むことに多大な時間と労力を費やし、内容を実践したとしよう。すべてやってみたのに何一つうまくいかなかったら、ひどくガッカリするのではないか？　心はこういう苦痛からあなたを救おうとしているのだ。この本を読み終わるまで、心はさまざまなやり方で役目を果たそうとするだろう。その時思い出してほしいことが二つある。

a．これは心の正常な働きだ。すべての心がこれをおこなう

b．心は私の人生を邪魔しようとしているのではない。私の安全を守り、苦痛から遠ざけようとしているのだ

■さあ旅に出発しよう

この本を読むのは、ちょうど外国を旅するようなものだ。不思議なこと、初めて知ることばかりだろう。すでに知っていることも、今までの考えとはちょっと違っているだろう。苦痛やショックを感じるかもしれないし、わくわくしたり楽しめることもあるだろう。ゆっくり時間をかけて進もう。あせって進むよりじっくり味わってほしい。興味をそそられたり、今までと違うことに出合ったら立ち止まろう。そしてできる限り掘り下げてみよう。価値ある人生を作り上げるのがこの本の目的だ。じっくり楽しんでほしい。

第2章　決断のポイント

なぜ私たちが〝人間存在（human-beings）〟と呼ばれるのか、不思議に思ったことはないだろうか？　私としては、〝人間行動（human-doings）〟の方がずっとしっくりくる。食べることであれ、飲むことであれ、料理、掃除、おしゃべり、散歩、あるいは遊んだり読書することであれ、すべては行動だからだ（眠ることだってそうだ！）。

私たちは時に、自分が望む人生に向かって邁進《まいしん》するための行動をする。これらを〝前進行動〟と呼ぶことにしよう。またある時は、理想の人生から遠ざける行動をする。こちらは〝後退行動〟と呼ぼう。

図①でそれを表してみる。

■前進行動

〝あなたが理想とする自分〟にふさわしい行動や、困難にうまく対処し、長い目で見ると人生をよりよくする行動などが〝前進行動〟である。多くの人にとってそれは、愛する人と素晴らしい時間を過ごす、健康を保ち体を整える、他者にやさしさと気遣いを見せる、趣味・興味を追求する、楽しむ、スポーツをする、リラックスする、クリエイティブになる、自然に親しむ、自分の属する集団やコミユニティーに貢献する、能力を伸ばすために時間を使う（この本を読むとかね！）などだろう。

一つ言っておくと、良い前進行動、正しい前進行動、最高の前進行動などというものはない。それは自分で決めることだ。基本、どんなに小さいものでも、あなたの人生を向上させるもの、より豊かで満ちたりて、意味あるものにしてくれるのが前進行動だ。そしてこの本の目的の一つは、そんな前進行動をもっと増やすことにある。

図①

■後退行動

自分の理想像にふさわしくない行動や人生を停滞させる行動、あるいは長期的に見て悪くする行動が〝後退行動〟だ。愛する人を遠ざける、ケンカをする、エクササイズをしない、不健康なものを体に入れる、キレる、ピリピリして不親切になる、やるべきことを先送りにするなどなど。認知過程、つまり頭の中での行為も後退行動に含まれる。心配する、反芻《はんすう》する、思考に取りつかれる、過度に分析するなどだ（〝反芻する〟とは、何かをいつまでもくよくよ考えたり気に病むことだ）。

つまり、後退行動とは人生をネガティブにし、私たちを押しとどめ、問題を悪化させ、成長を阻害し、人間関係を損なわせ、長い間には健康と幸福にダメージを与える言動・行動のことだ。これらを弱めるか止められれば理想的だ。この本のもう一つの目的は、これを大幅に少なくすることだ。

後退行動に関しても、〝公式のブラックリスト〟は存在しない。どの行動がそれにあたるかは各個人が決めることだ。たとえば、信仰上アルコールを飲まない人にとって、飲酒は後退行動だ。だがプロのワインテイスターにとっては前進行動だ。私について言えば、週に二、三杯、適度にワインを楽しむのは前進行動だが、一晩に一本空けてしまうのは後退行動だ。あなたの場合はまた違った量になるだろう。

■大事なこと

これから私が言うことはとても重要だ。自分の額に入れ墨をしておきたいくらいだ（それも赤の太文字で！）。準備はいいだろうか。

状況によって、どんな行為も前進行動にも後退行動にもなる。

もう少し解きほぐそう。私は大事な仕事を抱えているにもかかわらず、ベッドから出ずにアラームの停止ボタンを何度も押し続けている。これはどう考えても後退行動だ（ある人にとっては後退行動ではないかもしれない。しかし私にとってはそうだ）。だが休日、自分への褒美として心地よい睡眠を楽しむために目覚ましを止めるなら、それは少なくとも私にとっては前進行動だ。だが他の誰かにとってはそうでないかもしれない。休日でも夜明けとともに起き出してジョギングやヨガ、ワークアウトをする人にとって、寝ていることは時間のムダでしかない（こういう人々はどんな星からやってきたのだろうか？　彼らは自分は地球人だと言い張るが、私には信じられない）。

また、私にとって、オフィスで勤務時間中に、研究会やウェビナーでのトークをメンタル・リハーサルする（心の中で練習する）のは前進行動だ。だが家にいる時、愛する誰かが私に大事な話をしているのに練習を続け、その結果、話に上の空となり相手を怒らせたとしよう。この場合、メンタル・リハーサルは明らかに後退行動だ（告白しよう。いま挙げた例はまったくのフィクションではない。私には前科がある。しかも一度ではない。これは間違いなく常に後退行動だった！）。

最後にもう一つ例を挙げよう。医療に関する緊急事態が起きて、誰かとの約束をドタキャンしたとしよう（具合が悪い友人を病院に連れていかなければならないなど）。あなたはそれを前進行動とみなすだろう。一方、あなたはひどく孤独で人とのつながりもなく、誰かと約束をしても不安に駆られるとすぐにキャンセルする癖があるとしよう。そしてそうするたびに孤独感がつのる。こういう状況で不安を理由にキャンセルするのは後退行動だとあなたは考えると思う。

この原則を理解することは大変重要だ。それは本書を通した大前提だからだ。もう少し専門的に言えば、これは〝有効性〟と呼ばれる。ある状況でのあなたの行動が自分の理想の人生に近づく助けになるならば、それは〝有効〟な行為とされる（もちろん前進行動だ）。一方、反対の働きをするものは、〝無効〟な行為（後退行動）だ。そして、ある行為が有効か無効かを判断できるのはあなただけなのだ。

■後退行動を引き起こすもの

生きるのが楽な時、つまり物事が比較的うまく運んで気分がいい時、前進行動を選ぶのは簡単だ。だがそういう時が果たしてどのくらいあるだろうか？　実際、人生は困難の方が多い。望む通りにならないことは日常茶飯事だ。予想もしない問題や難しい状況が次々現れる。何度も苦痛を味わわされる。不安、悲しみ、怒り、孤独、罪悪感……。私たちは役に立たない思考も山ほど抱えている。「自分は無能だ」「こんな問題どうにもならない」「こんなの不公平だ」「私は負け犬だ」「あまりにも大変すぎる」「人生なんて最悪だ」（この手の思考は無限に出てくる）。そして何より、私たちは常に強い衝動や欲求、苦い記憶、肉体的な不快感と戦わなければならない。本書では、心の中で起こるこれらの不快な体験を、ひとまとめに〝苦痛の思考と感情〟と呼ぶことにする。

　図②に示すように、苦痛な状況や思考・感情が現れた時、私たちは前進行動か後退行動のどちらかで対応する。

　残念なことに、苦痛な思考や感情が現れると、私たちは針に掛かった魚のように簡単に〝釣り上げられる（囚われる）〟。これにはおもに二つの〝捕まり方〟があるが、この二つには重なる部分も多い。それぞれを〝服従モード〟〝抵抗モード〟と呼ぶことにしよう。

●服従モード

　服従モードになると、私たちは思考や感情に支配される。それらは私たちの意識を完全に牛耳り、行動を意のままに操る。思考や感情に服従すると、私たちはそれらに意識を集中するため他のことは目に入

図②

らなくなる。その言いなりになることさえある。〝もうダメだ〟という思考に捕まると、私たちは服従する。あきらめ、挑戦するのをやめる。苦痛な記憶が現れると、私たちはやはり服従する。意識は現在から完全に切り離され、過去に向けられる。怒りも私たちを釣り上げる。それに服従すると、私たちは叫び、口汚くののしり、攻撃的になる。衝動や欲求に捕まった時も私たちは服従し、さまざまな悪習慣や依存にひたってしまう（注：服従モードはＡＣＴの専門用語で〝フュージョン〟という）。

●抵抗モード

抵抗モードでは、私たちは思考や感情による支配に抵抗する。それらに支配されないよう積極的に戦い、あらゆる手段を使ってそこから逃げようとするか、それを力づくで押さえつけたり追い出そうとする。薬物やアルコール、ジャンクフードに頼る人もいる。また、すべきことを先送りしたり、引きこもったりなど、その場しのぎのあらゆる手段を使う。そうすることで私たちの健康や幸福が台無しになってしまうときでさえ（注：抵抗モードのことをＡＣＴ用語で〝体験の回避〟という）。

●〝囚われること〟＋〝後退行動〟＝心理的苦痛

思考や感情は私たちを釣り上げるとたぐりよせ、小突き回し、後退行動に追い込む。実際、精神疾患や依存症、慢性の痛み、トラウマ、強迫神経症などのほとんどがこのプロセス、〝苦痛の思考と感情が私たちを捕え、後退行動に駆り立てる〟に起因している。

　つまり、思考や感情に服従モードや抵抗モード、あるいはその両方で対応するのは自己破壊的だということだ。そしてこの行動パターンは、私たちがプレッシャーにさらされた時にする〝悪習慣〟、つまり不健康な習慣、問題のある人間関係、能力低下、病的な完全主義、行き過ぎた他者への気遣い、行動の先送り、その他のあらゆる生命力を損なう破滅的行動の原因にもなっている。図③で示そう。

図③

■思考から逃れ、望む人生を目指す

幸い、苦痛の思考や感情からうまく逃れ、前進行動ができる場合がある。それができるほど人生はより良くなる。苦痛は減少し、人生は充実する。そしてこれがこの本のテーマである。

本書の中でも特に大事な課題は、自分の〝価値〟、つまり心のもっとも深い部分に横たわる〝人間としてどのように行動したいか〟〝自分や他者、そして世界とどのように接したいか〟などの欲望を明らかにすることだ。あなたがとても愛している人を想像してほしい。もっとも望ましい自分になったとしたら、その人とどう付き合うだろうか？　おそらく、やさしく愛情深く、相手の支えとなり、信頼される、気遣いと思いやりにあふれた人間として接するのではないか？（もちろん私が間違っているかもしれない）。私の予想どおり、これらがあなたの望む性質であるならば、それがあなたの〝価値〟である。

もっと明確にするために、あなたが他者と接する際にいつも選択する自分の役柄を一つ選んでみよう（友人、パートナー、両親、隣人、従業員、学生、チームメイトなど）。さて、私はあなたがその役柄をもって接している人から話を聞くとしよう。私はあなたについて彼らに質問する。まず、彼らに対するあなたの接し方の傾向を聞く。彼らが悲しんだり苦闘したり、困難にあえいでいる時にあなたはどんな言葉をかけるか？　次に、他の人に対するあなたの接し方について質問する。そして最後に、他者に接する時のあなたの美点を三つ挙げてもらう。

もし魔法の力を使えるとして、あなたはこの人物にどう答えてほしいだろう？（もちろん本音で）。少なくとも二分間は考えてみよう。

次に、あなたの他の役柄についてもこのエクササイズをしてみよう。ここでも二分間がんばってみよう。

結果はどうだっただろうか？　あなたはそれぞれの役柄における自分の望む行動、自分の〝価値〟を発見したはずだ（わけが分からなくなったり、エクササイズが難しいと感じても心配ない。後でもう一度掘り下げる。これはほんの小手調べだ）。

ひとつ言えるのは、今この本を読んでいるあなたは価値に沿って生きているということだ。あなたは苦痛を和らげ、人生を向上させるためにこれを読んでいる。あるいは、良き友人、パートナー、親、親戚、隣人になりたいからかもしれない。これはつまり、〝思いやり〟、自分か周囲の人、あるいはその両方を気遣いたいという価値を持っている証拠だ。

自分の価値をはっきりさせておくことは大切だ。なぜならそれは非常に役立つからだ。私たちはそれをコンパスとして使い、賢い判断のガイド、エネルギー源、さらなる前進行動の動機とすることができる。

もう一つの効用は、このアプローチを思考から逃れるテクニックとして使うことだ。苦痛の思考、感情、記憶や衝動が現れた時、後退行動に引き込まれる前にそれから離れられる。思考から逃れ、前進行動を選択できるようになるほど人生の質と健康が向上し、幸福感が増す。図にすると④のようになる。

図④

■チョイスポイント

④の図は〝チョイスポイント（選択のポイント）〟というものだ。苦痛の思考・感情が訪れた時、私たちは潜在的に選択が可能だ。起こったことに効果的に反応し、人生を豊かにする行為（前進行動）を選択することも、人生を損なう行為（後退行動）を選ぶこともできる。〝潜在的に〟と言った点に注意してほしい。選択が可能になるのは私たちが効果的に思考から逃れる技術を持っている場合だけだからだ。それがない限り、私たちは〝初期設定〟通りに思考に囚われ、後退行動に追い込まれる（そしてたいていの場合、手遅れになるまでそうなったことに気づかない）。そして思考から逃れる能力が低いほど選択肢も少なくなり、思考と感情に支配され、人生を乗っ取られ、行動を決められてしまう。

私はＡＣＴのモデルを単純化するため、ジョセフ・チャロッキとアン・ベイリーの協力を得てチョイスポイントというコンセプトを考案した。この言葉は本書を通して使用される。このあと、今日までのあなたの人生に基づいたチョイスポイントの図を完成させてもらう。それは今後の人生の旅において地図の役割を果たすだろう。だがその前に、この本を効果的に使うための三つの戦略を紹介しておこう。

●1．すべては実験だと考える

読者の皆さんに、この本に出てくるさまざまなツール、テクニック、方法をやってもらう。だが、誰にでも有効な方法というものは存在しない。あなたがすることはすべて実験であり、やってみるまで結果は分からない。なので、常に心を開き、好奇心をもって本書のツールを試し、その結果を検証してほしい。それが役立つようなら万々歳である。しかし役に立たないなら、自分の目的に合わせてやり方を少し変えてみるか、あきらめて先に進もう。

私が役に立つと言ったからといって鵜呑みにしないでほしい。自分の経験を信じよう。

この本をあなたの好きなように利用し、合わないものはどんどん捨てていこう。

●2．心が邪魔してくるのは想定内

エクササイズがあなたをコンフォートゾーン（訳注：自分が心地よく感じる心の領域）から引きずり出す場合、心は異議を唱えてくるだろう。それはあたかも頭の中に〝言いわけ製造機〟があるかのようだ。何かをしていて不快な気分にぶつかると、言いわけ製造機はただちに〝それができない理由〟〝やらない方がいい理由〟、さらには〝やる必要がない理由〟を紡ぎ出す。「それは自分には効果

がない」「こんなことくだらない」「私にはできない」「時間がないよ」「エネルギーがない」「その気になれないんだ」「後でやるよ」「あまりに不安なんだ」「落ち込み過ぎてできない」「そんなこと面倒臭いよ」などなど。

厳しい自己評価が原因となって、心が理由を生み出すこともある。「それをするには私はあまりに愚かだ／弱い／怠惰だ」「どうせうまくいかないよ」「良き人生なんて自分には縁がない」……。不安が原因の理由づけもある。「失敗したらどうしよう？」「誰かを怒らせるかもしれない」「笑いものにされたら嫌だな」。過去の経験が理由になっていることもある。「前にもやったけど失敗したよ」。感情によるものもある。「そんな気分じゃないんだ」「面倒臭いな」「今はやりたくない」……。

〝言いわけ製造機〟がどんな理由を作り出そうと、前の章で私が言ったことだけは覚えておいてほしい。それはあなたを不快な思考や感情から守ろうとする心の働きなのだ。心が本書の実験をやらない理由を作り出した時があなたのチョイスポイントだ。

・チョイス１　心に自分を支配させ、エクササイズをやめる
・チョイス２　心に言いたいことを言わせてやるが、それを信じない。実験をしている間それが現れたら、後ろで鳴っているラジオのように好きにしゃべらせておく

（あなたが自己啓発本の熱心な読者なら、私が三つめの方法、「それらの〝ネガティブ思考〟に反論し、それを追い払い、ポジティブ思考に置き換える」を挙げないのに驚いたかもしれない。ＡＣＴではそれをしない。後の章で説明するが、ほとんどの場合うまくいかないからだ。）

●3．練習こそすべて

新しいクライアントがこの本の最初の版を持って私のオフィスにやってきた。彼女はソファにすわり、本をテーブルに投げ出すとこう言い放った。「本を読んだけど何の役にも立ちませんでしたよ！」

「なるほど」私は困惑したが、とりあえず言った。「でも、読みながらエクササイズをやりましたか？」

彼女は戸惑いながら言った。「いいえ」

「そうですか、ではうまくいかなくても仕方ありませんね」

ギターを弾くことでも、車の運転でも、日本料理を作ることでも、何か新しいスキルを身につけようと思ったら練習は避けて通れない。本を読むだけではスキルは得られない。確かにそれがどういうものかは理解できる。それがどんなものを含んでいて、どうすればうまくなれるかは分かるだろう。だがスキルは身につかない。一万冊の本を読んだとしてもギターを弾けるようにはならないし、運転も料理もできるようにはならない。ギターを取って掻き鳴らし、ハンドルを握って道路を走り、キッチンで実際に鍋やフライパンをふるうべきなのだ。この本で紹介する心理的なスキルも同じだ。読むだけでは思考から逃れるテクニックは身につかない。実験を繰り返し、何度も練習すべきなのだ。

■さあチョイスポイントを決めよう

ではいよいよチョイスポイントの図を完成させよう。次のどちらかを強くお勧めする。

a．チョイスポイントを一つ紙に書き出す（中央の点から二本の矢印を引くだけだ）。

b．私の無料Eブック、The Happiness Trap: Extra Bits からフォームをプリントアウトする。

このEブックは名前の通り、本書を補足する音声やワークシートが載っている。私のウェブサイト、thehappinesstrap.com の無料素材からダウンロードできる。ダウンロードしても自分で書いてもよいので、以下の私の指示を参考にチョイスポイントの図を完成させよう（今すぐやるのが無理なら少なくとも数分間、何を書くか想像してみよう）。この章の後ろに完成版の例がある。もしどこかでつまずいたら、それを参照してほしい。

●パートA：あなたを捕らえる〝針〟は何か？

1．チョイスポイントの図の下の方に、現在あなたが抱えているもっとも大きな問題を四つか五つ書き出そう（仕事の問題、健康上の問題、人間関係の問題、いじめ、拒否、偏見、差別、金銭問題、友人がいない、近親者との死別など）

2．その下に、頻繁に起こる苦痛の感情（悲しみ、不安、罪悪感、孤独感、怒りなど）、そして苦痛の感覚（胸が締め付けられる感じ、胃の痛み、心臓がバクバクする、しびれ感・空虚感など）を書く

3．次に、あなたが戦っている衝動を書く（喫煙、飲酒、ギャンブル、怒鳴るなど）

4．最後に、よく現れる役に立たない思考を書き出す。特にあなたの足をひっぱる自己評価（自分は愚かだ、現実に対処できない、いつも失敗する、私は負け犬だなど）、思い込み（完璧にや

りとげなければならない、人を喜ばせなければいけない、自分の人生は決してよくならないなど）、そしてネガティブな予想（きっと失敗する、病気になるだろう、また拒否されるだろうなど）。必要であれば、繰り返し現れる苦痛の記憶も書き出そう

この本のエクササイズをすれば、苦痛の思考や感情から逃れるためのさまざまなスキルが身につき、それらに翻弄されることがなくなる。苦痛や思考に悩まされ押し流されることなく、それらを自然に流す方法が分かる。さらに、困難な状況を改善する（あるいは、その方がよい場合はそこから離れる）ための、自分の価値に導かれた効果的な行動の仕方も理解できる。

●パートB：あなたの後退行動は何か？

図中の左の矢印に沿って、あなたがよくやる後退行動を書き込もう。それは、さきほど図の下部に書いた思考や感情がきっかけとなり、あなたが服従モード、あるいは抵抗モードに入った時に起こす行動だ。後退行動はたいてい肉体的な行為だ（ジャンクフードを過食する、愛する人を怒鳴りつける、テレビを見続ける、寝室に閉じこもる、酒びたりになるなど）。だが、心の中の行為もある。心配する、思考に取りつかれくよくよ考えるなど（いわゆる〝認知過程〟と言われるものだ）。

「私は失敗するだろう」などの個々の思考はチョイスポイントの一番下にくる。それは突然心に湧き上がるもので、防ぐ方法はない。だが、この思考に反応すると、心配や思考の反芻、妄想などが起こる。これらの認知過程は左向きの矢印に沿って書き込む。

思い出してほしい、後退行動はあなたが役に立たないと認定した行動であり、あなたを理想の人生、

理想の自分から遠ざけるものだ。これはあなた個人の視点で決めた、あなた独自のものだ。

また、後退行動は行動であり、あなたの感じることではないことも覚えておこう。感情、気分、感覚、衝動などは後退行動ではない。それらは矢印の所ではなく図の下部に置こう。後退行動は、図の下に置いたこれらの感情が引き金になって起こる、役に立たない行動のことだ。

●パートC：あなたの前進行動は何か？

人生がどんなに困難でも、どれほどガチガチに思考や感情に囚われていても、左向きの矢印がどんなに長くなったとしてもこれだけは言える。あなたは時には前進行動をする（本書を読むなど）。図の右側の矢印に沿ってあなたがしている前進行動を書き込もう（例：『ハピネス・トラップ』を読む）。

それが済んだら、あなたがしたい前進行動を書く（〝囚われから逃れるスキル〟も忘れず入れよう）。これにはあなたが追求したい目標、したい行動、それに沿って生きたい価値などを含んでもよい。ここでも注意をひとつ。前進行動はあなたの行動であり、感じ方ではない。〝リラックスしている〟〝幸福を感じる〟などは右向きの矢印の所に書いてはいけない。そういう気分になった時、あなたがするであろう行動を書く。

うまくできなかったら以下を試そう。

・あなたの後退行動の一つを観察し、自問しよう：私はこの後退行動の代わりに何をしたいだろう？

・29〜30ページのエクササイズであなたが選択した役柄を二つ選んで考えよう。これらの役柄をする上で、あなたが始めたい行動、あるいは続けたい行動は何か？

・第1章で触れた、健康と幸福のための三つの基礎、エクササイズ、体によい食事、よい人間関係について考えてみよう。これらの分野についてあなたがしたいこと、続けたいことは何か？

右向きの矢印が簡単に埋められた人は上出来だ。だが難しかったり、まったくできなかった人も安心してほしい。それが普通なのだ。ほとんどの人はとても手間取り、中には不安になる人さえいる。右向きの矢印のところがスカスカだったり真っ白だったりしても問題ない。今のところ人生を意味あるものにする方法は思いつけない、ということを認めておこう。だがすぐにできるようになる！　後の章で、図をすっかり埋めるためのエクササイズをいくつか伝授しよう。

■ここからどこへ行く？

さて、あなたは本書の目的が分かってきたと思う。ここで、あなたの心が言うことに耳を傾けてみよう。心はやる気満々だろうか？（「よし、やってみよう！」）。懐疑的だろうか？（「こんなのデタラメだよ」）。不安を持っているか？（「これをやるのは大変すぎる」）。疑わしく思っているだろうか？（「このやり方は私には合わないと思う」）。それともまったく無言だろうか？

心がなんと言おうと、それを認めてやろう。

あなたが先を続けたくなるようなことを心が言ったなら、とてもラッキーだ。心は時には味方になり、勇気づけてくれるものだ。素直に感謝しよう。

心があなたのやる気をくじくようなことを言う場合、そこがチョイスポイントとなる。心がネガテ

後退行動

酒を飲みすぎる
テレビの前で
ボーッとする
人と接するのを避ける
エクササイズをしない
不健康な食事
週末、ベッドで
だらだら過ごす
他人に当たる
親友を避ける
要らないものを買う
過度の心配性
SNS などに
過度に時間を使う
犬の世話をしない

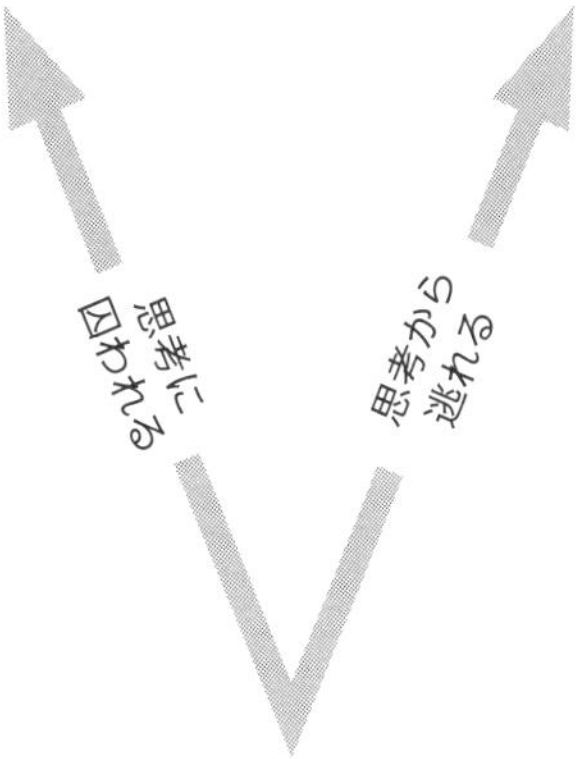

前進行動

本書を読む
思考・感情から逃れる
スキルを学ぶ
自分への思いやり、愛、
許しという価値に
沿って生きる
分別を持ち、
ほどほどの飲み方をする
自転車に乗ったり、
ジムに通う
友人に会う
健康的な食事
親友と仲直りする
キャリアカウンセラーに会う
生活費を管理する
自然と親しむ
よい本を読む
新しい、いい音楽を発見する
犬と遊ぶ

現在の状況

親友とのけんか、退屈でストレスの高い仕事、大きな借金、
パートナーがいない、一人で過ごす長い週末

現在の気分

怒り、不安、悲しみ、孤独

現在の思考

自分は退屈で弱く、人から愛されない、愚かな人間だ。友達がいないのも当然だ。
人生なんて最悪だ。パートナーやいい仕事が見つかることなんてあるんだろうか？
希望はほとんどない。

図⑤チョイスポイントの図の例

ィブなことを言うので挑戦をやめるか？　それとも心には言いたいことを言わせておき、それが不快感からあなたを守ろうとする行為であることを認め、本書を読み続けるか？

　ぜひ後者を選んでほしい。なぜなら次の章ではとても重要な事実について掘り下げるからだ……。

ミシェルの目から涙が伝い落ちた。「私の何がいけないんでしょう？」彼女は言った。「素晴らしい夫、子供たち、よい仕事に恵まれて、素敵な家もある。健康で豊かな生活です。なのになぜ幸福ではないんでしょう？」もっともな質問だ。ミシェルは欲しいものをすべて手に入れてしまったように見える。では何がいけないのか？　これは西洋社会でよくあるパターンだ。理由はこの章の後半で検討するとして、まず幸福に関する神話の続きを見てみよう。

■幸福についての神話その3　自分の思考や感情をコントロールするのは簡単だ

多くの自己啓発本やプログラムが、手放しでこの神話を支持している。一番多い主張は「ネガティブ思考を追い払い、ポジティブ思考で頭を満たせば幸福で自信にあふれ、成功できる」というものだ。人生がそんなにシンプルだったらどんなに楽か！

実際のところ、私たちは自分で望むようには思考をコントロールできない。私が説明するまでもなく、あなたは分かっているはずだ。賭けてもいいが、あなたは今まで何度もポジティブ思考に挑戦したに違いない。だがネガティブ思考はいつも戻ってきた。第1章で見たように、私たちの心は三十万年以上の月日をかけてこうした働きをするよう進化してきた。ちょっとばかりポジティブ思考をやってみたところで焼け石に水なのだ！（ポジティブ思考にまったく効果がないわけではない。こうしたテクニックで気分がよくなることもある。少なくとも短期間は。だが長期的に見るとネガティブ思考を追い払うことはできない）。

怒りや恐れ、悲しみ、罪悪感、恥ずかしさなどの不快な感情についても同じことが言える。

こうした感情を〝排除する〟ための心理学的な手法は山ほどある。だが、追い払ったところでしばらくすると戻ってくることは間違いない。そして再び追い払う。だがまたやってくる。同じことの繰り返しだ。

おそらくあなたはかなりの時間と労力を費やして、〝悪い気分〟〝ネガティブな思考〟を〝よい気分〟〝ポジティブな思考〟に置き換える努力をしてきたに違いない（私もそうだった！）。ストレスがそれほど強くなかったり、状況がそれほど困難でない場合、うまくいくこともあっただろう。だがストレスが強かったり状況が困難だった場合、思考や感情をコントロールする力は弱くなる。ひどい苦悩に襲われたり、大きな挑戦をしようとしたり、コンフォートゾーンを出て苦痛と対峙しなければならないなど、本当に大変な状況に陥ると、とても幸福感など持てるものではない。

だが残念なことに、この神話は私たちの文化に深く根を下ろしている。このため、思考と感情のコントロールがうまくいかない時、私たちは自分が愚かで弱く、無能だと考えてしまう。ここで一つの疑問が浮かぶ。私たちの実際の経験とあまりに正反対のこの神話が、なぜこんなに幅をきかせているのか？

■コントロールという幻想

人間の心は素晴らしいものだ。心のおかげで私たちは計画を立て、何かを発明し、体の動きを連携させ、問題を分析し、知識を共有し、経験から学び、未来をあれこれ想像できる。今あなたが着ている服、すわっている椅子、頭の上の屋根、持っている本、すべてが心なしには存在しなかった。心は、私たちが世界を形作り、望む通りに作り変え、暖かい住居や食料、水、外敵からの防御、衛生環境、薬などを得ることを可能にした。外部環境をコントロールする私たちの驚くべき能力は、他の分野についても同様の期待をさせることになった。

現代の物質社会において、コントロールの戦略はそこそこうまくいっている。自分にとって不都合なことがあれば、それを避けるか追い払う方法を考えて実行する。家の外にオオカミがいるなら石を投げるか槍か銃で追い払え！　雨や雪やあられは止められないが、洞穴に逃げ込むか避難所を作ろう。乾いて痩せた土地は、灌漑《かんがい》や肥料の散布で解決できる。それが駄目ならもっと豊かな土地に移ればよい。

だが自分の内面となると、私たちはどの程度コントロールが可能だろうか？　望まない思考、記憶、感情、衝動、感覚などを、避けたり捨て去ったりできるものだろうか？

ひとつ実験してみよう。この段落を読んでいる間、アイスクリームのことを考えないようにしよう。その色や舌触りについて考えてはいけない。暑い夏の日にそれがどんなに美味しいかも、口の中でとろける時どんなに心地よいかも考えない。

床を見つめて、一分間アイスクリームについて考えないようにしてみよう。

うまくいっただろうか？

そう、アイスクリームについて考えないのは不可能だったに違いない。

（他の何かについて考えることでアイスクリームの思考を封じ込められる人も少しは存在する。だがこれはよくない！　多くの研究が、この種の思考の抑圧は長い目で見ると失敗に終わるばかりか、さらに強いリバウンドを引き起こすことを示している。結果、抑圧した思考はさらに頻繁に、さらに強力に現れるようになる。これについては後で説明する。）

もうひとつ実験しよう。最後に食べた食事について思い出そう。朝食、ランチ、夕食であれ、それを可能な限り鮮やかに思い出そう。何を食べたか、それはどのように調理されていたか、味はどうだったか？

やってみただろうか？　よろしい。では今度はそれを消し去ってみよう。二度と戻ってこないように完全に消去してみよう。

どうだっただろうか？（もしうまくいったと思うなら、本当に覚えていないかチェックしてみよう）。

次は、左足に意識を向け、感覚を感じとってみよう。感じただろうか？　上出来だ。今度は完全に無感覚にしてみよう。まったく感覚がなくなり、弓のこで切り落とされても何も感じないくらいまで。

うまくいっただろうか？

お次は思考実験だ。私はマッド・サイエンティストで（私を知る人ならこの仮定に違和感を持たないだろう）悪魔の実験をするためにあなたを誘拐した。私はあなたの体にこの世でもっとも敏感なウソ発見器（ポリグラフ）をセットする。この機械は心臓の鼓動や呼吸数、血圧、脳波、そしてアドレナリンの濃度を計測する。そしてほんのわずかな恐怖か不安の兆候があれば、赤いライトが点滅し大きなアラームが鳴る。

あなたは椅子に縛りつけられ、電線を装着される。私は巨大な発電機につなげられた赤いレバーに手を置いている。気味悪く笑いながら私は宣言する。「これから行う実験では、お前はいかなる不安も感じてはならない。もし感じたら私はこのレバーを引き、お前に百万ボルトの電撃を喰らわせる！」

何が起こるだろうか？

あなたは焼き尽くされるだろう。命がかかっているにもかかわらず、あなたは不安を抑えることができないだろう。こういう状況では、ごくわずかな心配の種が巨大な不安の引き金になるのだ。

では最後の実験だ。下の星の形をしばらく見つめた後、二分間思考を停止してみよう。やることはこれだけだ。二分間、心に浮かぶどんな思考も止めてみる。特に星に関連した思考や、この課題については考えてはいけない。

ここまで読んだあなたは、思考や感情、感覚や記憶をコントロールするのはひどく難しいというこ

とが分かってきたと思う。前にも述べたが、いくらかのコントロールは可能だ。だがそれは私たちの望むようなレベルではない。現実を見てみよう。思考のコントロールがそんなに簡単であれば、私たちは永遠の至福の世界にいるはずではないか？

■どうすれば感情のコントロールを身につけられる？

私たちは幼い頃から、感情をコントロールできるようになれ、と言われて育つ。成長過程で次のような言葉を何度となく聞かされただろう。「泣くのをやめなさい、さもないとお仕置きだよ」「そんなにふさぎ込むなよ、物事の明るい面を見ようよ」「男の子は泣かないもんだ」「自分を憐れむのはやめなさい」「心配することなんてないんだ」「もっとポジティブに考えろ」「怖がっちゃだめだ」「元気を出しなさい、そんなこと起こらないよ」「こぼれたミルクを嘆くな（済んだことをくよくよ考えても仕方ない）」「海にはもっとたくさんの魚がいるよ（まだまだチャンスがあるよ）」

大人たちはこうした言葉を何度も繰り返し、感情をコントロールするよう説いた。まるで大人は完全に感情をコントロールできているかのように。だが、実際のところはどうだったか？　ほとんどの大人が、苦痛の感情とうまく付き合えなかったに違いない。大酒を飲み、精神安定剤に頼り、涙に暮れながら眠りにつき、浮気に走ったり仕事に打ち込んだり、人知れず苦しんで胃潰瘍になっていたかもしれない。どんなやり方で乗り切っていたにせよ、大人はそれをあなたに言わなかったというだけだろう。

まれに、大人がコントロールを失う場面にあなたが遭遇しても、彼らは、「涙が流れているだろう？これはいわゆる〝悲しみ〟ってやつを感じているからさ。誰だって時には経験するよくある感情さ。

これを切り抜ける心理学のスキルを教えてやろう」とは言わなかっただろう。

「感情をコントロールできなければいけない」という考えは、特に学校生活で強められる。学校で泣く子供は、特に男の子の場合、「泣き虫」「女々しい」とからかわれる。大人になればなったで、「困難を乗り越えろ」「よくあることさ」「進め、止まるな」「落ち着け」「怖気づくな」「しっかりしろ」「強くなれ」「くよくよせずに前に進め」「何とか乗り切れ」「耐えろ」「愚痴をこぼすな」「自己憐憫に浸るな」「心配するな」「肩の力を抜けよ」「そんなこと考えるな」といったセリフを聞かされるだろう（あるいは自分でも使う）。

　こういう言葉の裏には、意志によって感情のスイッチをオン・オフできるはずだという思いが隠れている。この神話に説得力を与えているのは、私たちの周りの人々が皆、一見幸福そうに見えるためだ。彼らは、思考や感情をコントロールしているように見える。だが、この〝見える〟というのがクセモノだ。大部分の人は、内面の思考や感情との戦いを正直に告白することはない。彼らは〝毅然とした表情〟や〝くじけない態度〟を保とうとする。例の、顔でおどけて心で泣く道化師と同じだ。我々の目に映るのは、明るい表情の化粧と陽気な態度だけだ。私のクライアントはしばしばこうもらす。「私の友人や家族、同僚が、ここで私が話していることを聞いても信じないでしょうね。彼らは、私が強くて自信に満ち、地に足がついた幸福な人間だと思い込んでいるんです」

　三十歳の受付係ペニーは、最初の子供を出産した直後に私のところにやってきた。彼女は疲れて、不安にさいなまれ、自分の育児能力に疑問を持っていた。自分を無能で不適格な存在と感じ、すべての責任を放り出したくなる時さえあった。すっかり疲弊し、惨めさに押しつぶされ、子供を産んだことがとんでもない失敗のように思える時もあった。そして、そうした考えに罪悪感を持っていた。

ペニーは母親の会に参加していたが、自分の問題を口にすることはなかった。他の母親たちは皆自信にあふれているように見え、自分の思いを話すことで彼女たちに見下されないかと恐れていたのだ。だがペニーが勇気をふりしぼって自分の体験を話すと、みな堰《せき》を切ったように次々告白し始めた。他の母親たちも多かれ少なかれ同じ思いを抱えていたが、同じように虚勢を張り、否定や拒絶を恐れて本心を覆い隠していたのだ。彼女たちが互いに本音を打ち明け率直になると、大きな安堵感と連帯感が生まれた。

成長するに従い、私たちは苦痛の感情を、弱さ、愚かさ、不完全さの象徴だと考えるようになり、他者に見せまいとする。結果、悲しみや不安に囚われどうしていいか分からなくなっても、他者に判断されるのを恐れるあまり、友人や家族に打ち明けるのを躊躇してしまうのだ。本心を覆い隠し仮面をかぶる私たちの習慣は、感情はコントロールできるという幻想をさらに強める。

この神話を追い出すことがなぜそんなに重要なのか？　答えを探るために次のことを考えてほしい。

■あなたの問題は何か？

この本を読んでいるということは、あなたの人生には向上の余地がある。あなたは人間関係の問題を抱えているのかもしれない。孤独と失望にまみれているのかもしれない。仕事が大嫌いか、失職したばかりかもしれない。健康問題を抱えているか、愛する人と死別したか、彼／彼女に拒否されたか、あるいは離れ離れになってしまったのかもしれない。低い自己評価や自信の欠如に苦しんでいるか、薬物依存、金銭問題、法律問題などに悩まされているのかもしれない。うつや不安、トラウマ、燃え尽き状態なのかもしれない。現実に行き詰まったり、幻滅しているのかもしれない。

問題が何であれ、それによって不快な思考、感情が引き起こされているのは間違いない。それから逃れるか消し去るために、抵抗モードを試した人も多いのではないだろうか？　だが〝悪い〟思考や感情に抵抗モードで接することは問題をさらに悪化させることを思い出してほしい。ＡＣＴではこれを「解決の努力が問題の源である」という。

■なぜ解決の努力が問題を引き起こすのか？

どこかがかゆい時あなたはどうする？　たぶん、そこを掻くだろう。この方法はふつうとても効果があるので、あなたは何も考えずに実行する。掻けばかゆみは去っていき、問題は解決する。だが、あなたの皮膚が斑状湿疹（赤くかぶれた状態）になったとしよう。ひどいかゆみを追い払おうといつものように皮膚を掻く。だが皮膚細胞はとても敏感になっていて、掻くことによりヒスタミンというホルモンが分泌され炎症が悪化する。かゆみはすぐにぶり返し、余計にひどくなる。掻くことはほんの短時間かゆみを追い払ってくれるが、長い目で見るとひどくなる。掻けば掻くほど斑状湿疹は悪化し、かゆみは強くなる。

掻くことは、健康な皮膚のすぐに消えるかゆみには有効だが、正常ではない皮膚の場合は症状を悪化させる。解決手段が問題を加速させる、いわゆる〝悪循環〟である。そして、人間の感情においては〝悪循環〟は頻繁に起こる。いくつか例を挙げよう。

・ジョーは拒否されることが怖いため、社交の場をひどく恐れている。不安になるのが嫌で、付き合いの場を極力避ける。パーティーの誘いは断り、積極的に友人を作ることもしない。一人暮らしで、夜は毎晩家で過ごす。結果、たまに人付き合いする時はこれ以上ないほど不安になる。ふだん人と触れ合う練習をしていないからだ。彼は、友人なし、人付き合いなしの生活のせいで、世間から拒絶されていると感じている。だがこれこそが、ジョーが一番恐れていることなのだ！

・マリアも人付き合いに不安を感じる一人だ。彼女は大酒を飲むことでそれを追い払っている。ちょっとの間、酒は彼女の不安を和らげる。しかし翌日は疲れ切った二日酔い状態で、酒に使ったお金や、酔っている間にしでかした恥ずかしい行動を悔やむのが常だ。束の間不安から逃れられたかもしれないが、その代償は長く続く不快な感情だ。アルコールのない社交の場では彼女の不安感は最大になる。酒に頼ることができないからだ

・プリシャは少々太り気味なのを気に病んでおり、気分を盛り上げるためにいつもチョコレートを食べていた。しばらくの間はそれで気がまぎれる。だがそのうちに、摂取したカロリーと体重増加が心配になり、これまで以上に惨めな気分になるのだった

・アレクセイとその妻シルヴァナの関係には緊張感がみなぎっていた。シルヴァナはアレクセイがワーカホリックで、彼女と過ごす時間が少ないことに腹を立てていた。アレクセイは家庭に漂う緊張感が嫌で、それを避けるためにさらに長く働いた。だが彼が働けば働くほど、シルヴァナの不満は募った。二人の間の緊張感は増すばかりだ

お気づきだと思うが、これらはすべて〝抵抗〟の例だ。望ましくない思考や感情を避けたり追い払ったり、支配しようとする行動だ。

以下は、最もよく見られる〝抵抗戦略〟を二つのカテゴリー、〝闘争戦略〟と〝逃走戦略〟に分け

たものだ。闘争戦略は望ましくない思考や感情と戦ったり支配しようとする行動、逃走戦略はそれらを避けたり逃げたりする行動だ。

●闘争戦略

・抑圧する

不快な思考・感情を直接抑えつけようとする。望ましくない思考を心から追い出す、あるいは心の深い部分に無理やり押し込めようとする。

・反論する

自分の思考に自分で反論する。心の中で「お前は失敗者だ」という声がしたら、「いや違う、今までいろんな仕事をなしとげているぞ」と言うなど。

・コントロールする

思考や感情をコントロールしようとする。「しっかりしろ」「落ち着け」「元気を出せ」などと言って自分を叱咤する。あるいは、幸福でない時に幸福な気分になろうとして自分を追い込んだり、ネガティブ思考をポジティブ思考に置き換えようとする。

・自己批判する

自分に対し厳しい評価を下し、自分をいじめて気持ちを変えようとする。自分を「負け犬」「間抜け」と呼んだり、「情けないぞ！」と責め自己批判する。

●逃走戦略

・逃げる

不快な思考や感情をもたらしそうな場所、状況や活動などから逃避する。不安な気持ちから逃れるために受講中の講座をやめたり、社交の場への参加を断ったり、大事な仕事を先送りしたり、挑戦を避ける。

・気をそらす

不快な思考・感情を避けるために他のことに注意を向ける。タバコを吸ったりアイスクリームを食べたり、ショッピングやテレビゲームに逃避する。

・薬物などを使う

望まない思考・感情を避けるために、薬物、アルコール、砂糖、チョコレート、ジャンクフード、タバコなどに逃げる。

■抵抗戦略が引き起こす問題

これらの戦略を思考や感情のコントロールに使用することにより、何か問題が起こるだろうか？

答えは〝起こらない〟である。ただし、以下の場合に限る。

・適度に、ほどほどに使う場合
・うまくいく場合のみに使う場合
・理想の自分としてふるまうことや、自分にとって大切な行動を妨げない場合あなたの悩みや動揺がそれほど強くなく、平凡で日常的なストレスに対処している限り、思考や感情の慎重なコントロールが問題を引き起こすことはないだろう。気をそらすことは、場合によっては嫌な気分に対処する良い方法である。あなたがパートナーと口論し、傷ついたり怒ったとして、気が晴れるまでちょっと散歩したり読書に没頭するのはうまいやり方だ。きつい仕事の後、ストレスまみれで疲れ切っている時、一杯のワインで自分を解きほぐすのも活力回復にはもってこいだ。

しかし次の場合、抵抗戦略は問題を引き起こす。

・それを使い過ぎた場合
・うまく働かないのに使用する場合
・それをすることで大事なことができなくなってしまう場合

■抵抗戦略を使い過ぎると……

程度はさまざまだが、私たちは不快感を避け、追いやるために抵抗戦略を利用する。適度であれば問題はない。たとえば強い不安を感じている時、私はチョコレートバーを食べる。これは気をそらすためだ。他のものに注意を向けることで不快な感情を避けるのだ。だがほどほどにやっているので大きな問題に発展することはない。私の体重は健康的な範囲に収まっているし、糖尿病になることもない。

しかし二十代の頃はこうはいかなかった。当時私は駆け出しの医者で、仕事のストレスがすごかった。不安を避けるためにトラックいっぱいのクッキーとチョコレートを食べ（ひどい時にはファミリーサイズのチョコレート菓子を五袋平らげたものだ）、ひどい体重超過と高血圧に悩まされていた（患者にはとても見せられたものではない）。あまりに過剰に抵抗戦略を使いすぎたため、ひどいしっぺ返しを食ったのだ。

近々受ける試験のことが心配な時、テレビを見て気を紛らわすこともできる。時々ならそれもいいだろう。だが毎晩見ていたら勉強の時間はなくなる。そして勉強が遅れるほど不安は募っていく。気を逸らすという不安のコントロール戦略は長い目で見ると効果がない。もうひとつ確かなのは、この方法が不安を取り除くためのもっとも効果的な行動、つまり〝勉強〟を遠ざけてしまうことだ。

ドラッグやアルコールでボーッとすることも同じだ。ほどほどの飲酒や適切な精神安定剤の服用であれば長期的な悪影響はない。だが度を越して使用すると依存症にまっしぐらだ。そうなればあらゆる種類の問題が起こり、苦痛の感情はさらにひどくなる。

■効果がないのに抵抗戦略を使い続けると……

心から愛している人と死別したり、相手から拒否されたり、あるいは別れたりして関係を失うと、人はさまざまな苦痛の感情を味わう。どんな感情かは人によってまったく異なる。それは怒りや悲しみ、不安、罪悪感、孤独、自暴自棄、あるいは恐れなどかもしれない。こうした感情は、愛する人や仕事、あるいは手足など、自分にとって大きな存在を失った場合のごく正常な反応であり、悲嘆の過程の一段階である。

残念なことに多くの人が悲嘆を受け入れることを拒否する。正常な悲嘆を味わうよりも、それを追い払おうとしてしまう。仕事に没頭したり、酒を飲んだり、別れの反動で新しい関係にのめり込んだり、薬で無感覚になろうとする。だがいくら悲嘆を追いやっても、それは心の奥深くに留まり、時空を超えてやってくる、オーストリアなまりの英語を話す筋肉隆々の殺人ロボット（ターミネーター）のように、再び戻ってくる。「They'll be back（また来るぞ）」

それはちょうどボールを水中に沈めているようなものだ。押し沈めている限り水面には現れないが、手が疲れてボールを離すとすぐに浮かび上がってしまう。

ドナは二十五歳の時、夫と子供を痛ましい交通事故で失った。彼女の中に悲しみ、恐れ、孤独、絶望などの感情が噴出した。こうした苦痛への対処を知らないドナは、アルコールに救いを求めた。酔うとしばらくは苦痛を忘れたが、しらふに戻るとさらに強い苦悩が襲った。事故から六カ月して私の元を訪れた時には、彼女は日に二本のワインを空け、抗不安薬と睡眠薬のお世話にもなっていた。回復の最大のカギは、苦痛からの逃避をやめることだった。

自分の感情に心を開き、居場所を与えてやることでその衝撃を柔らげ、それが好きな時にやってきて去るのを許してやることを学んでから、彼女はやっと悲劇的な出来事と折り合いをつけることができた。これができるようになると、彼女は上手に悲嘆し、エネルギーを引き込んで新たな人生を作り上げることができた（彼女がいかに切り抜けたかは本書の後半で詳しく述べる）。

■抵抗戦略が大事な行動を邪魔する時は？

あなたの人生で最も大切なこととは何だろう？　健康？　仕事？　家族？　友人、宗教、スポーツ、それとも自然だろうか？　自分にとって重要で意味あることに時間やエネルギーを投資すれば、当たり前だが人生は豊かで充実したものになる。だが、不快な感情を避けることが、自分にとって価値ある行動を妨げてしまうことはよくある。

あなたがプロの役者で、仕事をとても愛しているとしよう。ある日突然、舞台に立つ直前に失敗の恐怖に取りつかれる。あなたは舞台に出るのを止める（舞台恐怖症と言われるものだ）。舞台に出なければ当面の恐怖も消える。しかし、あなたにとって価値ある行動ができなくなってしまう。

あなたは離婚したばかりだ。悲しみ、恐怖、怒りなどが起こるのは自然なことだ。しかしあなたは不快を避けたい。気分を盛り上げるためにジャンクフードを食べ、酒を飲み、ひっきりなしにタバコを吸う。だがあなたの健康はどうなるだろう？　私は今まで自分の健康を気遣わない人に会ったことがないが、それでも多くの人は肉体を傷つけるような感情コントロールを行う。

■どの程度までコントロール可能か？

思考や感情へのコントロールがどの程度可能かについては、感情の強さや置かれている状況によって異なる。感情がそれほど強いものではなく、状況がもたらすストレスも弱ければ、コントロールはしやすくなる。日常的なストレスに取り組む場合、そして置かれている環境がベッドルームやヨガ教室、コーチやセラピストのオフィスなどの安全な場所なら、シンプルなリラックステクニックですぐに落ち着けるだろう。

だが思考や感情が強く、取り巻く環境のストレスが高いとコントロールは難しくなる。面接を受ける時やパートナーと言い争っている時、誰かをデートに誘う時に、完全にリラックスしようと努めてみれば私の言う意味が分かるだろう。こういう状況で落ち着きを装うことは可能だが、どんなにテクニックを練習してもリラックスするのは無理だろう。

避けようとしている状況が大して重要でなければ、思考も感情もコントロールは容易になる。あなたが避けているのが散らかったガレージや車の掃除なら、それから意識をそらすのは難しくない。重要性が低いからだ。掃除をしなかったとしても明日も太陽が昇り、呼吸が止まってしまうこともない。あなたの仕事や健康、パートナーにも何の影響もない。ガレージと車が汚いままというだけだ。

だが、腕に突然怪しい大きなホクロが現れたのに、あなたは医者に行くのをためらったとする。これについて考えないでいるのは簡単だろうか？　映画やテレビ、ネットサーフィンなどをして、しばらくの間忘れていることはできるだろう。だが結局、あなたがまたホクロのことを考えてしまうのは避けようがない。何もしないことで深刻な事態になる可能性があるからだ。

私たちが避けていることの多くはこれほど重要ではなく、ネガティブな思考・感情も強くないため、抵抗戦略は気分を改善してくれる。少なくともしばらくの間は。そしてまずいことに、それが私たちに感情コントロールの力を過信させてしまうのだ。

■体験の回避とは何か？

嫌な気分が好きな人はいない。私たちは皆不快な思考や感情を追い払おうとする。心理学者はこれを〝体験の回避〟と呼ぶ。好ましくない内的経験を避けようとする試みだ。

体験の回避は自然な行動であり、ちょっと使う分にはまったく問題はない。だが度が過ぎると過剰な抵抗戦略につながる。その結果、私たちは三つのツケを支払うことになる。

1. 抵抗戦略を使いすぎると多くの時間とエネルギーが奪われ、人生を向上させる意味ある行動

（前進行動）ができなくなる

2．望まない思考・感情は、どんなに必死で追いやろうとしてもすぐに戻ってきてしまう（そして前より強くなる）ため、絶望感やフラストレーション、無力感に襲われる

3．抵抗戦略を過剰に、不適切に使うと長期的には生活の質を損なう（つまり後退行動になってしまう）

これらの望まない結果はより多くの不快感をもたらし、人々はさらに抵抗するという悪循環におちいる。そう、まさに悪循環だ。多くの研究が、体験の回避を多用するとうつや不安障害、依存、パフォーマンスの低下、自尊心の欠如、対立的な人間関係、摂食障害、無関心、やる気を失う、強迫性障害、トラウマ、慢性疼痛症候群、その他多くの精神的な問題の原因となることを証明しているのだ。

注意すべきなのは、抵抗戦略が時に無意識に、自動的に起こることだ。迷走神経という言葉を聞いたことがあるだろう。脊髄の次に長い神経だ。肉体的、感情的、心理的に強い痛みを感じると、迷走神経は人間を無感覚にする。私たちを痛みから守るために感情のスイッチを〝切る〟のだ。これは意識的な行動ではなく神経システムの働きだ。だがそれは、無感覚、空虚感、むなしさ、〝心の死〟など、別の不快感を呼び起こす。うつやトラウマなどの典型的な症状だ。

■つまりハピネス・トラップとは

要するに、幸福の罠《ハピネス・トラップ》を一言で表せばこういうことだ。私たちは幸せになるために嫌な感情を排除しようとする。だが皮肉なことに、私たちがあがけばあがくほど困難な思考や感情が生まれる。

この事実を感覚的に理解することは大切だ。本で得た知識よりも経験を信用してほしい。次の練習をしてみよう（本に書き込みをしたくない場合、無料のEブック、The Happiness Trap Extra Bits〔https://thehappinesstrap.com〕にあるFree resourcesのページからワークシートをダウンロードできる）。エクササイズは三つのパートに分かれている。答えを書き出してみることを強くお勧めするが、できない場合や気が進まない場合は、せめて十〜十五分、真剣に考えてみてほしい。

●パート1：何を試してみたか？

次の文章を完成させてみよう。「私がもっとも避けたい、あるいは取り除きたい内的経験（思考、感情、記憶、衝動、イメージ、感覚）は以下のものだ……」

次にちょっと時間をとって、これらを回避するためにあなたが行ったことをすべて書き出そう。使った抵抗戦略をひとつひとつすべて思い出そう（意図的なものもごく自然におこなったものも）。
注意：このエクササイズに判断を交えてはいけない。好奇心のみでやってほしい。これらの行動を〝良い・悪い〟〝正しい・間違い〟〝ポジティブ・ネガティブ〟に分けてはいけない。すべき・すべきでないなどの判断に囚われてもいけない。エクササイズの目的は、これらの手段が〝有効〟かそうでないか、長い目で見てあなたの人生を望む方向に導いてくれるかどうかを見分けることなのだ（人生を向上させるなら、それは前進行動だ。今後も続けよう）。
できる限りたくさん書いてみよう。また以下についても書き出そう。

・気をそらす行動
苦痛の思考や感情から自分の意識をそむける、あるいは〝心のスイッチを切る〟ためにあなたがしていることは何か？（映画、テレビを見る、インターネットやテレビゲームをする、本を読む、エクササイズ、庭いじり、賭け事をする、食べ物、薬物、アルコールにひたるなど）。

・遠ざけているもの
人生のプラスになるにもかかわらず、あなたが避けたり止めたり、逃げたり先送りしたりしている行動や機会、課題、人々は何か？（言うまでもないが、それが取るに足らない、人生の向上とは無関係のことであれば、避けてもまったく構わない！）。

・思考による戦略
苦痛を遠ざけるために、あなたはどんな思考を持とうとするのか？（意識的、無意識的を問わず）。以下のリストから今まで試したことのある思考をチェックしよう。他にもあれば書き加えよう。

――心配する

―よりよい未来を夢想する

―現状から逃げる方法をあれこれ想像する（仕事を辞める、パートナーと別れる）。あるいは誰かに復讐する方法を想像する

―「こんなことはフェアじゃない」「～でさえあれば」、などと考える

―自分や他者、あるいは世界のせいにする

―論理的、合理的に自分に話しかける

―ポジティブ思考をし、自分に前向きな言葉を言い聞かせる

―自分を判断・批判する

―自分を責める

―自分や他者を分析する（どうして自分は／アイツはこうなんだろう？）

―自分や他者、世界が置かれた状況を分析する（何かが起こった理由や、自分の人生・世界がこうである理由を分析する）

―計画したり戦略を立てる。建設的に問題を解決しようとする

―すべきことのリストを作る

―啓発的な言葉や格言を繰り返す

―ネガティブ思考に挑戦したり反論する

―「これはいつか過ぎ去る」「こんなこと起こらないかもしれない」と自分に言い聞かせる

・その他の思考戦略

・食べ物、薬物など

苦痛を追い払うために、あなたは何を摂取するだろうか？　食べ物、飲み物、タバコ、薬物、自然療法、ハーブ療法、お茶、コーヒー、アスピリン、チョコレート、市販薬、処方薬など。

・その他の方法

望まない思考や感情から逃れるためにあなたが使う他の方法はあるだろうか？　瞑想、浮気、攻撃的になる、太極拳やマッサージ、エクササイズ、誰かに喧嘩を吹っかける、ダンス、音楽、自殺を考える、自傷行為、耐える・我慢する、ぐっと堪えて仕事に取り組む、祈る、物にあたる、ベッドから出ない、自己啓発本を読む、セラピストや医者、その他の医療関係者に会う、自分の人生や周りの人に怒りを爆発させるなど。

●パート2：この方法は長い目で見てうまくいくか？

こうした抵抗戦略の多くは、しばらくは苦痛の思考・感情を遠ざけてくれる。だが、考えてほしい、それは思考・感情が二度と戻ってこないように、永遠に葬り去ってくれるだろうか？

これらの抵抗戦略はどのくらいの時間、それらを遠ざけてくれただろうか？

いくつかの方法は、適切に使えば長期にわたって人生にプラスに作用する。そうした場合それらは前進行動となる。それをするのは意味がある。だがそれに頼り過ぎ、固執したり、過剰に不適切に使うとやがてひどいしっぺ返しを喰らう。考えてみよう、これらをむやみに繰り返し使ったらどんなひどい揺り戻しが来るだろうか？　健康、金銭、時間、人間関係、機会損失、仕事、苦痛、疲労、エネルギー、フラストレーション、失望など。時間をかけて真剣に考えてみよう。

● パート3：どんな代償を払ってきたか

最後になったが、これらの方法のいくつかがあなたに短期間の安らぎをもたらし、だが長い目で見て人生を損なわせ、高い代償を支払わせてきたか？　次の選択の中で一番近いものをチェックしよう。

・一つもなかった
・わずかにあった
・半分ほどあった
・ほとんどがそうだった
・すべてそうだった

（あなたの〝体験の回避〟の度合いが高いほど、あなたのチェックは左側になっていく）

読み進める前にここまでの三つのエクササイズをすべてやってほしい。

自分に正直になり、これらのエクササイズをしっかりやれば三つのことに気がつくだろう。

1. あなたは苦痛な思考・感情を避けるか追いやるためにかなりの時間と努力、エネルギー（そしてお金）を費やしてきた
2. 多くの方法はしばらくのあいだ苦痛の思考・感情を追い払ったが、それらはまた戻ってきた
3. こうした方法を過剰に不適切に使った場合、お金や時間、労力の面で大きな損失となり、健康、活力、人間関係に多大なマイナスをもたらした。しばらくのあいだ気分はよくなったが、長期的には生活の質を下げた

■今何を感じている？　何を考えている？

ここでしばらくのあいだ、自分がこれらのエクササイズをどう感じているか見てみよう。面白そうだと思ったか、興味をかき立てられたか？　混乱し、めまいがして気分が悪くなったか？　あるいは不安や罪悪感、それとも怒りが起こったかもしれない。不快感に襲われたとしても心配ない。それが普通だ。これらは全く新しい視点に立って、心に染みついた多くの信条に挑戦するものなのだ。強い反応が起こって当然だ。

自分の心の声にも耳を傾けよう。それはあなたを勇気づけているか？　それとも、お前は馬鹿だ、愚かだと言ってあなたを批判しているか？　多くの読者は後者を経験するだろう。だがこれも心配いらない。あなたは馬鹿でも愚かでもない（あなたの心は同意しないかもしれないが）。あなたが使ってきた戦略は非常に一般的なものだ。この星の誰もが痛みを追い払うためにそれを使っている。私た

ちは皆、自分の意識をそらそうとしている。難しい問題から逃げようとしている。痛みから逃れる方法を探している。何かを摂取して気を紛らわしている。友人や家族、医療関係者がこうした方法を推奨することさえある！

問題は、こうした思考や感情をどんなに避けたり追い払おうとしても結局戻ってくるという事実だ。さらに、その場しのぎの対処は、長い間には人生を損なわせてしまう。誰もが時々こうした悪循環に陥るのだ。

■急いではいけない！

あなたは言うだろう。「ちょっと待ってくれ。チャリティーへの寄付や、一所懸命に働くことや、友人を気遣うことはどうなんだ？　他者に与えることは人を幸福にするはずだ」。その通りだ。だが、これらは大事な行動というだけではなく、あなたが本当にしたいことでもあるのだ。もっとも、自分は自己中心的だという思いを追い払うために寄付をしたり、自分の無力さから目を背けるために仕事に没頭したり、拒否される恐怖を消すために友人の面倒を見ているなら、そこから満足を得ることはないだろう。なぜか？　真の動機が不快な思考・感情を避けることであれば、行動から生まれる喜びや活力も消え失せてしまうからだ。ストレスや退屈、心配などを追い払うために豪華な食事をした時のことを思い出してほしい。それほど満足な体験ではなかったのではないか？　だが、同じ食事を嫌な感情を追い出すためでなく、本当に楽しんで味わった時はどうだったか？　あなたは大いに満足したに違いない。

人生を向上させるためのアドバイスは本当にさまざまだ。意味のある仕事を見つけ、気持ちのよいトレーニングをし、自然に親しみ、趣味に没頭し、何かの会に加わり、慈善活動をし、新しい知識を学び、友人と楽しいひと時を過ごすなど。それらがあなたにとって真に大切で意味あることなら、深い満足をもたらしてくれるだろう。だが不快な思考・感情から逃れるためならば大して楽しめないだろう。何かを恐れ、そこから逃れようとしている時、行為を楽しむことは難しいからだ。

自分にとって意味あることをしている時、自分にとってそれが心から大切である時、その行動は抵抗戦略ではない。それらは〝価値に導かれた行動〟と呼ばれる（これについては第10章で説明する）。そしてそれらは長期的にあなたの人生を向上させる。しかし、同じ行動でも体験の回避が動機になっているならば――つまり嫌な気分を追い払うのが目的ならば――それは抵抗戦略だ（あなたがそこから真の満足を得られるなら驚きだ）。

欲しいものすべてを持っているのに幸福ではなかったミシェルを思い出してほしい。彼女は自分が無力で無価値だという意識を避けることに人生を捧げていた。「私は愛されない」「どうして自分はこんなに無能なのか？」「みんな私が嫌いなんだ」。罪悪感、不安、失望感などがこれらの思いとないまぜになっていた。

これらを追い払うためにミシェルはしゃかりきになって働いた。仕事で抜きんでるために自分を奮い立たせ、同僚を助けるためにしばしば残業し、夫や子供を溺愛し、彼らのあらゆるわがままに応えた。出会うすべての人々を喜ばせようとし、自分よりも彼らの要求を優先した。「ノー」と言って相手を傷つけることを恐れ、一日の大部分を他者を満足させることに費やした。

ミシェルのこの習性は、子供の頃に芽生えたものだった。支配的、虐待的な両親に育てられた彼女は、小さい頃から可能な限り彼らを喜ばせるよう努めてきた。さもないと恐ろしい結果が待っていたからだ。子供の彼女にとって周りを喜ばせることは自分を守る術だった。だが成人してからもそれを続けた結果、彼女が払う犠牲はとんでもなく大きくなった。ミシェルが抱える不安定な思考と感情は消え失せたか？　結果はお分かりだろう。他者の承認を勝ち取るために必死に働いた結果、彼女はただ自分の無価値感を強めただけだった。ミシェルはまさに幸福の罠にはまっていた。

■いかに罠から抜け出るか？

まず自己認識を高めるのが最初のステップだ。不快感を避けるために日々行っているすべての行動に気づき、その結果にも注目しよう。できれば日記をつけるか、毎日数分間思い返すといい（The Happiness Trap: Extra Bits の用紙を利用してもよい）。罠にはまっていることに気づくのが早いほど、抜け出すのも早くなる。

　ところで罠から抜け出すというのは、嫌な感情を我慢し、苦痛と惨めさに満ちた人生に甘んじなければいけないということなのだろうか？　まったく違う。それでは思考と感情に意識を支配させ、行動を乗っ取られる〝服従モード〟になってしまう。本書の第2部では、望まれない思考や感情を扱うための、まったく新しい効果的な方法を学ぶ。それは抵抗や服従とは革新的に異なる手法だ。だがそこに行く前に、見つけなければならないパズルの一片がある……。

第4章　抵抗を手放す

古い西部劇で、悪役が流砂に落ち、もがけばもがくほど沈んでいくシーンを見たことがあるだろうか？　見たことがなくてもかまわない、どうせひどい映画だ。要は、流砂に落ちた時もがくのは最悪の行動だということだ。そんな時はあおむけになり、体を伸ばし、じっとして表面に浮かんでいることだ（そして、口笛を吹いて賢い愛馬に助けを求めよう）。肉体的には簡単な行動だが、心理的にはとんでもなく難しい。なぜなら体が発するあらゆる衝動が、あなたにもがけと命令するからだ。

心に困難な思考や感情が現れた時にも同じことが言える。私たちの本能はあがくことを指示してくる。前の章で見てきたすべての抵抗戦略を持ち出し、それを使って思考や感情と戦うか逃げようとする。だが流砂の時と同じで、もがくことは事態を悪化させる。

■もう一つの手段とは？

思考や感情と戦うよりもはるかに効果的で革新的な方法がある。だがそれはあまりに常識とかけ離れているため、最初はピンとこないだろう。これを理解するために、三つの部分からなる実験をしてみよう（読むだけでなく、これを実生活で試すと、さらに大きな効果を引き出せることを保証する。どうしてもできないか、気が進まない場合でも、少なくともリアルに想像してみよう）。

●パートA

あなたの目の前に自分にとって大切な物事が並んでいるのを想像してみよう。人生における楽しく喜ばしいもの、好きな映画、本、音楽、スポーツ、ゲーム、食べ物、飲み物、人々、場所、ペット、そしてあなたが愛するあらゆる行動だ。次は、不快なもの、あなたが抱えるあらゆる困難や問題だ。そして、今持っているこの本が、あなたがいつも戦っている困難な思考、イメージ、記憶、気分、感情、感覚、衝動でできていると想像しよう。

●パートB

（注意：あなたが首や肩、腕に問題を抱えていたらこのエクササイズはやめて、想像するだけにしておこう。）

この段落を終わりまで読んだら、本を両手でしっかり握り、できる限り体から離してみよう（タブレットを使って読んでいるならそれでやってもよいし、他の本や紙を使ってもよい）。両手でしっかり本をつかんだら、腕をまっすぐにして（肘を曲げずに）伸ばし、腕の長さのところで本を支えよう（少し無理するぐらいでちょうどよい。辛くないならもっと強く押し出そう）。その姿勢を少なくとも一分間保持しよう。本をできるだけ遠ざけるのだ。その姿勢を保ちながら、好奇心を持ってこの経験を観察しよう。特にどんな思考や感情が湧き上がってくるかに注意してみよう。

どうだっただろうか？　不快感、疲れを感じたか？（たった一分でもほとんどの人は辛さと疲れを感じ、このエクササイズが強い不快感をもたらすことを悟る。）

（中にはとんでもなく身体能力の高いクライアントがいる。彼らは言う。「簡単ですよ、一日中でもやっていられます」。そんな時はもう二分間、力の限り本を支えてもらったあとでこう尋ねる。「カウンセリングの残りの四十分間も、ずっとこうしていたいですか？」するとどんな頑強なクライアントでも「いやだ」と言う。さすがにそれが、疲労し、集中力を削ぐ行為だと分かるからだ。）

では、このエクササイズを何時間も、一日中することを想像してみよう。どんなに疲れるだろうか？　エクササイズをしながらパソコンのキーボードをたたき、テレビゲームをし、本を読み、車の運転、料理、食事をし、愛し合い、テニスをし、ビーチで日光浴することを想像してみよう。自分の行動がどれほど邪魔されるだろうか？　楽しみや満足がどれほど損なわれるだろうか？　ちゃんとやるのがどんなに難しくなるだろうか？　これらの経験がどの程度損なわれるだろうか？

思考や感情と戦うのもこれと同じだ。私たちは莫大な時間とエネルギーを注ぎ、それらを追い払おうとする。そして疲れ、消耗し、集中力を削がれる。心の中のこの闘争に意識の大部分を持っていかれるため、現在に集中し、今している行動に没頭するのがひどく難しくなる。これでは人生のさまざまな困難にうまく対処することなど不可能だ。

では、今までと違う革新的な方法にトライしよう。

●パートC

もう一度、この本があなたの抱えるすべての困難な思考・感情であると想像しよう。そしてこの段落を最後まで読んだら、再び本をできるだけ遠くに押しやってみよう。一分経ったら本を膝にのせ、意識を集中する。思考や感情と戦うのをやめるとどんな変化が起こるか？　本を膝の上に置いたまま、腕を伸ばし、ゆっくり静かに呼吸してみよう。好奇心を持って、目と耳を研ぎ澄まし、見えるもの、聞こえる音に注意を向けてみよう。

どんな発見があっただろうか？　本を突き出すのをやめて膝の上に置いた時、何が起こったか？　心の乱れ、腕の疲れが収まったか？　痛みが軽減されたか？　ホッとして解放された気分になったか？　周囲の世界に注意を向けやすくなったか？　腕や手が楽に動かせ、行動しやすくなったか？

望まない思考・感情に対するこの対処法は、あがくこととは正反対だ。心を開き思考・感情に居場所を作ってやる。それらが現れたい時に現れ、居たいだけ居て去りたい時に去るのを許してやる。だが私たちを小突き回すことは許さない。私たちは、それらを追い払ったりそこから逃れるために貴重な意識とエネルギーを費やすことはしない。そうすれば時間とエネルギーを前進行動に振り向けることができる。また、自分の現在の行為に完全集中することも容易になる。これには二つの利点がある。私たちが現在に集中すると、

a．物事をより上手に行える
b．楽しい行動からは、さらなる喜びと満足を得られる

流砂に浮くのと同様、こうしたことを自然に行うのは難しい。だが思考と感情にこのように対応すると反応が大幅に減ることは、研究結果が明確に示している。不安、ストレスは弱まり、うつの症状は改善する。加えて慢性疼痛症候群などの肉体的苦痛さえ減少する。

さらには多くの人を驚かせる三つ目の効果がある。困難な思考・感情は役に立つ情報を含んでいることが多い。対処すべき問題について私たちに知らせ、有益なフィードバックをもたらし、現在の行動がうまくいかない時は教えてくれる。内的体験と争っていると、これらの有益な情報を活かすことができない。だがあがくのをやめるとできるようになる（こうしたことが難しい心理学用語を使ったたわごとにしか聞こえなくても気にしないでほしい。あとの章でこの考え方を掘り下げる）。

ＡＣＴの効果を証明する論文が三千以上あるにもかかわらず、人々はあがくのをやめることに懐疑的だ。三十二歳のビジネスマン、カールはひどい不安に悩まされていた。病気になる、仕事を失う、妻に去られるなどの不安におびえ、自分は魅力がなく、無能で無価値だという自己批判を常に抱えていた。さらに彼には常軌を逸した完全主義的傾向があり、何事も完全に行わないと気が済まなかった。その結果、カールは巨大なストレスと不安を抱え込むことになった。ちょっとしたＥメールを書くことでさえ、カールは長々と時間をかけた。〝完全〟なものができ上がるまで六、七回書き直すのが常だった。完全にできないことを恐れ、大事な仕事を先送りするのもしばしばで、たとえ手をつけても完全主義から逃れられず、結果、仕事の楽しみなど感じる余裕もなかった。

古いペーパーバックを使って本のエクササイズをカールにやってもらおうとした時、彼は「代わりにこうするのはどうだい？」と言って本を部屋の向こうに放り投げた。

「そうかい」私は言った。「はっきり言うが、君はさまざまな抵抗戦略を使って思考・感情を押し込めようとした。薬物、アルコール、気晴らし、先送りなどでね。だがそれらはどのくらい苦痛を遠ざけてくれた？　そのためにどれほどの犠牲を払った？」。カールは涙ぐんだ。私は本を拾い上げながら言った。「この本を放り投げるのは、ある意味、腕を伸ばして支えるのと同じことだ。君は望まない思考・感情と戦い、追い払おうとしているんだ。私が話しているのはこれとはまったく違うやり方だ。それはこうする方法なんだ」そう言って私は本を自分の膝に置いた。

それでもカールは疑わしげだった。「分かってないな。僕の抱えてる不安は本当に僕を弱らせるんだ。もう耐えられないんだ」

「分かってるさ」。私は言った。「君の不安は本当に君を衰弱させている。そして追い払うこともできない」。私は本をつかむと腕の長さで支えた。「こういうやり方で不安に対処していると、どんどん弱っていくのは当然だ。ならばやり方を変えてみないか？　新しい反応の仕方を学んでみよう。不安の力を奪い、それに苦しめられることがなくなる方法だ」。私は本を再び膝の上に置いた。

カールはうなずいた。私は言った。「よし。もちろん本でやるのは簡単だけどね。今度は思考と感情を相手にしてみようじゃないか」

第2部

思考と感情の扱い方

第5章　錨を降ろす

あなたは〝感情の嵐〟に遭遇したことがあるだろうか？　強風の中に投げ込まれた木の葉のように、心の中で苦痛に翻弄されたことは？　堤防を破壊する濁流のように、苦痛な感情が体に湧き上がってきたことは？　〝感情の嵐〟はその強さ、頻度、それを引き起こす原因によってそれぞれものすごい違いがある。嵐には、思考と感情のあらゆる組み合わせがあり得る。怒り、不安、悲しみ、孤独、罪悪感、羞恥心、恐れ、価値判断、トラウマ的な記憶、恐怖のイメージ、苦痛な感覚、強い衝動などなど。だが共通しているのは、どんな種類の感情の嵐であれ、それらがあっという間に私たちを押し流してしまうことだ。

感情の嵐に対処するにはおもに二つの方法がある。服従するか、抵抗するかだ。服従モードでは、嵐は私たちを完全にコントロールする。抵抗モードでは、私たちは嵐を追い払うためにあらゆる手段をとる。私たちはたいてい、服従と抵抗を同時に行う。つまり〝完全に囚われる〟。こうなると嵐の原因である問題や困難にうまく対処することなど不可能だ。

ここで実際の嵐について考えてみよう。あなたは自分のボートで港に入るところだ。その時、強力な嵐が近づいていることを無線で知らされる。ただちに、港にしっかりと錨を降ろさなければいけない。さもなければボートは嵐にさらわれて海に流れ出てしまうだろう。錨を降ろしても嵐は去らない。

だが、それが過ぎ去るまでボートをつなぎ止めておける。あなたがするのもこれと同じ、心の中で感情の嵐が起こった時に錨を降ろす行動だ。だがその前に一つ考えなければいけないことがある。

■思考・感情に気づいて名前をつける

本書で紹介する思考・感情から逃れる方法の多くは〝気づいて名前をつける〟、つまり思考と感情に好奇心をもって接し、判断を交えずに名前をつけることだ（「〝心配〟が来た」とか「〝不安〟を感じている」など）。もちろんこれは多くの人にとって自然にできることではなく、初めは違和感を覚えるだろう。名前づけをする理由をはっきり理解しておくことが大切だ。

不快な思考・感情に気づいて名前をつけると、それが私たちに与える影響は軽減される。なぜか？　思考が現れたことに気づいてそれに名前をつける行為は前頭葉を活性化させるからだ（あなたの額のすぐ後ろにある部分だ）。そしてこの行為は、脳の他の部分、感情の嵐を引き起こしている部位の働きを抑制する。

一般に、思考と感情に気づかないほど、自分の行動、つまり発言や行為をコントロールするのは難しくなる。あなたが子供の頃、教師が教室を離れた時何が起こっただろうか？　まったく収拾のつかないカオスになったに違いない。同じことが私たちの心の世界にも言える。私たちの意識は教師のようなもので、思考や感情は生徒だ。生徒に意識を向けなければ、彼らは騒ぎ、暴れ、やりたい放題をするだろう。思考や感情に意識を向けないほど、それは私たちの行動をコントロールし、私たちを後退行動に駆り立てる。

だが教師が教室に戻ってくると子供たちは急に大人しくなる。思考・感情に意識を向けるのも同じことだ。感情や思考が現れた時、すぐに気づいて名前をつけると、それは私たちを小突き回す力を失う。もちろん消えうせるわけではない。だが私たちはもう服従したり戦ったりしない。

思考や感情に名前をつける時、「私は〜に気づいた」「〜が来た」などの言葉を付け加えるのはうまいやり方だ。「私は不安に気づいた」「無感覚に気づいたぞ」「胸苦しさがやってきた」「心が心配してざわついてる」「苦痛の記憶が現れた」「タバコが吸いたいという衝動が来たな」など。

始めたばかりの時は変な感じがするだろう。だが多少は囚われから逃れられるはずだ。毎日の言葉の中で「私は怒っている」と言ったなら、自分は怒りそのものということになってしまう。だが「今、怒りの感情に気づいた」あるいは「怒りが現れたな」と言うなら、少し感情から距離がとれ、それが現れては去っていくものだと感じることができるだろう。

「自分は負け犬だ」と言うと、自分イコールその思考、負け犬ということになってしまう。だが「〝自分は負け犬だ〟という思考が来た」と言うなら、その思考と少し距離を持てる。そうすれば、それが自分の本質ではなく、来て、去っていく単なる思考だと理解できる。

〝気づき、名前をつける〟実験に前向きに取り組んでほしい（あなたの言いわけ製造機がどんなに反対しても）。また、自分のやり方でやってもらってもまったくかまわない。

■シンプルな原則

錨を降ろす準備はできただろうか？　覚えておいてほしい、これは思考・感覚の嵐を避けたり、追い払う方法ではない（本物の錨が天候をコントロールできないのと同じことだ）。それはあくまで、あなたが嵐にさらわれないようにつなぎ止めておくためのものなのだ。

錨を降ろす方法は数百もあるが、どれも三つの原則に従っている。この原則に沿っていろいろ試し、いつでもどこでも、ちょっとの間でも長時間でも可能な自分のやり方を見つけてほしい。この原則はACEという頭文字で表せる。

A（Acknowledge）：現れた思考や感情を認める
C（Connect）：自分の体とつながる
E（Engage）：現在していることに意識を集中する

では早速試してみよう。やりながら一つ一つのステップを説明していく。始める前にちょっと時間をとって、今日あなたが遭遇した困難について思い出し、不安、悲しみ、罪悪感、怒り、孤独などの困難な思考や気持ちを呼び起こしてみよう。これがエクササイズの材料になる（呼び起こせなくても問題ない。どんな気持ちであってもこのエクササイズは可能だ。穏やかでリラックスしていても、気分が良くても、退屈でも、落ち込んでいても、無感覚でも、大丈夫だ。だが、苦痛を感じている方が結果がはっきり分かる）。

●A：現れた思考や感情を認める

子供たちは世界に対する興味でいっぱいだ。大人が気にも留めない鳥や花、芋虫を興味津々に見つめる。こうした子供の好奇心を呼び起こし、自分の内的世界を探求しよう。思考、感情（無感覚も含む）、記憶、感覚、衝動など、心の中に現れるあらゆるものに気づこう。

（注意：感情よりも思考に気づきやすい人もいれば、逆の人もいる。自分にとって簡単なものから始め、徐々に難しいものに移行しよう。どちらか一方でも気づければとりあえず上出来だ。本書のワークを続けるうちに変わってくる。）

十〜二十秒、心に浮かぶ思考に気づいてみよう。次は十〜三十秒ほど、自分の体を頭からつま先までスキャンし、どんな感覚があるか見てみよう。この最中、「私は〜に気づいた」「〜が来た」などのフレーズを使って見つけたものに名前をつけよう。「〝怒り〟が来た」「〝自分は無価値だ〟という思考に気づいた」など。

エクササイズの目的は服従も抵抗もなしに、思考と感情を認めることだ。前の章のエクササイズで、腕を伸ばして本を支えるのを止め、膝の上に置いたのを思い出してほしい。これはあの実験の最初のステップだ（断っておくが、これはほんの第一歩だ。まだまだ続きがある。もう少し辛抱してほしい）。

ここでの目的は、今この瞬間、これらの思考・感情が存在するのを認めることだ（それらに服従することでも抵抗することでもない）。それに気づいて名前をつける、それだけだ。先を読み進める前に、今、少なくとも二十秒から三十秒やってみよう（これは最短の長さだ。やりたければもっと長くやってよい）。

●C：自分の体とつながる

思考と感情に注意を向けながら、同時に自分の肉体とつながってみよう。効果的な方法は人それぞれだ。自分のやり方を見つけよう。以下はいろいろ試してみるためのヒントだが自由に変更してかまわない。もっと自分にあったやり方を考えてもらってもよい。

・床にゆっくり、そっと足をつける
・背中と背骨をゆっくりまっすぐにする
・ゆっくりやさしく両手の指先を合わせる
・腕をそっと、ゆっくり伸ばし、首を伸ばし、肩を回す

もし病気や怪我、慢性痛などで体の動きが制限される場合、あるいは体の特定の部分に注意を向けたくない場合、エクササイズを自由に変えてほしい。例えば次のように。

・ゆっくり静かに息を吸い、吐く
・超スローモーションで、これ以上できないほどそっと、椅子やベッドの上で姿勢をもっと楽なものに変えてみよう。自分がどの筋肉を使っているかに注意しよう
・ゆっくり静かに、眉毛を上げられるだけ上げてみよう。そして下げてみよう

想像力を発揮してほしい。自分の体に意識を向ける行動ならなんでもよい。指でトントン叩いたり、つま先をブルブル動かすなど。

・手のひらを合わせて強く押し、首や腕、肩の筋肉が収縮するのを感じてみる
・椅子の肘掛けに手を押しつけるか、首の後ろと頭皮を強くマッサージする

・部屋をゆっくり見回し、首や頭、目をどのように使っているかを観察する
・体をゆっくり伸ばす（ヨガの動きをしてもよい）
・親指をクルクル回す、両手でお椀の形を作る、自分を抱きしめる、脛《すね》をさすってみる、他にも方法は山ほどある
・周りに他の人がいて自分の行動を知られたくない場合は、背骨をまっすぐにして足を床にしっかり着けてみよう

忘れないでほしい、あなたは苦痛の思考や感情を追い払おうとしているのではない（錨は嵐を追い払わない）。気をそらそうとしているのでもない。

目的は、思考と感情に気づくと同時に、体に集中し、積極的に動かすことだ。自分の肉体へのコントロールを強化することだ。腕や手、ひざ、足、足先、顔や口へのコントロールを強め、感情の嵐が荒れ狂っている最中でも効果的な行動をするためのエクササイズなのだ。

読み進める前に今すぐこれをやってほしい。思考と感情を認めてやり、同時に体とつながろう。少なくとも二十秒以上はやってみよう（最低でも二十秒、やりたいだけやってかまわない）。

●E：現在していることに意識を集中する

自分の思考・感情を認識し続けながら体とつながる。と同時に自分がいる場所、起こっていることをしっかり意識する。そして今している行動に注意を集中する。

創造力を発揮して自分独自のやり方をしてかまわない。だがいくつか推奨する方法がある。

・部屋を見回して五つのものに注目する
・聞こえる音、三つか四つに意識を向ける
・鼻や口に意識を向け、匂い、味、感覚に気づく
・今、自分がしている行動に意識を向ける

今すぐ、最低でも十〜二十秒、自分の周りの世界に注意を向けよう。そのあと、現在している行動、つまりこの本を読むことに完全集中してほしい。

うまくできたと思う。ではここでもう一度ACEの手順をおさらいしよう。思考と感情に気づく。体とつながる。現在自分がしている行動に集中する。それぞれのステップに最低十〜十五秒かけてほしい。もっとやってもかまわない。

上出来だ。ではもう一度、三回目のACEの練習をしよう。それぞれのステップに最低十〜十五秒かけよう。

さて、四回目。これで最後だ。各ステップに十〜十五秒（あるいはもっと）かけてみよう。次に、あなたがしている行動（この場合は本書を読むこと）に意識を戻し、完全集中してこのエクササイズを終わろう。

さて、何が起こっただろうか？　あなたは以下のいくつかを経験したのではないか？

・あなたの思考・感情に大きな変化はなかったが、それらに押し流されることなく、それらから距離をとることができた。〝何歩か下がって〟それに気づくことができた。小突き回されたり、邪魔されることもずっと少なかった
・体をもっと感じとれるようになり、動きも速くなった。体の動きをコントロールしている感覚が大幅に増した
・より深く現在に集中でき、意識がはっきりし鋭くなった
・自分が現在どこにいて何をしているか、何を考え、感じているかをはっきり感じ取れた
・現在に意識があり、より目覚めた鋭敏な意識が持てた
・自分が今いる場所、していること、持っている思考や感情についての気づきが深まった
・自分を思考から解き放つという感覚を持てた

何も起こらなかったり、何か問題があった場合、この章の最後にあるトラブルシューティングを参照してほしい（苦痛の思考や感情が軽くなったり消滅した場合、ラッキーなボーナスをもらったと思ってほしい。それはこのエクササイズの目的ではないのだ。これについては後で説明する）。

■うまくいかない！

「全然うまくいかないよ！」エクササイズをやった後、カールは言った。
「うまくいかないってどういう意味だい？」私は聞いた。
「全然気分よくならない。嫌な感情を追い払えないんだ」
私は答えた。「でもそれはこのエクササイズの目的ではないよ」

初めてこの方法を行う時、カールのような反応を示す人は非常に多い。自分の抵抗戦略や、犠牲にしている健康や幸福感をリストにした後でさえそう言う。抵抗を放棄することを学んだ後、それが苦痛の思考・感情を避けたり追い払うのではなく、そのインパクトを弱めるものであることが分かっても、このような反応を見せるのだ。錨が嵐をコントロールしないことを理解したにもかかわらず。

つまり、ある程度やってみた後でさえ、この新しい思考・感情への反応を全面的に受け入れるには時間がかかるということだ。あなたがその一人であっても、それはまったく正常な反応だ。私でさえ、初めてこの方法を知った時は理解するのに時間がかかった。当然といえば当然だ。これは今までのものとは革新的に異なる方法なのだから。

ほとんどの人はカールと同様、錨を降ろすことについて誤解し、それを思考・感情と争うために使ってしまう。だが当然うまくいかず失望だけが残る。これは感情をコントロールする方法としては賢くない方法だ。本当の目的は以下のものだ。

・肉体の動作へのコントロール力を上げる。その結果、苦痛の記憶・感情が起こっても効果的に行動することができる
・思考・感情の影響力を軽減する。私たちが自動運転モード（訳注：現在の行動を無意識的に行っ

てしまう状態）に陥ると、思考・感情は私たちをあやつり人形のように小突き回す（服従モード）。だが私たちの意識が思考・感情に気づき、興味をもって認めると、それは私たちをコントロールできなくなる

・心配、くよくよ、強迫観念その他、頭の中で混乱を引き起こす観念を中断させる
・〝後退行動〟を退ける（あなたを理想の人生から遠ざける行動を止める）
・現在している行動に集中する（あるいは途切れた集中を取り戻す）のを助ける。特に、自動運転モードの時や、思考・感情に引きずられて集中力が薄れている時（このエクササイズが現在の行動に意識を戻せという指示で終わるのはそのためだ）

他にも利点はあるが、説明は後にしよう。その前に話しておくべきことがあるからだ……。

■気をそらすのが目的ではない

ディストラクション（distraction 気持ちをそらす）という言葉はラテン語のdistrahere〝引き離す〟から来ている。気をそらすテクニックは、つまり抵抗戦略であり、目的はあなたの意識を望まない思考や感情からそらすことだ。錨を降ろすのはこれとは正反対の行為だ。思考や感情、感覚、衝動、記憶が現れた時、積極的に気づく。もし気をそらそうとすれば、つまり苦痛の思考・感情から逃げたり、無視したり、それが存在しないかのようにふるまうならば、それは抵抗戦略になってしまう（腕を伸ばして本を支えたり膝の上に載せるのは、無視したり、それが存在しないふりをするのとは違う）。

気をそらすのはよいことでも悪いことでもない。だが、あなたはその方法は知り尽くしているだろ

う。私たちは気をそらす方法を山ほど持っている。そしてそれがほとんど役に立たず、役に立ってもごく短期間であることも、あなたはよく知っている。この本の目的はこれとはまったく異なる。思考と感情との対立から抜け出し、好きなようにさせてやる。つまりそれらを膝の上に置いてやるのだ。それが来たい時に来て、居たいだけ居させ、去りたい時に去るのを許すのだ。

　押し潰されるような悲しみ、圧倒的な不安、強烈な孤独感などでひどく追い詰められている時、錨を降ろしても苦痛は去らないだろう。だが多くの場合、勢いはいくらか弱まる。それはパワーを失い、以前のようにあなたを小突き回すことはできなくなる。さらに数分間エクササイズを続ければ（普通は三、四分、時にはもっと長く）穏やかな気分を経験できるだろう。たとえまだ嵐が心の中を吹き荒れていても。

　苦痛がそれほどでもない場合、つまりあなたの悲しみやストレス、不安が中程度であれば、錨を降ろすとすぐに痛みが弱まり、時には消え失せるだろう。その時は素直に喜び、その状態を楽しもう。だが忘れてはいけない。それはあくまでボーナスであり、エクササイズの目的ではない。本書に出てくるテクニックを、苦痛の思考・感情を避けたり、それから逃れたり、追い払ったり気をそらす目的で使うなら、結局は失望かフラストレーションが待っている。するとすかさず言う。「こんなのうまくいかないよ！」

■自分のやり方を作ろう

　あなたに強くお勧めしたいことがある。自分だけの錨の降ろし方を作ってほしい。ＡＣＥの原則を使えば何百でも作れる。一つ気に留めてほしいのは、下記の、原則の順番にこだわる必要はないということだ。

思考・感情を認める↓体とつながる↓現在の行動に集中する

なかには、まず体とつながり、思考・感情を認め、現在の行動に集中する方がやりやすいという人もいる。また、

体とつながる↓現在の行動に集中する↓思考・感情を認める

という順番を好む人もいる。

この三つの段階をすべて含んでいれば順番は関係ない（〝認める〟は決して飛ばさないようにしてほしい。これをしないとエクササイズが気をそらす行動になってしまう）。そして何回かやってみよう。また、他の名前づけのメソッドもやってみよう。単語ひとつふたつを使うのが好きな人もいる。〝不安〟〝心配〟〝悲しみ〟〝自己批判〟など。長いフレーズを使う人もいる。「今〜の感情に気づいた」「〜という思考がやってきた」

では、ここでもう一度、錨を降ろすエクササイズをやってみよう。少なくとも二、三分。ACEも二、三回通してやってみて、結果を見てみよう。

■次はなんだ？

さて、あなたは思っているに違いない。「錨を降ろして、そのあと何をするんだ？」（思っていなくても説明させてほしい）。第2章のチョイスポイントの考え方を覚えているだろうか？ 前進行動とは理想の自分と合致する行動、あなたが望む人生に近づけてくれる行動だ。一方、後退行動はこれと真逆のものだ。今あなたが前進行動である仕事や行動をしているならそれを続けよう。そしてその時、完全集中するよう心がけよう。なぜか？ 理由は二つある。

一つめ、何かをうまくやりたい時に一番必要なものは何か？ それはスキルではない。知識でも経験でも才能でもない。確かにそれらは助けになるが、一番大事なのは取り組んでいる仕事に集中し続けることだ。技術、知識、経験、才能がどんなにあっても、集中できなければうまくやれるわけがない。これは多くの一流アスリートが証言していることだ。彼らは言う。「心がゲームに入れなかった」。これはスポーツだけに言えることではない。車を運転する時でも、料理でも、愛し合う時でも、フットボール、勉強、ジムでのワークアウト、子供のしつけ、読書、仕事においても当てはまる。自動運転モードで集中できない場合、あるいは気もそぞろで行動する場合、物事はうまくいかない。

（注：もちろん、このルールには例外もある。酔っていたり、ソファでぐったりしていたりボーッとテレビを見ているような時は、これらの行為を深めるために行動に集中する必要はない。だが複雑な仕事や行動にはほとんどあてはまる。）

自分の行動に完全集中した方がよい二つめの理由は、その体験を心から味わえるということだ。反対に行動への集中レベルが低いほど、そこから得る楽しみも満足感も少なくなる（この理由はあとで深掘りする）。

なので、錨を降ろした後、前進行動をしているのであれば、それに完全集中してほしい。だが後退行動をしているなら、やっていることを中断し何らかの前進行動に切り替えてほしい（言うは易しであるのは分かっている。特に前進行動をまったく思いつけないような場合は。だが心配いらない。本書を読み終わる頃には、あなたは独自の前進行動をたくさん持っていることだろう。また、本書で紹介するスキルを練習していれば、こうした切り替えがすぐにできるようになるはずだ）。

■いつ、どこで使う？

　錨を降ろすエクササイズはやればやるほどよい。そして、心が比較的平穏な時にできる限り練習しておこう。そうすれば嵐が来た時にうまく対応できる。一日を通してＡＣＥを繰り返し練習しよう。心が穏やかな時、あるいは軽度のストレスや心配、怒り、イライラ、不安や悲しみを感じている時に。うまくなってきたら、徐々に厳しい状況で使ってみよう。時間がかかるかもしれないが、続けていればもっとも激しい嵐の時でも錨を降ろせるようになる（だがそれには練習が必要だ。この本を読んでいるだけではダメだ）。

　気が散って集中できない時や自動運転モードの時にもやってみよう。疲れていたり、だるくて何かをする気力がないような時もＡＣＥをやり、自分を目覚めさせ、エネルギーを補充し、行動へのコントロールを取り戻そう。

（注：この本で紹介する手法は、すべて各個人の状況に合わせて調整する必要がある。たとえばあなたを悩ませる無気力の原因が睡眠障害などの身体疾患なら、横になって休むだけでもいいだろう。）

　このエクササイズの素晴らしいところは毎日の生活で簡単に実行できることだ。いつでもどこでも好きなだけやってかまわない。信号待ちの時は三十秒間、朝起きた時には一分、列に並んでなかなか進まない時は二分、ランチの時は三分間やってみよう。ベッドに寝転んでやってもよい。

やればやるほど結果はよくなる。一日十分間を達成できれば素晴らしい。二十分ならもっとよい。

だがたとえ一分間でもやらないよりずっといい。

以下は、錨を降ろすことが特に有効な場面だ。

・どんなものであれ、感情の嵐が起きた時
・不安や強迫観念、くよくよなどをやめたい時
・自己破壊的な習慣をやめたい時
・現在の行動に集中しづらい時
・気だるく無気力で、〝スイッチが入らない〟時
・思考・感情に〝流されて〟しまう時
・体が固まり、〝凍りついて〟しまった時（トラウマが関係している場合に起こりやすい）
・苦痛な記憶、トラウマ的な思考が起こった時
・何かに対する強い、中毒的な渇望や衝動が起こった時
・服従モード、抵抗モードから抜け出したい時

これは、本書で数多く紹介する〝思考の釣り針から逃れるスキル〟の一つに過ぎない。

最初はその恩恵が分からないかもしれない。あるいはドラマチックな変化を経験するかもしれない。

あるいはこの二つの中間かもしれない。だがこのエクササイズをいつも、何度もおこなっていれば、

たとえそれが一日数分間でも長い間には大きな見返りがもたらされる。

■トラブルシューティング

錨を降ろすエクササイズが問題なくできたら、この部分は飛ばして次の章に進んでほしい。

●効果がない

こういう人々は、この方法を抵抗戦略として使おうとしていることが多い。苦痛の思考・感情から意識をそらすか追い払おうとしているのだ。これについてはこの章ですでに説明した。

●何の変化も感じられない

何も起こらない場合、そもそも思考・感情に捕まっていないのかもしれない。捕まっていなければ逃れる経験もあり得ない。この場合、まず今までの人生における困難や問題を思い出し、苦痛の思考・感情を呼び起こしてからやってほしい。もうひとつ考えられるのは、あまりに多くを詰め込み過ぎて（この本の指示を全部読むなど）エクササイズに集中できていないのかもしれない。この場合ももう一度挑戦しよう。

もうひとつ心に留めてほしいのは、変化がほんのわずかなこともあるということだ。あなたの意識は少しだけ深まり、鋭くなっているかもしれない。体とのつながりがほんの少し強まり、行動のコントロールが良好になっているかもしれない。

●感情が強まる

幸いこのケースはあまり多くない。これは長いこと感情を避けてきたり、感情を遮断したり追い払ったり、無視してきた場合に起こりやすい。あなたは今それらの行動をやめ、その揺り戻しを経験しているのだ。それはあたかも感情（たいていは不安）が駄々をこねてこう言っているようなものだ。「今までは注目してくれたじゃないか！　何で私を無視するんだ？　私を見てくれ！　ここにいるぞ！　私はこんなことができるんだ！」

コンスタントに練習し、感情を追い出すかわりに認めてやれば、これは止まる。再びはじまったら数分長く錨を降ろすのがコツだ。ＡＣＥを三、四回やってみよう。一回に少なくとも一分はかけよう。この章で説明したような結果が得られるだろう。

●思考や感情を認めた時、それに名前をつけるべきか？

その必要はない（私の言うことに従う必要はまったくない。すべてあなたが決めるべきだ）。好奇心を働かせ、思考や感情に気づいた時、名前をつけなくても十分効果がある。だが名前づけをすれば、逃れるスキルはさらに楽しくなる。

●感情に名前をつけられない

感情に名前をつけるのが苦手な人もいる。これは練習すればできるようになるが、とりあえずは一般的な言葉、〝ストレス〟や〝不快感〟〝痛み〟〝苦痛〟などを使おう。

●感情に気づくのが難しい

自分の感情に気づくのが難しい、あるいはまったく何も感じない場合、その事実を認めよう。「無感覚であることに気づいた」、あるいは「体に何の感覚もないことに気づいた」など。あとの章でこういう場合の対処を説明する。

●思考に気づくのが難しい

思考に気づけない、あるいは何の思考も湧かない場合、その気分（感情）に気づこう。

●一度に多くのことに気づけない

多くのことに気づこうとしてそれらに圧倒されてしまう場合、もっとリラックスして意識の焦点を絞ろう。Ａの段階では体の中の一つの感情に気づこう。あるいは、感情は置いておき、思考だけに気づこう。Ｃでは体の一部分を動かし、感覚に気づこう。Ｅでは見える、聞こえるものの一つか二つに気づこう。慣れてきたらゆっくり意識を広げ、多くのことに気づいていこう。

●体の痛みに敏感になった

エクササイズをして、首や背中の痛み、筋肉の緊張その他の体の痛みに敏感になったという人々もいる。一つの解決策は、痛みを感じたらＣのステップを行い、それに注意を向けることだ。痛みの部分をストレッチしたりマッサージして体とつながる。もうひとつはAのステップと一緒に行い、争うことなしに肉体の不快感を認める。「背中の痛みが来たな」「首の痛みに気づいた」など。両方やればもっとよい。

あなたは心を読む機械を持っていて、それを私の脳に接続する。私がひどく打ちのめされ、落ち込んでいる時にこの機械で私の心の声を読んだら、次のような自己批判の言葉が聞こえるだろう（もちろん一日ですべて吐き出せるわけがない。少なくとも数カ月はかかるだろう）。これらを読んで思い当たらないだろうか？　あなたの心も似たようなことを言っていないか？

では見ていこう。私の心はこんなことを言う。「自分は太りすぎだ、年寄りだ、間抜けだ、ニセモノだ。能力がない。大したことをなしとげていない。他の人ほど賢くない。偽善者だ。変人だ。適応力が低い。真の私を知ったら私を嫌いになるだろう。私は退屈な人間だ。魅力がない。ひどい親だ。ダメなパートナーだ。あまりに自己中心的だ。だらしなくて不注意だ」

どうだろうか。ここであなたの心の声を聞いてみよう。「ワオ！　ラスの心は自分のと同じだ！」それとも「この男大丈夫かな？　彼は自己啓発のグルだったんじゃないのか？」。この本、『定本　ハピネス・トラップ』を書いている時点で私は五十四歳だが、大人になってからずっとこれらの自己批判を抱えている。子供の頃からのものもけっこうある。昔と違うのは、今これらの思考が現れても、ほとんどの場合影響を受けず、さらっと流せるようになったことだ。

ほとんどの場合、思考・感情のインパクトは弱まるか消える。影響を受けた時でも、たいていすぐに逃れられるようになった（この文章と前の文章に〝ほとんどの場合〟という言い回しが登場したのに気づいただろうか？　つまり、進歩の余地は常に存在するのだ）。

ネガティブな思考をするのは正常なのだ。私は医療関係者と一般人の両方に向け、世界中で講演と指導をしている。聴衆は五十人の時もあれば二千人以上のこともある。その時、さっき私が書いた思考を彼らにも伝え、こう質問する。「〝私のとまったく同じでなくても、自分の心も似たようなことをつぶやく〟という人、手を挙げてください」。こう聞くとほとんどの人が高々と手を挙げる。私は言う。「手を挙げたまま周りを見回してください。あなただけじゃないことが分かるでしょう。私たちの心は、だいたい似たようなものなんですよ。人間である以上仕方ないんです」

第1章で紹介した理由で、私たちは多くのネガティブ思考を抱えている。研究によれば、私たちの思考の八〇％は多かれ少なかれネガティブなのだそうだ。あなたの心が多くのネガティブ思考を吐き出しても、それは自然なことなのだ。

■偉大なストーリーテラー

先に進む前に思考とは何かをはっきりさせておいた方がいいだろう。思考とは基本、言葉だ。言葉を書き記す時、私たちはそれを〝文章〟という。言葉を話すのは〝会話〟、頭の中の言葉は〝思考〟と呼ばれる。

私たちの頭の中にあるのは〝言葉〟だけではない。〝映像〟もイメージや記憶という形で存在する。そして私たちの思考、映像や記憶は、まとめて認知と呼ばれる。映像と記憶についてはあとの章で検討するとして、この章では思考について見ていこう。

人間は、〝頭の中の言葉〟に大きく依存している。思考は私たちに、人生について、生き方について教えてくれる。自分が何者か、どうあるべきか、何をし、何を避けるべきかを伝えてくる。だが、それは言葉に過ぎない。ＡＣＴで、思考をしばしば〝物語〟と呼ぶのはこれが理由だ。それは真実の物語（事実ともいう）であることもあれば、間違っていることもある。だが私たちの思考のほとんどは事実でも間違いでもない。それらは人生についての私たちの解釈（意見、態度、判断、考え、心情、見解、分別、視点、思い込みなど）か、私たちのしたいこと（計画、戦略、目的、望み、欲望、価値など）のどちらかだ。

さて、心はどのくらい、物語を伝えることが好きだろうか？　それは決してささやきをやめない。そうでしょう？（眠っている時でさえも）。心は常に比較し、判断し、値踏みし、批判し、計画し、分析し、思い出し、予測し、想像する。まるで世界一の語り手だ。言葉に詰まることなく、私たちの気を引き続ける。

ＡＣＴでのこうした思考への対処は、他の心理学モデルとはまったく異なる。ＡＣＴでは思考が事実かどうか、ポジティブかネガティブかは問題にしない。ＡＣＴがもっとも重要視するのは、その思考が私たちの役に立つか、その思考に従ったら望む人生を生きる助けになるか？　ということだ。

「ちょっと待ってくれ！」あなたは言うだろう。「ネガティブ思考は悪いものなんじゃないのか？」。答えは「ノー」だ（誤植ではない。答えは完全に「ノー」だ）。ネガティブ思考はそれ自体では悪でも害をなすものでもない。「どうして？」あなたは言う。「ストレスやうつや不安はネガティブ思考のせいじゃないのか？」違う。ネガティブ思考のせいではない。

ここでしばらく読むのを中断し、心の声に耳を傾けてみよう。心はおそらく納得していないだろう。

理由はひとつ、あなたは今までネガティブ思考は異常で有害だという考えを読み、聞き、さんざん吹き込まれてきたからだ。この有名な神話を信じているなら、あなたはこれから仰天するだろう。

■世間に流布しているネガティブ思考への対処法

多くの心理学手法がネガティブ思考をうつ、不安、自尊心の低下などの原因としている。そして、それらを根絶やしにするようあなたに迫る。こうした手法は次のようなやり方で思考・感情と争うことを勧めている。

・自分に対しポジティブなことを繰り返しつぶやくことでネガティブ思考を追い出そう
・ネガティブ思考が現れたら気をそらそう
・ネガティブ思考を追い払え
・ネガティブ思考に反論しろ。それらが事実でないことを証明せよ
・ネガティブ思考を書き換え、ポジティブなものに置き換えよ

あなたもやったことがあるのではないだろうか？　ほとんど誰もが試したことがあるはずだ。だが、こうしたものはちょっとの間効き目があっても、ネガティブ思考を永遠に追い払ってくれるわけではない。まるでホラー映画のゾンビのように、ネガティブ思考は何度もよみがえる。なぜなら……。

■脳にデリートボタンはない

ここで簡単にできる実験をしよう。以下に、未完成の文章がある。これを読んでもらうのだが、空白の単語を考えながらやらないでほしい。それぞれの文章をゆっくり読んで、終わりまで来た時に心に自動的に湧いてくる言葉に気づこう。

・マリーは小さな（　　）を飼っていた
・キラキラ小さな（　　）
・（　　）の芝生は青く見える

あなたがイギリス、アメリカ、オーストラリア、ニュージーランドなどで英語を第一言語として育ったのであれば、心は自動的に〝羊〟、〝お星さま〟、〝隣〟などの言葉で埋めただろう（これらの表現を知らない読者は、自分の文化で有名な言い回しを三つ思い浮かべてから読み進めてほしい）。

さて、「これらの文章を記憶から消してほしい。完全に脳から消去してほしい。どんな状況でも二度と頭に浮かばないように」と言ったとする。あなたはできるだろうか？（できると思うならやってみてほしい）。これらの言葉は決して決して消え去らない。

長年繰り返しあなたの心に現れる苦痛の思考も同じことだ。あなたはそれを追い払えない。脳には〝デリートボタン〟はついていないのだ。

あなたは神経可逆性、脳の可逆性といった言葉を聞いたことがあるだろう。神経経路（ニューロンの接続）を調整することによって脳が自らを書き換える能力のことだ。だが脳は引き算、つまり神経経路をマイナスすることでは変われない。それは足し算、古い神経経路に新しいものを上乗せすることでしか変わらない。望まない思考を消去することは不可能なのだ。だが新しい神経経路を上書きすることで反応を変えることはできる。思考が現れた時それを認知し、それに捕まることなく自由に行き来させてやれるのだ。

■今までと違うアプローチ

ＡＣＴのネガティブ思考についての解釈は他の心理学メソッドとはまったく異なる。ＡＣＴでは、ネガティブ思考はそれ自体では問題とは考えない。それに服従モードで反応した時のみ問題となるのだ。

　服従モードに入ると、私たちは思考に完全集中してしまい、従わなければならない命令のように扱ってしまう。あるいはまったくの真実だと考える。こうした反応を専門用語で〝フュージョンする〟という。

　〝思考に囚われた（思考とフュージョンした）〟とは、思考が私たちを支配したということだ。思考が私たちの意識を乗っ取り（不安になる、悩む、思考に持って行かれるなど）他のことに集中するのを妨げているか、私たちの肉体を支配し自己破壊的な行動（後退行動）に駆り立てている状態だ。分かりやすくするために次の実験をやってほしい。実験は三つに分かれている（本を遠ざけるエクササイズと似ているが、まったく違う部分もある）。

■〝手を思考と見なす〟実験

●パートA

目の前に自分にとって大切なものが並んでいるのを想像しよう。人生における楽しいもの、喜ばしいもの、お気に入りの映画、音楽、ゲーム、食べ物、人々、場所や出来事などだ。また、嫌なものも並んでいる。さまざまな困難、問題、避けられない面倒ごとなどだ。次に、手のひらを上に向けて両手を並べ開かれた本のようにし、それらが自分の思考、映像、記憶であると考えてみよう。

●パートB

この段落を最後まで読んだら、両手を顔の前に掲げ視野を完全にふさいでみよう。そしてあたりを見回し、指の隙間から世界がどう見えるか感じてみよう。読み進む前に少なくとも十五秒間やってみよう。

　これが、思考に囚われた状態だ。手で目をふさいでいる状態では、

・どの程度の情報を失ったか？
・重要な情報からどの程度引き離されたか？
・集中するのがどのくらい難しくなったか？
・しなければならない仕事、あるいは愛する人が目の前にいるのを想像しよう。それらに集中するのがどのくらい難しくなるだろうか？

・人生を生きていくための行動がどの程度困難になるだろうか？　車の運転、料理、コンピュータに向かって文字を打つのがどのくらい難しくなるだろうか？

この状態で一日を過ごすことを想像してみよう。人生はどのくらい困難になるだろうか？　同様に、思考に囚われた時も現在の行動に集中するのが難しくなり、思うように人生を楽しむことができなくなる。課題や問題にうまく対処するのはほとんど不可能だ。

●パートC

再び、自分の手が思考だと想像してみよう。周りには自分にとって大切なものが置いてある。この段落を読み終わったら、手を目の前に持っていき、目をふさいで周りを見回そう。五秒間やってみよう。そして、これ以上は無理なほどゆっくり、手を膝の上に持っていこう。世界の見え方がどのように変化するか見てみよう。次に、純粋な興味をもって周りの世界を眺め、見えるもの、聞こえる音に集中しよう。

手を膝に乗せた状態だと、周りの世界に集中し参加することがどれほど簡単になるだろうか？　すべきことや一緒にいる誰かに集中することがいかにたやすくなるだろうか？　思考から逃れるとはこういうことだ（ACTではこれを脱フュージョンするという）。

もう一つ大事なのは、この状態になるために手を切り落とす必要はないということだ。車の運転や料理、愛する人を抱きしめるなど、必要な時はいつでも手を使うことができる。使う必要がない時は膝の上に置いておく。思考も同じだ。それが役立つ時は使えばよい。もっとも大きな苦痛、悲しみ、ネガティブ思考でさえ、役に立つ情報を含んでいることはよくある。これについては後ほど見ていこう。使わない時はそのまま置いておけばよい。

「でもそのままにしておくのは嫌なんです」。このエクササイズをした後、ミシェルは言った。「全部追い払ってしまいたい……」（第3章で紹介したミシェルは、「私はどうしようもない」「ダメな母親だ」「誰にも好かれない」などの思考に取りつかれていた）。

「そうでしょうね」私は言った。「誰だってひどいネガティブ思考は追い払いたいと思っていますよ。でもあなたはもう何年もやってみたでしょう？　今までやった抵抗戦略を見てごらんなさい。ポジティブ・アファメーション、ポジティブ思考、祈り、瞑想、気をそらす、セラピーを受ける、自己啓発本を読む、思考に反論する、チョコレートを食べる、酒を飲む、思考を呼び起こす人々や場所、行動を避ける……。でも効き目はほとんどなかったでしょう？　あなたは長いこと思考に抵抗し続けてきた。そしていくつかは効果があった。少しの間はね。でも結局どうなりました？」

ミシェルはため息まじりに答えた。「戻ってきました……」

「では、今までとまったく違う方法を試してみませんか？」私は両手で目をふさぎながら言った。「こういうことを繰り返す代わりに別のやり方を覚えてみませんか？」私は手を膝の上に置いた。

彼女は言った。「お願いします。でもその前に教えてください。なぜ心はこんなことをささやくんでしょう？」

■心は〝お節介な友人〟

お節介な友人を持ったことはあるだろうか。あなたを助けようとするあまり、〝うざったい存在〟

になってしまう友人だ。動機は素晴らしいのだが、彼らはしつこくあなたの邪魔をし、事態を悪化させる。こうした友人と同じで、心が助けにならない言葉をささやき続けるのはあなたを助けるためだと知ったら、あなたは驚くだろう（もしかすると喜ぶかもしれない）。

この事実をもっと理解するために、私たちを繰り返し捕える思考のカテゴリーを見てみよう。どの場合でも、心はあなたが欲しいものを得る、あるいは望まないものを遠ざける助けになろうとしているのが分かるだろう。

●過去と未来

心は私たちが未来について考え、心配し、大失敗を予感し、最悪を予想するよう仕向ける。なぜか？　心はあなたが未来に備え、行動するのを望んでいるのだ。それはつぶやく。「気をつけろ。傷つくかもしれないぞ。自分を守れ」

心は過去にも私たちを引き戻す。昔の苦痛な出来事をくよくよと思い悩み、私たち（あるいは他人）がしたことについて自分（あるいは他者）を責める。これまた、私たちを過去から学ばせようとする心の働きだ。心はこうつぶやく。「悪い体験から学べば、次に似たようなことが起きた時どうすればいいか分かるよ」

●価値判断

心は価値判断の製造工場であり、止むことなくそれを生み出し続けている。「これは良い」「これは悪い」「彼は醜いな」「彼女は美人だ」「こういう奴らは信用できない」「人生っていいことないよな」

「私は正しい、間違ってるのはお前だ」「最悪の気分だ」などなど。こうした価値判断は、あなたに世界を理解させようという心の働きだ。何が〝安全〟で何が〝良い〟か、何が〝危険〟で何が〝悪い〟かを教えようとしているのだ。

私たちは自分についての価値判断も山ほどおこなう。厳しい批判や自己否定は、私たちを叱咤し行動を変えさせようという心の動きだ。尻を叩いてプレッシャーをかければ、私たちが問題を解決して正しい行動をすると思っているのだ。

●理由づけ

前に、心は〝言いわけ製造機〟だという話をした。不快な行動や困難で不安を呼び起こす何かをしようとするとそれはただちに作動し、できない理由、やらない方がいい理由、やる必要がない理由などを吐き出し続ける。「私にはそんな時間はない、エネルギーはない、自信がない」「あまりに不安だ、ストレスが強すぎる、落ち込んでいる」など。これらは次のような感情として現れることもある。心配（「何か悪いことが起こるかも」）、無力感（「どうせうまくいかない」）、無意味感（「こんなこと意味がない」）、完全主義（「完璧にやりとげなければ無意味だ」）、あるいは低い自己評価（「これをするには私は愚か過ぎる、弱い、怠け者だ」）などなど。

これらの理由づけにはすべて二つの目的がある。心は不快な思考や感情からあなたを救おうとしているか、あなたを傷つけるかもしれない新しい挑戦を防ごうとしているのだ。

●ルール

心は、できる・できない、すべきだ・すべきでないなど、私たちの行動にルールを設けるのが大好きだ。「こんなこと無理だよ！」「これはやらなくちゃ！」「こんなやり方しちゃ駄目だ！」など。

心はあなたの人生に指針を与えようとしているのだ。これをすれば大丈夫だ、それは面倒なことになるぞ、と。繰り返すが、心は、あなたが欲しいものを得て、欲しくないものを避ける助けになろうとしているのだ。

一日中例を挙げ続けることもできるが、あなたはひどく退屈するだろう。覚えておいてほしいのは、どんなに役に立たない思考も、私たちを助け、守り、必要なものを手に入れ、苦痛を避け、私たちが注目すべき重要な物事を知らせようという心の働きだ、ということだ。

■囚われたことをどうやって知るか？

私たちが心に囚われると次のような状態になる。

・思考が、従うべき命令、ルールのように感じられる
・思考は大事なもので、完全に集中しなければならないと考える
・思考は賢く、そのアドバイスに従う必要があると考える
・思考は真実で、完全に信じるべきものだと考える

ここまで読んで、ネガティブ思考はそれ自体では問題とはならないことが理解できたと思う。それらはストレスやうつ、不安などの直接的な原因ではない。ネガティブ思考に服従モードで反応する時、

問題は起こる。こうした反応は、すでに紹介した用語、〝フュージョン〟と言われるものだが、この心理プロセスを表す言葉は日常の言葉や言い回しに数多くある。〝自分を失う〟〝囚われる〟〝絡め取られる〟〝捕まる〟〝反芻する〟〝持っていかれる〟〝小突き回される〟〝振り回される〟〝消耗させられる〟など。思考の影響を表現する言葉もたくさんある。〝尻込みする〟〝抑え込まれる〟〝溺れる〟〝沼にはまる〟〝意気消沈する〟〝圧倒される〟〝盲目になる〟〝行き詰まる〟〝押し潰される〟〝頭がいっぱいになる〟〝取りつかれる〟など。これらの隠喩は、思考・感情に囚われた時によく起こる影響、特にエネルギーや集中力の消耗を表現している。だが思考から逃れればその力は失われる。

時にはこう質問する人がいる。「つまり、私たちは決して思考に呑み込まれてはいけないんですね？」。私の答えは「**ちがう！**」だ（実際こんなふうには言わないが）。こう質問をされた時、私は必ずＡＣＴの原点である〝有効性〟について説明する。「その思考はあなたが理想の人生を築く上で役に立つか？」

思考に呑み込まれる方が好都合で、人生が豊かになる状況はたくさんある。何かの計画を練っている時、問題解決に知恵を絞っている時、想像力を発揮する時、プレゼンテーションを控えて心の中でリハーサルしている時、大事なことを記憶しようとしている時、あるいは夏の日にハンモックの上で空想の世界にひたっている時などだ。こんな時は思考から逃れる必要はない。だが、私たちを望む人生から遠ざけるような思考に囚われたらそれは逃げる時だ。では、私が一番気に入っている思考からの脱出方法を紹介しよう。

■「私は〜という思考を持っている」

思考に囚われたミシェルは意識を完全に支配されてしまった。あまりにひどい気分で、何かに集中することができなかった。だが、次のシンプルなテクニックを使うと思考から逃げることができた。まず説明を読んでからトライしてほしい。

まず、心が乱される自己評価の思考を、「私は〜だ」という形で思い浮かべてほしい。「私は不十分な人間だ」とか、「私は無能だ」など。たびたび湧き起こり、あなたを捕らえ、落ち込ませ、現在から引き離し、後退行動に駆り立て、意識を支配するような思考を一つ選ぼう（自己評価の思考が思い浮かばない時は、繰り返し現れる心配を使おう。「これは絶対まずいことになるぞ」など）。

次にその思考に集中し、十秒間できる限り信じ込んでみよう。そして、その思考を先ほどのフレーズ、「私は〜の思考を持っている」に入れ込んでみる。再びその思考と戯れてみよう。だが今度はフレーズとしてやってみる。心の中でつぶやこう。「私は〝自分は〜だ〟という思考を持っている」。何が起こるか見てみよう。

もう一度やってみよう。今度は少し長い言い回しを使う。「私は〜だという思考を持っていることに気づいている」。何が起こっただろうか？

やってみただろうか？　いくら本を読んでも自転車に乗れるようにはならない。自転車にまたがり、ペダルをこがなくてはだめだ。同様に、エクササイズについて読んでいるだけではこの本を活かすことはできない。実際にやらなければ効果は得られない。エクササイズを飛ばしてきたなら、今すぐ戻ってやってほしい。

さて、結果はどうだっただろうか？　おそらくあなたは気づいたはずだ。思考をこれらのフレーズにすると、それと多少の距離が取れるということに。それはあたかも数歩下がって見ているような感じだ（もし何の変化もないようなら思考を変えてやってみてほしい）。

このテクニックはあなたを捕らえようとする、あらゆる不快な思考に使うことができる。たとえば、心が「人生なんて最悪だ！」と言った時、その思考を認識しよう。「私は〝人生なんて最悪だ〟という思考を持っている」。もしそうしたければ、〝私は気づいている〟という言い回しを使ってみよう。心が「私は失敗するだろう！」と言うなら、まずそれを認め、「私は〝自分は失敗する〟という思考を持っていることに気づいている」と言おう。もう一つのオプションは、「心がこうささやいている」という言い方だ。「私の心が〝お前は悪い奴だ〟とささやいている」と言おう。これらのフレーズを使うと、思考に引き回されたりダメージを受けることが少なくなる。これらの思考から少し距離がとれ、その真の姿を見ることができる。それは、あなたの頭の中をよぎる言葉に過ぎないのだ。

私たちはポジティブ思考にも捕まる。これもまた、すぐに問題を引き起こす。ナルシシズム、横暴、自信過剰、非現実的な楽観、さらには偏見や差別……。あなたの親戚や同僚で、「自分は誰よりもうまくやれる。良い結果を出したかったら私のようにやるべきだ」と主張する人がいないだろうか？　あるいは、「これについては全部知っている。君に教えてもらう必要はない」「私は君より優秀だよ」という態度をとる人など。人々に自分のポジティブさを伝えているという点では彼らの思考はポジティブだろう。だがこういう思考に囚われていると、それはトラブルの元になる。

私たちが思考から逃れると（ＡＣＴ用語で言えば〝脱フュージョン〟すると）以下のことに気づく。

・私たちの思考は、単なる音、単語、物語、あるいは言語の断片だ
・私たちの思考は従わなくてはならない命令ではない。言う通りにする必要はない
・その思考は重要かもしれないし、そうではないかもしれない。それが自分に役立つ時だけ意識を集中すればよい
・思考は賢いものである時もあるし、そうでない時もある。そのアドバイスに盲目的に従ってはいけない
・思考は真実の時もあるし、そうでない時もある。盲目的に信じるべきではない

さて、理論はこれで十分だろう。では実際にやってみよう。

■方法はたくさんある！

思考から逃れるテクニックは山ほど存在する。いくつかは子供だましのように思えるかもしれない。これらのテクニックを自転車の補助輪のようなものだと思ってほしい。一度自転車の乗り方を覚えればもう必要ない。この章と次の章で紹介するテクニックは一種の実験と考え、心を開いて好奇心満々で挑戦してみよう。

これらの実験は有効だと確信しているが（でなければ紹介しない）、前にも述べた通り、誰にでも効く方法はない。すごく効果的なものもあれば、そこそこのもある（全然効かないものもあるだろう）。ごくまれに、目的とは正反対の結果になり囚われがさらに強まってしまうこともあり得る。こ

れはめったにないことだが、もしそうなったら自分には合わないと考えて別のテクニックを試そう。

■さあやってみよう！

一つ注意してほしい。これらのテクニックの目的は思考を追い払うことではなく、それをあるがままに見ること、つまり言葉の羅列として認識することだ。そしてそれが現れ、存在し、去っていくのを許してやる。決してそれと争ったり服従してはいけない。

次のテクニックはあなたの音楽的才能を使う。だが心配いらない。他の人は誰も聴いていないから。

●テクニック1：思考を音楽にのせる

いつもあなたを捕えるネガティブな自己評価を選ぶ。「私は間抜けだ」など。次に、この思考を心に浮かべ、十秒間だけ強く信じ込んでみる。それが自分にどんな影響を与えるかを観察する。

その思考をハッピーバースデーのメロディーにのせて心の中で歌ってみる。何が起こるか見てみる。

その思考を元の形で感じてみる。ここでも十秒間、それを信じ込んでみる。どんな影響を受けるか見る。

今度はジングルベルの節回しでその思考を歌ってみる（他の歌でもかまわない）。何が起こるか観察する。

他の方法として、たくさん出回っている、あなたの声を音楽にしてくれる無料のスマホアプリを使うやり方がある（私が今気に入っているのはAutoRapだ）。何かを録音すると、このアプリが音楽をつけてくれる。あなたが自分の思考をしゃべると、楽しい歌にして再生してくれるというわけだ。

さて、結果はどうだっただろうか？　思考に音楽をつけると、それがあなたを捕えることが少なくなったのに気づいただろう。また、この手法ではあなたは思考に挑戦したり追い払おうとしていない、という点にも注目してほしい。また、それが事実かどうかも考えず、追い払ってポジティブ思考で置き換えようともしなかった。思考に音楽をつけることで、その〝真の姿〟を見ることができる。もうお分かりだろう、それは歌の歌詞と同じで単なる言葉の羅列であり、それ以上でもそれ以下でもないのだ。

●テクニック2：物語に名前をつける

もう一つの思考脱出法は、心が好む物語を見つけ、それに名前をつけることだ。〝負け犬〟の物語、〝人生最悪〟の物語、〝私にはできない〟の物語など。時には、一つの物語にいくつかのバリエーションが存在することがある。「私なんか誰にも好かれない」の物語は「私は退屈な人間だ」となるかもしれないし、「私は魅力がない」の物語は「私は太っている」に、「私は無能」は「私はバカだ」に変化するかもしれない。物語が現れた時、名前でそれを認識しよう。たとえば、「ああ、これは知ってるよ。前からよく見る、〝私は失敗者〟の物語だね」あるいは、「ああ、〝私は状況に適応できない〟

の物語だな」など。

　一度物語を認識したらそれでおしまい、そのままにしておこう。挑戦したり追い払おうとする必要はない。注目する必要もない。それらは来るまま去るままにさせておき、もっと意味あることにエネルギーを向ければよいのだ。

●テクニック3：思考プロセスに名前をつける

　テクニック2の別バージョン、思考プロセスに名前をつける方法は、異なる思考が次々すごいスピードで浮かんでくる時に有効だ。特定の思考に気づき、名前をつけるのではなく、思考のプロセスに名前をつける。そして心の中でこうつぶやく。「私は今、くよくよしていることに気づいた」、あるいは「私の心が思考を反芻している」など。〝気づいた〟の部分を除いて単語だけにするのもありだ。〝心配〟〝夢想〟、あるいは単に〝思考〟と言ってもいい。また、そうしたければいくつかの単語を並べてもよい。〝過去の反芻〟〝拒否される不安〟〝自己批判〟などなど。

　このテクニックは心配や反芻、くよくよ悩むなどの認知のプロセスを中断するのに役立つ。ステップ1はプロセスに名前をつけることだ（「不安が来た」）。思考から逃れるにはこれで十分な時も多い。だが逃れられない時はステップ2、錨を降ろすテクニックを使おう。これによりあなたは頭の中から脱出し、現在の行動に集中できる。

■練習がすべて

　ミシェルに話を戻そう。彼女はいつも囚われる二つの物語のテーマを特定した。「私は無価値だ」

と「私なんて愛されない」の物語だ。この名前を使って思考を認知することは、囚われから逃れる助けになった。だが一番のお気に入りは〝思考を音楽にのせる〟だった。「自分は空虚だ」や「自分は駄目な母親」などの思考に囚われると、彼女はすぐにそれを音楽にのせる。すると思考はたちまちパワーを失うのだった。

彼女が使うのはハッピーバースデーだけではなかった。ベートーベンからビートルズまでさまざまな音楽を試した。一週間、このテクニックを一日を通して練習した結果、彼女は思考を今までよりずっと軽く受け止めるようになっていた（音楽を使わない時でも）。それらを追い出すことはできなかったが、邪魔されることはほとんどなくなった。

さて、あなたは山ほどの疑問を抱えているだろう。もう少し辛抱してほしい。次の三つの章では、思考（そして記憶や映像）から逃れる方法をさらに掘り下げる。起こり得る問題のトラブルシューティングも紹介する。それまでは今まで紹介したテクニックを少なくとも一つか二つ、練習してほしい。「私は〜という思考を持っている」「心が私に〜と言っている」など。あるいは思考を音楽にのせるテクニック、物語に名前をつける、プロセスに名前をつけるテクニックも。

さらに、折に触れて以下のことを思い出そう。

・これらの思考は異常ではない。誰もが持っているものだ
・心はあなたをやっつけようとしているのではない。それどころか必死であなたを助けようとしているのだ

これらのテクニックを困難な思考に、可能な限り頻繁に使ってみよう（一日最低十回、多いほどよい）。またストレス、不安、うつ、動揺、イライラしたり上の空になったり、何かに邪魔されて集中できない時は自分に問いかけよう。「心はどんな物語を伝えようとしているのか？」そして一度それを識別したら、逃れよう。

そして他の手段が失敗した時の奥の手は〝錨を降ろす〟だ。

この時点では過大な期待を抱かないことが大事だ。思考から逃れるのはある時は簡単だし、ある時はほとんど不可能に感じられるものだ。なのでこれらのテクニックをいろいろ試し、結果を見てみよう。決してすぐに変化が起こるのを期待してはいけない。

これらのテクニックが難しすぎると感じたら、まずはそれを認めよう。「私はこれらがあまりに難しい、という考えを持っている」。「あまりに難しい」「こんなこと馬鹿馬鹿しい」「こんなのうまくいかない」などと思っても大丈夫、それらをありのままに見つめよう。それは単なる言葉の羅列だ。そのまま好きにさせておけばいい。

「ここまでは分かった」あなたは言う。「でもその思考が真実だったらどうするんだ？」

いい質問だ……。

第7章　思考から逃れる

「でも、それは事実なんですよ！」マルコはキレた。「私は太ってるんです！」彼はシャツをまくり上げて言った。「見てください」彼は腹を叩きながら言った。実際マルコは深刻な体重超過状態だった。そして、よくあることだが、食べることを抵抗戦略に使っていた。彼はしょっちゅう悲しみに囚われ、孤独、不安、恥ずかしさ、自分は無価値で無能だという思いに取りつかれていた。そしてお気に入りの食べ物（チョコレート、ポテトチップス、ピザ、ナッツ、ハンバーガー、アイスクリームなど）を食べると、しばらくは不快な思考や感情から逃れることができた。だが長い目で見ると、このやり方は彼の気分をさらに落ち込ませた。

　私はマルコに言った。「大事なのはあなたの思考が真実かどうかじゃないんです。それが役に立つかどうかがポイントなんですよ」。彼は驚きの表情を浮かべた。私は言った。「説明しましょう。私が魔法の杖を持っているとします。本物の魔法の杖です。それで魔法を起こします。するとあなたが持つすべての不快な思考と感情は突然力を失います。まったく無力になります。それにはもはや、あなたがやりたいことをするのを押さえつける力がありません。そうなったら、あなたは自分の体をどう扱いますか？」

「ええと、まず最初に、たくさん食べるのは止めますね」

「代わりに何を食べます？」

「もっと健康的なものを、もっと少ない量だけ……」

「いいでしょう、他に変えることは？　自分の体を望む通りにケアできるとしたら、本当にしたいことは？」

「まあ、間違いなくもっとエクササイズしますね」

「あなたは実に重要な価値を掘り当てたようですね。これを〝自分をケアする〟の価値と呼ぶことにしましょう。あなたが本当に〝自分をケアするという価値〟に従って生きるならば、行動も変わってきますね。もっと健康な食事にする、もっとエクササイズをする、違いますか？」

「その通りです」

「さて、心があなたを責め始めると、つまり〝デブ〟〝怠け者〟〝キモい〟などの罵声を浴びせてくると、あなたはすぐにそれに囚われる。そうですね？」

「ええ」

「すると何が起こります？」

「落ち込みますね」

「それから？」

「ジャンクフードを食べます」

「では、これらの思考に捕まることは、あなたの価値〝自分をケアする〟に関しては何の役にも立っていないですね」

「ええ。まったく」

「ということは、これらの思考が真実かそうでないかはここでは問題ではないんです。大事なのは、思考に振り回されても何の得にもならないということです。ならば思考から逃れる方法を試してみませんか？　これを覚えると〝前進行動〟、つまり健康的な食事やエクササイズが今までより楽にできますよ」

　彼は言った。「やってみます」

■〝真実〟vs〝役に立つ〟

　それが真実だろうが間違いだろうが、思考はあくまで言葉でしかない。その言葉が役立つことを伝え、私たちの助けになるなら耳を傾ける価値がある。だがそうでないなら相手にする必要がどこにあるだろうか？

　私が仕事でとんでもないヘマをやらかし、心に責められたとする。「お前はほんとに無能だな！」だが、心は私を助けようとしているのだ。それは対処すべき問題があることを示している。だがそれ以外ではまったく役に立たない。改善する方法も教えてくれず、やる気をくじくだけである。自分で自分の足を引っ張るのは馬鹿げている。私がすべきなのは行動を起こすことだ。自分の間違いを正す、スキルを磨く、あるいは助けを求めるなど。

　自分の思考が事実かどうかを考えることに時間を費やすこともできる。思考はこの議論にあなたを繰り返し引き込む。これが必要なこともあるが、ほとんどの場合無駄であり、エネルギーを消費するだけだ。

　もっといい方法は自問することだ。「この思考は何かの役に立つだろうか？　この思考をガイドとして使ったら、望む人生に近づけるか？　それとも遠ざかるか？」それが役に立つ思考であれば大いに利用し、行動のガイドにしよう。だが価値がないなら逃れよう。

「しかし」あなたは言う。「そのネガティブ思考が役に立つ場合はどうするんだ？　〝お前は肥満だ〟という思考がエクササイズの動機になる場合は？」いい質問だ。厳しい、批判的な自己評価は行動の動機になる時がある。だがこうした形での動機づけは大きな代償を伴う。それは時に私たちを行動に駆り立ててくれるが、しばしば反対の結果ももたらす。罪悪感、ストレス、憂鬱、フラストレーション、不安……。その結果、私たちはやる気をなくしてしまう。

〝不健全な完全主義〟の背景にはこれがある。「うまくやりとげてよい結果を残さなければならない」というルールに囚われてしまうからだ。必死で働き結果を残し、このルールが守れている間は心は満足する（とりあえずは）。だがちょっとでも気を緩めようものなら、それは容赦なく批判し、罵詈雑言を浴びせてくる。そしてあなたは直ちに行動を再開し、けんめいに働く。だがその代償はどんなものだろう？　長期的にはストレス、疲弊、燃え尽きが待っている。

後の章で、もっと健康的な動機づけを紹介する。燃え尽きることなく人生を向上させる方法だ。ここでは、あなたを批判し、侮辱し、判断し、責め立てる思考は、長い目で見ればモチベーションを下げてしまうということが分かれば十分だ。困難な思考が頭に浮かんだら次のように質問してみよう。

・これは前からある思考だろうか？　以前にも聞いたことがあるだろうか？　これに耳を傾けることで何か役立つことがあるだろうか？
・この思考を行動の指針にしたら、人生は向上するだろうか？

・この思考を信じたら何が得られるだろうか？

ある思考が役に立つかどうか分からなかったらこう自問してみよう。「この思考を行動の指針にしたら……」

・理想の自分に近づけるだろうか？
・やりたいことをする助けになるだろうか？
・長い目で見てよりよい人生になるだろうか？

答えのいくつかがイエスなら、その思考はおそらく役に立つだろう（一つもなければ役に立たないだろう）。

■思考と信条

信じるべき思考をどのように見分ければよいだろうか？　答えは三つの部分に分かれる。第一に、どんな信条も頭から信じ込むのは要注意だ。誰もが信条を持っているが、それを信じれば信じるほど、自分の態度や行動から柔軟性がなくなっていく。自分は正しいと信じ込んでいる人と議論してもまったく噛み合わないのは経験があると思う。彼らは自分以外の視点に立とうという気がまったくない。いわゆる柔軟性ゼロ、頭が固い、心が狭い、視野が狭い、自分の道に固執する、などと言われる人々だ。

自分の経験を振り返れば、信条は時間とともに変化していくものであることが分かるだろう。ある時期しっかり握りしめていた信条が、笑い飛ばしたくなるものに変わることもあり得る。人生のある時期、あなたはドラゴンやゴブリン、妖精、バンパイア、魔女、魔法使い、魔法、サンタクロース、イースターのウサギ、歯の妖精などを信じていただろう。また、成長するに従ってほとんどの人が宗教や政治、お金、家族や健康などへの見方を変えていく。もちろん信条は持ってほしい。だが頑なになってはいけない。すべての信条は、それが真実だろうと間違いだろうと、思考（頭の中の言葉）であることを忘れないでほしい。

第二に、ある思考が豊かで意味ある人生を作る上で助けになるならば、それを行動の指針や動機として使おう。だが同時に、それは本質的には単なる物語、言葉の羅列、人間の作り出した言語の断片であることも忘れてはいけない。思考をガイドとして使うのはよい。だが強く握りしめてはいけない。

第三に、心が言うことを鵜呑みにするのではなく、現実に起きていることを注意深く観察しよう。〝インポスター症候群〟というのを聞いたことがあるだろう。素晴らしい仕事をなしとげたのに、自分は偽物だと信じ込んでおり、自分がしていることがよく分かっていない。インポスター（偽物）たちは、自分は詐欺師のようなもので、すべてハッタリで世の中を渡っており、いつか化けの皮が剥がれると信じている。

インポスター症候群の人々は現実の経験、自分が仕事をやってのけたという明らかな事実にはあまり注意を払わない。代わりに心の中の手厳しい声に耳を傾ける。「お前は自分のしていることが分かっていない。そのうち皆が、お前はニセモノだってことに気づくだろう」

著名な例では、大成功したロックスター、ロビー・ウィリアムズがいる。彼はしばしば「自分は歌えない」という思考に苦しめられた。

医者になりたての頃の私も、ひどいインポスター症候群に悩まされた。患者が「ありがとう、あなたは素晴らしいドクターです」と言っても私は「そうかな、もし本当の私を知ったらそうは言わないだろうな」と考えるのが常だった。私はこうした褒め言葉を決して受け入れることができなかった。実際のところ仕事はうまくやっていたのだが、私の心は「お前は役立たずだ」とささやき続けた。そして私はそれを信じていた。

ミスを犯すたびに、それがどんな些細なものでも二つの言葉が心の中で燃え上がった。「自分は無能だ」。かつてはこれを全くの事実と信じ込み、本当に取り乱したものだった。そして自分を疑い、自分の判断にひどく不安を感じていた。あの患者の胃痛の診断は正しかっただろうか？　間違った抗生物質を処方したんじゃないだろうか？　何か重大な見落としがあったんじゃないか？

時にはこう言って思考に反論した。誰でもミスを犯すものだ。医者だって例外じゃない。私のミスはどれも深刻なものじゃない。だいいち、仕事は順調じゃないか。自分がうまくやったことのリストを眺めたり、患者や同僚から言われたポジティブな意見を思い出したりもした。自分の能力についてのポジティブなアファメーションを繰り返したこともある。だがどのやり方もネガティブ思考を止めたり追い払ってはくれなかった。

今でも私がミスをすると、「自分は無能だ」の物語は現れる。だが昔と違うのは、めったに心を乱されなくなったことだ。こうした〝言葉〟は単なる自動反応で、くしゃみをする時目を閉じるのと同じだ。自分が無能かどうかをくよくよ考えるより、ミスを正して先に進むだけだ。

ほとんどの思考は私たちが選び取ったものではない。たまにそうである時もあるが、たいていは自発的に〝現れる〟ものだ。一日に数千という役に立たない思考が生まれる。それがどんなに辛辣で、残酷で、馬鹿馬鹿しく、批判的で悪意に満ち、恐ろしく、あるいは奇妙でも、それが現れるのを阻むことはできない。

だが、思考が現れたからといって服従する必要はさらさらない。ソーシャルメディアやネットを見ている時に遭遇する広告くらいに考えることは可能だ。広告を表示しないようにするのは不可能だが、クリックしたり商品を買ったりする必要はまったくない。そうした思考は迷惑メールのように処理しよう。それがゴミだと分かってしまえば読む必要もない（残念ながら思考を迷惑メールのように消去することは難しい。だがポイントは分かってもらえたと思う）。

私の場合、医者になる前から「自分は無能だ」の物語を抱えていた。人生の節々、ダンスのレッスンからコンピュータの操作まで、何かヘマをするたび「私は無能だ」の思考が現れた。言い回しはその時々で違った。「この間抜け！」だったこともあるし「ほんとに使えないな」「何一つまともにできないな」もあった。だがその正体が〝頭に浮かんだ昔のプログラミング〟であると分かると、問題を引き起こすことはなくなる。

心のつぶやくコメントではなく現在していることにより集中すると、理想の人生に近づくための行動がしやすくなる（錨を降ろすエクササイズの終わりに必ず現在の行動に意識を集中するのはこれが理由だ。自分のしていることに一〇〇％注意を向ける。この能力を高める方法は後の章で紹介する）。

ではそろそろ、残りの三つの思考脱出テクニックをやってみよう。

●テクニック4：心に感謝する

これはもっともシンプルな脱出法の一つだ。心が役に立たない物語を生み出したらすかさず感謝をのべる。それもユーモアと遊び心をもって。心の中でつぶやく。「ありがとう心！　なんて役立つ情報なんだ！」あるいは「ご意見感謝します！」「それほんと？　そりゃすごい」でもいい。単純に「ありがとう心！」と言ってもいい。このテクニックを使う時、私は頭の中でこんな会話をする。

心：お前はほんとに情けないな！
ラス：ありがとう、心。
心：思考脱出のテクニックか。でもお前が情けないことに変わりはないよ。
ラス：ありがとう心。ご意見感謝します。
心：こんなテクニックを使える自分は賢いと思ってるんだろう。でもお前は負け犬さ。
ラス：ありがとう心。フィードバックに感謝するよ。話を続けたいんだろうけど、ごめんよ、僕はやることがあるんだ。

皮肉っぽくなったり攻撃的になるのは避けよう。それをすると思考との対立が起きてしまう（人間の場合でも皮肉や攻撃は対立を生む）。遊び心を忘れず、優しく気軽に、ユーモアをもってやってみよう（このテクニックについての面白いビデオがYouTubeにアップされている。Russ Harris Thanking Your Mindで検索してみよう）。
　このテクニックはさまざまに変更できる。物語に名前をつけるテクニックと組み合わせてやってもいい。「おっと、〝お前は失敗者だ〟の物語だね。ありがとう心！」。心の善意を認めてやるのもうまいやり方だ。「ありがとう心。私を助けてくれようとしてるんだね。でも大丈夫だよ。自分でなんとかできる」（〝ありがとう〟の部分が好きになれなかったら「やあ心。また助けに来てくれたのかい？」でもいい）。

●テクニック５：文字で遊んでみる

視覚化の得意な人ならこのエクササイズを心の中で行えるだろう。得意でない場合は（私もそうだ）コンピュータやスマホを使おう。自分の思考をパワーポイントかキーノートなどのプレゼンソフトに打ち込むか、スマホのスケッチやお絵描きソフトに入力しよう。

いつもあなたが囚われる思考を選び、それを短い文章（十単語以下にしよう）にし、十秒間ほどそれに捕まってみよう。その思考を信じ込もう。すっかり呑み込まれてみよう。可能な限り囚われてみるのだ。

その思考が黒文字でコンピュータ画面に表示されているのを想像しよう（もちろん実際にタイプしてもよい）。

次に、言葉は変えずに文字のフォームを変えてみよう。まずは、文字の間を大きく空けてみよう。

私　は　使　え　な　い

次に、文字の間を詰めてひらがなにしてみよう。

わたしはつかえない

今度は元の形に戻してみよう（黒文字で同じ書式）。そしてさまざまな色に変えてみよう。どんな変化が感じられるだろうか（明るい赤の文字はあなたを捕らえやすい。薄いピンクは思考から逃れるのに役立つ）。少なくとも三つの色でやってみよう。

次はフォントを変えて遊んでみよう。まず斜体で書かれたものを想像し、次はおしゃれなフォントで書いてみよう。

私は使えない

子供の本の表紙にあるような遊び心にあふれたフォントを使ってみよう。

私は使えない

元の黒文字に戻し、今度は言葉をアニメのように動かしてみよう。飛び跳ねさせたりバウンドさせたり、ぐるぐる回してみよう。

黒文字を使い、カラオケボール（カラオケの画面で歌詞の部分を示すボール）が単語から単語に跳ねていくのを想像しよう（気が向けば、ハッピーバースデーのメロディーで歌われているのを想像しよう）。

結果はどうだっただろうか？　思考から距離がとれた、あるいは離れることができただろうか？　思考のインパクトがいくらか失われただろうか？

●テクニック6：変な声のテクニック

このテクニックはきびしい自己判断が繰り返し起こる場合に特に効果的だ。あなたをいつも捕らえる自己批判の思考を選び、それを十秒間、可能な限り信じてみよう。完全に囚われてみよう。

次に、ミッキーマウスやバックス・バニー、シュレック、スポンジボブ・スクエアパンツ、あるいはホーマー・シンプソンのような面白い声のアニメキャラクターをひとつ選ぶ。そして、先ほどの自己批判を選んだアニメキャラの声で心の中で繰り返す。どう感じるか観察する。

思考を元の形に戻す。そしてまた、十秒間捕まってみる（エクササイズの前より捕まりにくくなっているはずだ）。

今度はテレビや映画の登場人物を一人選ぶ。ダース・ベイダー、ヨーダ、『指輪物語』のゴクリ、TVドラマの好きな主人公、あるいはアーノルド・シュワルツェネッガー、クリス・ロック、エレン・デジェネレス、ジェイダ・ピンケット・スミスのような、特徴的な声の俳優でもいい。そしてそれらの声で思考を再生し、聴いてみよう。どんな感じか観察しよう。

さて、もう一度やってみよう。思考脱出に使えそうな声を選んで使ってみよう。政治家、スポーツコメンテーター、ニュースキャスター、世界のリーダー、強いなまりのある誰かでもよい。何が起こるか見てみよう。

別の方法として、スマホにボイスチェンジャーのアプリをダウンロードしてもよい。無料のアプリがたくさんある。使い方はみな同じだ。自分の声を録音すると変な声に変えてくれる。ロボットの声、幽霊やシマリスの声など。思考を声に出して録音し、さまざまな変な声で再生する。

何か変化が起こっただろうか？　思考に捕まる頻度がずっと減ったのではないだろうか（笑いはエクササイズの目的ではないが、多くの人はこれをしながらニヤニヤしたり含み笑いをする）。思考に対してまったく抵抗しなかったことに気づこう。あなたはそれを変えようとしなかった。追い払おうとも、議論を仕掛けることもしなかった。押しのけたり、それが事実かどうか考えたり、もっとポジティブな思考に置き換えようとしたり、目を背けようともしなかった。ただ、あるがままに、単なる言語として見たのである。言語の一部分を取り出して変な声で歌うことにより、それが単なる言葉の羅列で、それ以上でもそれ以下でもないことに気づく。すると思考は力を失う。

変な声のテクニックを嫌う人もいる。重大な問題を小馬鹿にするような感じがするからだ。もしこのテクニック（他のものも）がそう感じられるなら使わないでほしい。思考からの脱出は問題を矮小化するものではなく、心による抑圧から自由になるのが目的だ。私たちの時間とエネルギーと集中力を取り戻し、思考を無意味に反芻せず、もっと価値のある行動に使うためのものだ。

慢性的なうつに悩まされていたヤーナには、この方法が素晴らしい効果を発揮した。彼女は自分を口汚くののしる母親に育てられた。常に批判され、侮辱されていた。かつて母親に浴びせられたひどい言葉が、今はネガティブ思考となって繰り返し彼女を苦しめていた。「あなたはデブ」「ブスだね」「ほんとに馬鹿」「あんたなんかろくな人間にならない。誰からも好かれないよ」。カウンセリングの時にこうした思考が現れるたび、ヤーナは泣き出した。これらの思考を追い払おうと、彼女はさまざまなセラピーに長い年月と数千ドルのお金を費やした。だがすべてむなしい努力だった。

ヤーナはモンティ・パイソン（訳注：イギリスのコメディー集団）の大ファンだった。彼女が選んだキャラクターは彼らの映画「ライフ・オブ・ブライアン」の登場人物だった。男優テリー・ジョーンズが演じるブライアンの母親は、あり得ないほど甲高い金切り声でいつもブライアンを責める。ヤーナが自分のネガティブ思考をブライアンの母親の声で〝聴く〟ようにすると、それらを真剣に受け止めることはなくなった。思考がただちに消え去ることはなかったが、その力はすぐに弱まり、彼女のうつは大幅に改善された。

■思考が深刻な事実の場合

思考が事実で、しかも深刻なものである場合はどうすべきか？　私のクライアント、アミナは重篤な心筋症を患い、心臓移植を切望していた。そうしなければ彼女は死を迎える運命にあった。彼女は私に、物事にまったく集中できないと訴えた。彼女は日がな一日、〝不安の思考〟の霧に包まれて過ごしていた。心臓の状態、臓器提供者が見つかる見込み、手術の危険性、死ぬ確率、遺書を書いておく必要性などの思考はすべて真実で、しかも深刻だった。問題は、こうした思考に囚われている間、彼女が人生を生きられなくなってしまうことだった。愛する人と一緒にいる時間を楽しめず、大好きな映画や本、音楽にも集中できなかった。私は思いやりをもって彼女の話を聞き、感じて当然の恐れを肯定し、錨の降ろし方を教えた。また、〝物語に名前をつける〟ことについて話し合い、彼女は自分の思考を「時間がどんどんなくなっていく物語」と呼ぶことにした。

彼女は、日中に思考が現れた時ただちにそれに気づき、「時間がどんどんなくなっていく物語」だと名前をつける練習を始めた。そしてそれが現れた時は、「ありがとう心。私が病気にうまく対処して、残った時間を少しでも有意義に過ごすよう助けてくれているのね。でも大丈夫。自分で何とかするから」と言うことにした。うまくいかない時は、すぐに錨を降ろして意識を戻した。

それからわずか一週間後のセッションの時、彼女はこれらの思考から逃れることがとてもうまくなっていた。もちろん彼女は思考が一〇〇％真実だとは思っていたが、それが現れた時にすぐ気づいて名前をつけることができ、それに囚われることなく好きな時にやって来て好きなだけ留まり、去っていくのを許せるようになっていた（誰でもこんな反応ができるわけではない。もしあなたが何度練習しても囚われてしまうようなら、第18章で説明するやり方を試してほしい）。

興味深いことに、私たちが思考から逃れるとその信憑性は減少する。だがこれは目的ではない。そもそもこのテクニックの要点は、その思考が真実かそうでないかとは無関係だ。ポイントは、それが役に立つかどうか、である。それは人生を充実させる助けになるだろうか？　その思考に従ったら、望む人生に近づけるだろうか？

■自分独自の脱出テクニックをつくろう

ここまで紹介してきたテクニックは、子供たちがプールで使う、腕につける浮き輪のようなものだ。泳げるようになればもう必要ない。やがてあなたはこうしたテクニックなしに脱出できるようになるだろう（だが、時にはそれらを心の道具箱から引っぱり出して使う時もあるだろう）。腕の浮き輪が必要な間は、自分だけのテクニックを作って楽しんでみよう。

要は、思考を見たり聞いたりできればいいのだ。自分の思考を視覚化し、スプレーで壁に描いた落書き、ポスター、漫画のスーパーヒーローの胸の文字、木に刻まれた文字、飛行機が曳いている吹流し、映画スターの腕の入れ墨などにしてみよう。あるいはテキストメッセージや迷惑メール、ポップアップ広告でもいい。それを絵に描いたり刻印してもいい。言葉が躍ったり、バウンドしたり回ったり、映画のクレジットのようにテレビ画面を流れていく様子を思い浮かべてもいい。あるいは思考を音声にして、ラジオ放送の音声やロボットの声にしたり、ロックミュージシャンが歌っているのを想像してもいい。想像力を存分に発揮しよう。

■覚えておくべき四つのこと

思考からの脱出テクニックを練習する時、次の四つを覚えておこう。

1. 目的は不快な思考を追い払うことではない。そのありのままの姿——単なる言葉——を見て、それに抵抗するのをやめることだ。時には思考がすぐに消えることもある。だが消えないこともある
2. 困った思考から逃れると気分はよくなる。だがこれはラッキーな副産物で、目的ではない。第一の目的は心の横暴から逃れることだ。そうすれば時間やエネルギー、集中力をもっと大事なものに注ぎ込める。思考から脱出することで気分がよくなったら素直に喜ぼう。だがそれを期

待してはいけない

3. 自分が人間であることを覚えておこう。人間ならばこれらのテクニックを使うのを忘れることもある。だが問題ない。囚われてから何時間も経っていたとしても、自分が思考に捕まったことに気づいた時すぐにこれらのテクニックを使えばいいのだ

4. 簡単に使えるテクニックなどない。これらを試してもほとんど、あるいはまったく効き目がない時もある。そんな時は錨を降ろそう。またACEのテクニックを使ってみよう。思考と感情を認め、体とつながり、現在の行動に集中するのだ

■練習してみる

この章と前の章で多くの方法を紹介した。「私は～という思考を持っている」「心が～と言っている」などの言い方、物語に名前をつける、思考のプロセスに名前をつける、思考を音楽にのせて歌う、心に感謝する、思考を文字にして遊ぶ、変な声のテクニック、また、自分独自のテクニックを作る方法も学んだ。お気に入りのものを選び（決められないならコインを投げよう）、毎日できるだけ使ってみよう。一つのテクニックがうまくいかなければ別のを使おう。私がお勧めするのは以下の順番だ（だが必要なら順番を変えてもよい。試してみて自分に合ったやり方を見つけよう）。

a. 初めの一歩は自分を捕らえる思考に気づき、名前をつけることだ（使えるテクニック：思考に名前をつける、思考プロセスに名前をつける、心に感謝する、「私は～に気づいた」などの言い回しを使う）

b. それでも思考から抜け出せない場合は楽しいテクニックを試そう（思考を歌にする、変な声のテクニック、文字にして遊ぶなど）

c. それでも抜け出せない時は錨を降ろす

ここでいくつか注意がある。ここから先あなたは、ほとんどすべての章で新しいスキルを学ぶ。そのすべてを毎日、可能な限り使おうとしたらすぐにうんざりしてしまうだろう。もっと柔軟に考えよう。あなたの生活に合うやり方に作り変えよう。例えば、一つのテクニックを一週間に一日練習する。他の日に別のテクニックをやる。一日最低五分か十分は新しいスキルの練習にあてるのが理想的だが、それが無理なら二日置き、三日置きにやってみよう（あるいは四日、五日置きでも）。そして練習するスキルは毎日、あるいは毎週、毎月変えよう。

また、こうしたスキルはそのためにわざわざ時間を作らなくても、日々の日課の中に取り込めることも覚えておこう。練習のために〝生活を中断する〟必要はない。それを生活の一部にするのだ。

最後の注意。これらは〝すぐ効く方法〟の類いではない。長い期間をかけ、新しいスキルを何度も練習して初めて目覚ましい変化を経験できる。そのためには辛抱と粘り強さが必要だ。あわてずゆっくり進もう。毎日の生活にこれらのテクニックを取り入れ、気長に結果を待とう。

●思考が居座る！

思考からの脱出は思考を追い払うことではない。思考をありのままに見て、それと和解することだ。思考と争わず、それがあなたの世界に存在するのを許すことだ。思考は素早く動く時もあれば、しばらく居座る時もある。すぐに去ってしまう時もあれば、予期しない時に戻って来たりもする。

●気分がよくならない！

感情をコントロールするためにこれらのテクニックを使っても、結局は失望が待っている。それはこのテクニックの目的ではないのだ（この意味が分からなければ１０２ページに戻って〝手を思考と見なす〟実験をもう一度やってみよう。確かに思考からの脱出が不快な感情を和らげることもあるが、それはあくまでボーナスで目的ではない）。

●思考への囚われがひどくなった！

これは、選んだテクニックがあなたに合っていない時に起こりやすい。その場合は他のやり方を試してほしい。一番合ったものを選ぶためにいろいろなテクニックを試さなければならないこともある。どれも効果がない時は、錨を降ろそう。

●思考が大嫌いなんだ。何とかして追い払いたい！

思考に抵抗するのをやめるためにそれを好きになる必要はない。追い払いたいと思っていても問題ない。というか、当然の反応だ。だが何かを追い払うことと、それに抵抗することはまったく別だ。あなたがもう必要のない古い車を持っているとする。だがあと一カ月はそれを売却するチャンスがない。車を処分したいという思いを抱えながら、まだ所有しているという意識を持ち、それに抵抗することなくガレージに置いておくことは可能だ。車をボコボコにしたり、惨めな気分に浸ったり、車を持っていることで毎日酒びたりになる必要はまったくない。自分が思考に抵抗していることに気づいたら（誰にもときおり起こることだ）、それを認めよう。好奇心満々の科学者になったつもりで自分を観察し、さまざまな抵抗の方法に気づいてほしい。

第8章　恐怖のイメージ、苦痛の記憶

ロキシーは震えていた。青ざめた顔は引きつり、目はうるんでいた。

「診断はどうでした？」私は彼女に聞いた。

「多発性硬化症です」彼女は消え入りそうな声で言った。

ロキシーは仕事ひとすじの三十二歳の弁護士だった。ある日彼女は体の衰弱感と、左ひざの無感覚に気づいた。数日後、彼女は多発性硬化症、ＭＳという診断を受けた。ＭＳは体中の神経が退化し、ありとあらゆる肉体的問題を引き起こす病気だ。運が良ければ一時的な神経障害で済み、完全に回復し再発の恐れもない。だが最悪の場合ＭＳは悪化しつづけ、神経系統の崩壊が進行し、患者は深刻な障害を抱える。そしてＭＳが患者にどんな影響を与えるかは医者も予測できない。

ロキシーが診断結果に震え上がったのも無理はない。彼女は車椅子に座っている自分、体が醜く変形し、ゆがんだ口からよだれが流れている自分のイメージに悩まされ続けた。それらが頭に浮かぶたび、恐怖に引きつった。彼女は常識的な見方を自分に言い聞かせた。「心配しないで、多分そんなことは起こらない」「勝算は大いにある、なったらなったでその時よ」「起こる可能性がほとんどないのに心配するなんて馬鹿げてる」。友人や家族、医者たちも同様のアドバイスをして彼女を安心させようとした。彼女は恐怖のイメージを追い払えただろうか？　まったく駄目だった。

時には恐怖のイメージを追いやることもできたが、それはすぐに戻ってきた。そして、戻ってくると以前よりもいっそう彼女を苦しめた。彼女が試みたのは、よく使われるが効果はほとんどない〝思考抑制〟と呼ばれる方法で、苦痛な言葉（思考）や記憶を無理やり頭から追い出そうとするやり方だ。望まない認知（思考・イメージ・記憶）が起こった時、自分に言い聞かせる。「そんなこと考えちゃだめだ！」または「やめろ！」と言う。あるいは腕にはめたゴムバンドをパチンとやったり、精神力で無理やり追い出そうとする。

思考抑制は一番手っ取り早い手段だが、残念ながらあまり効果がないことは研究結果が明確に示している。それはしばらくの間苦痛な思考や記憶、あるいはイメージを追い払うが、遅かれ早かれリバウンドが起こり、前より強く、何度もあなたを苦しめる。

トラウマによる精神障害は典型的な例だ。トラウマ的な出来事の恐怖の記憶（レイプ、暴力、性的虐待など）は苦痛の感情と共に繰り返し現れる。多くの人は、あの手この手を使ってこうした記憶を追い払う。薬物、アルコール、その他の定番によって気をそらす。だがそれはさらに激しくなって戻ってくる。

トラウマ以外でも、私たちは未来の恐ろしげなイメージや過去の苦痛の記憶に囚われやすい（人間は、視覚、聴覚、嗅覚、味覚、触覚のすべてを使って記憶を貯蔵する。だがこの章ではとりあえず視覚的な要素に絞って話を進める）。あなたはどのくらいの頻度で、自分が失敗し、拒否され、病気になる、あるいは死んだりまずいことを仕出かしたり、トラブルに巻き込まれるのを〝見る〟だろうか？　どのくらいの時間を過去の苦痛の記憶の追体験や、思い悩むことに費やしているだろうか？

もし私と同じなら、〝莫大な時間〟を注ぎ込んでいるはずだ。

（注：およそ一〇％の人々は、視覚化、映像を想像することを難しく感じる。まったく不可能だという人もいる。私と同様あなたもその一人なら、この章はあまり役に立たないかもしれない。だが読むのはやめないでほしい。あなたの愛する人が心の中のイメージに囚われている場合、彼らを理解し、助けることができるからだ。あともう一つ気に留めておいてほしいことがある。本書を通して私が〝想像〟という言葉を使う時、映像を視覚化しなければならないというわけではない。言葉や思考、アイデアを想像してもまったく問題ない。）

　心がこうした認知を作り出すのは、あなたの安全を守ろうとしているからだ。「こういう事態に備えておけ」「こういうことは避けろ」「自分を守れ」「危険を犯すな」「過去に何が起こったか思い出せ。もうあんなことはやるな」。心は常に「安全第一」であり、〝あなたを気づかう〟という最重要課題を決して怠らない。特に私たちが大きな困難に直面した時、不快で気力を奪うような記憶やイメージは繰り返し現れる。そしてそれに服従モードや抵抗モードで対応すると、貴重な時間とエネルギーが大量に失われる。さらに、私たちが認知に囚われると恐怖感は強くなり、私たちを望む行動からさらに遠ざける。

　多くの人々が飛行機の旅や人前でのスピーチ、人と交わることなどを避けている。悪い結果を想像し、それに囚われてしまうからだ。また、誰かに傷つけられたり虐待された記憶は、新しい、よりよい関係を持つことに尻込みする原因になるかもしれない。

　イメージや記憶に囚われた時、私たちは以下の状態になる。

・それに意識を完全集中してしまう（他のものに注意がいかなくなる）

・それが今ここで、現実に起こっているかのように反応してしまう
・その思考を、避けるべき、あるいは取り除くべき脅威として扱う

一方、イメージや記憶から逃れることに成功すると、

・それらの真の性質が見えてくる。それは心の中に湧き起こった映像に過ぎないことが分かる
・それらが役に立つ時だけ、意識を集中する
・どんなに不快だろうと、これらのイメージや記憶は脅威ではないこと、それは不快な感情を呼び覚ますが、私たちを傷つけることはできないことが理解できる

もちろん、これらの厄介な認知は不快な感情や衝動、感覚を伴ってやってくる。こうした感情の扱い方はあとの章で説明する。今のところは次のことを検討してみよう。

■イメージや記憶から逃れるための第一歩

〝頭の中の声〟から逃れる方法は、あなたはすでにいくつも知っているだろう。イメージや記憶から逃れるのもこれと非常に似ている。たいていの場合、それに気づいて名前をつけるだけで十分だ。「私は〜のイメージを持っている」「私は〜の記憶に気づいている」「私は今、未来をイメージしている」「今、過去を反芻している」など。

だが、身の毛もよだつイメージや真に恐ろしい記憶に関しては、錨を降ろすのが最善の策だ。ＡＣ

E（イメージか記憶、そしてそれと共に現れる記憶を認識し、自分の体とつながり、現在の行動に集中する）を何回か繰り返せば、おそらくあなたは脱出できる。

■さらに奥へ

さて、認知をありのままに見るためのテクニックを見ていこう。それらは心の中の映像で、私たちを傷つける力はない。この事実を理解すると、抵抗せずにそれらが自由に現れ、存在し、去っていくのを許せるようになる。戦うことも判断を加えることも、避けることも必要ない。

一つ注意を。この章で紹介した遊び心のあるテクニックは、主に苦痛の記憶に対して有効だ。失敗した記憶や拒否されたり辱められた記憶、あるいは後悔している行動の記憶など。だが本当に恐ろしい記憶に対しては使うべきではない。あなたがトラウマ的な記憶に苦しめられているなら、以下の方法は使用しないでほしい。気づき、名前をつけ、錨を降ろすだけにしておこう。

繰り返すが、これらのエクササイズは実験であることを忘れないでほしい。純粋な好奇心を持って何が起こるか見てみよう。もしうまくいかなければ、あるいは思った効果がなければ、失望感を認めて別のエクササイズに移ろう。どの実験でもまず説明を読み、不快なイメージを心に浮かべよう。そのイメージが動いているなら十秒間の〝動画〟にしてみよう。次に、本を脇に置いて次に紹介するエクササイズをやってみよう（適切でないテクニックは飛ばそう）。

●テレビ画面のエクササイズ

不快なイメージを心に浮かべ、それが自分にどんな影響を与えているかを見てみよう。部屋の反対側に小さなテレビがあると想像しよう。画面にあなたのイメージを映し出し、そのイメージで遊んでみよう。逆さにしてみたり、横にしてみたり、回転させたり、ギューッと横に引っ張ってみよう。動画の場合はスローモーションにしたり、逆回転スローにしてみよう。二倍速で再生しよう。こんどは逆回転の二倍速でやってみよう。

色を落として白黒にしてみよう。

色と明るさを上げて滑稽なほどけばけばしくしてみよう。

要は、このイメージ・記憶を消し去るのではなく、あるがまま、つまり無害なものとして見ることだ。これをするには十秒間から一分は必要だろう。これをやっても囚われから逃れられない場合は、次のテクニックを使ってみよう。

●字幕をつけるエクササイズ

あなたの持つ認知をテレビ画面に映し、それに字幕を加えてみよう。あなたが失敗するシーンなどに〝失敗の物語〟の字幕をつける。ユーモラスな字幕にしてもいい。「しまった！　またやっちゃった！」（問題を矮小化している気がするならやめておこう）。三十秒やっても抜け出せないなら、次のテクニックを試そう。

●音楽をつけるエクササイズ

スクリーンに映し出した認知に好きな音楽をつけてみよう。いろいろな音楽を試そう。ジャズ、ヒップホップ、クラシック、ロック、あなたの好きな映画音楽でもいい。それでも駄目なら次のテクニックだ。

●場所を変えるエクササイズ

認知をいくつか異なる場所で視覚化してみよう。一つの場所につき最低二十秒間やってから、次の場所に移ろう。

・例えば、ジョギングする人やロックスターのTシャツの上にイメージを視覚化する
・キャンバスに描かれているのを想像する。あるいは飛行機が引っ張っている横断幕に視覚化する
・車のバンパーのステッカー、雑誌の写真、誰かの背中のタトゥーに視覚化する
・PCスクリーンのポップアップや十代の子供の部屋のポスターに視覚化する
・切手の絵柄や漫画のひとコマに視覚化する

想像力を使ってあれこれトライしてみよう。制限はない。これらを試してもまだ思考から逃れられない場合、今まで紹介した練習のいくつか、あるいは全部を一日最低五分やってみることをお勧めする。思考からの脱出を練習するためには、まずこれらのイメージに集中する必要がある。だが最終的な目標は、イメージに大した注意を払わずに、自由に行き来させられるようになることだ。ちょうど

後ろで鳴っているだけの、誰も見ていないテレビのように。

私はロキシーに毎日練習するように勧め、彼女は一週間しないうちに車椅子のイメージに悩まされなくなった。それは今でも時折現れるが彼女を怖がらせることはなく、また何か重要なことに集中している際にはサラリと流せるようになった。逆説的だが、彼女が追い払う努力をしなくなるほど、それは現れなくなった。これはこの方法が目的とすることではないが、時たま起こるうれしい副作用だ。

■エクスポージャー（暴露）

こうしたやり方は、心理学用語でエクスポージャーという（一般的には〝恐怖と向かい合う〟あるいは〝コンフォートゾーンを出る〟などと表現する）。エクスポージャーとは、あえて苦手な物事に身を投じることによってそれに対する効果的な対応を学ぶことだ。苦手な物事とは外の世界のこと（人々、場所、人間関係、行動、出来事など）かもしれないし、自分の内面（思考、感情、記憶など）についてかもしれない。

エクスポージャーは心理学において最も強力なインターベンション（介入）の方法だ。人間の習慣に対してこれ以上効果的なものはない。本書に出てくるエクササイズも、大なり小なりエクスポージャーを含んでいる。今までに紹介した思考脱出のテクニック、錨を降ろす、物語に名前をつける、心に感謝するなどは、心の中にある厄介なもの（不快な思考・感情など）に対するより効果的な反応を学ぶために、あえてそれらと接触する手法だ。

神経可塑性に話を戻そう。私たちはエクスポージャーによって古い神経経路の上に新しい経路を築くことができる。そうなれば、古い神経経路が活性化し困難の思考や感情が湧き上がった時、上書きされた経路がただちに発動し、新しい学びが活かされ、あなたは思考から逃れられる。

ここで再び、〝壊れたレコード〟のように同じことを繰り返す。こうしたテクニックを練習すると、しばしば不快なイメージや記憶が弱まるか消えてしまい、非常にいい気分になることがある。だが、こうした結果は〝ボーナス〟であり、エクササイズの目的ではない。そうなった時は喜ぼう。だがそれを期待すると結局は失望する（しつこく言って申し訳ない。だが分かってくれない人がとても多いのだ）。思考脱出の目的はあなたを解き放つこと、前進行動をすること、大切なものに集中することなのだ（よく分からない場合は、１０２ページの〝手を思考と見なす〟実験をやってみよう）。

テクニックを本来の目的に沿って使えば、それはあなたを幸福の罠から解き放ってくれるだろう。また、こうしたテクニックはあなたが〝あること〟に感謝できるようにしてくれる……。

第9章　人生という舞台劇

人生とは舞台劇のようなものだ。舞台の上にはあなたの思考や感情、また、見えるもの、聞こえる、触れられる、味わい、匂いを嗅げるものがすべて存在する。そしてこのショーは常に変化していく。ある時は真に素晴らしい物語、またある時は震え上がるような展開になる。あなたの中のある部分は舞台から少し下がってショーを見ており、特定のパートにズームしたり、ズームアウトして全体像を眺めたりしている。そしてこの部分は常にそこにいて、ショーを鑑賞しているのだ。

この〝部分〟を的確に言い表す言葉はどの言語にも存在しない。私は〝気づく自己〟という言い方が好きだ。これとは別に〝思考する自己〟というのもある。考えたり、計画したり、判断したり、比較したり、創造・想像したり、視覚化したり、分析したり、思い出したり、白日夢を見たり夢想したりする自己だ。本書で〝心〟という言葉を使う時、それは〝思考する自己〟のことであり、〝気づく自己〟ではない。これは是非覚えておいてほしい。なぜなら日常の言語では、〝心〟という言葉は〝思考する自己〟と〝気づく自己〟の両方を指し、区別をしないからだ。

基本的に、〝気づく自己〟は〝思考する自己〟とは異なる。〝気づく自己〟は思考しない。それはただ、〝気づく〟だけだ（中にはそれを〝沈黙する自己〟、あるいは〝静かなる目撃者〟と呼ぶ人もいる。決して何も言わないからだ。〝観察する自己〟とも言われる。ただ静かに観察しているからだ）。この部分は〝集中する〟〝意識を向ける〟〝気づく〟などの行為をつかさどっている。思考が現れるとそれに気づくが、思考を生み出すことはない。〝思考する自己〟はあなたの経験について考え、説明し、コメント・分析し、比較・判断をする。一方、〝気づく自己〟はあなたの経験に直接的に気づく。

例を挙げよう。あなたが野球やクリケット、テニスなどをしている時、真に集中するとすべての意識は向かってくるボールに釘付けになる。つまり、気づく自己が働いているのだ。あなたはボールについて〝考えて〟いない。ただ集中しているだけだ。

ここで思考が頭の中に浮かんだとしよう。「ラケットの握りはこれでよかったかな」「うまく打たなくちゃ」「やばい、速いボールだ！」これらはすべて思考する自己の働きだ。こうした思考は集中の邪魔になる。思考に注意を向け過ぎればボールに集中できなくなり、能力は低下する（何かに集中している時、「失敗しないといいんだけど」のような思考に邪魔されたことがどのくらいあるだろうか？）。

■思考する自己と気づく自己

ちょっとの間目を閉じ、自分の心が何をしているかを見てみよう。異国の動物が藪から現れるのを息を殺して待っている動物写真家のように、心にどんな思考やイメージが浮かんでくるか観察しよう。何も浮かんでこなくても観察し続けよう。遅かれ早かれ何かが現れるのを保証する（心は言うだろう、「何の思考もないよ」「こんなことできない」「これはうまくいかないよ」。もちろんこれらも思考である）。

目を閉じると何もない真っ黒な空間が見えるだろう。思考やイメージが現れたら、その空間のどこにそれがあるかに注目しよう。あなたの目の前か、上か、背後か、真横にいるのか、それともあなたの中か。

・それは動いているか、静止しているか？
・動いているならその方向、スピードは？
・あなたが思考を自分の内部の声として〝聞く〟タイプなら、その声がどこから聞こえるか観察しよう
・声は上の方からか、それとも下から来るのか、頭の前か、後ろからか？
・声は大声か穏やかな声か、早口かそれともゆっくりか？

一分間ほどこの実験をしてから目を開けよう。たったこれだけだ。説明をもう一度読み、本を置いてやってみよう。

あなたは二つの異なる、しかし共通点も多いプロセスを経験したと思う。〝思考する自己〟は思考とイメージを生み出す（それはまた、経験したことにコメントする。「これでいいのかな？」「何に意識を向けるべきなんだ？」など）。一方〝気づく自己〟は、思考やイメージが現れるとそれらに気づく（それがつぶやくコメントにも）。

今まで紹介した〝気づいて名前をつける〟エクササイズでは、まず〝気づく自己〟が認知を認識し、次に〝思考する自己〟が名前をつける。思考することと気づくことの区別をはっきり認識しておくこ

とはとても大切だ。なので、さっきのエクササイズにもう一度トライしてほしい。しばらく目を閉じ、どんな思考やイメージ（そしてコメント）が現れるか見てみよう。それがどこにあるのかにも注意しよう。

このエクササイズはあなたが認知（思考・イメージ）から〝距離をとる〟助けになったと思う。思考とイメージが現れ、消える。そしてあなたはそれがやって来て、去っていったことに気づける。つまり、あなたの〝思考する自己〟が認知を生み出し、〝気づく自己〟がそれが来て、去ったことに気づくのだ。

思考する自己は常に後ろで鳴っているラジオのようなものだ。その大部分は〝破滅と憂鬱ショー〟のような番組で、二十四時間ひっきりなしにネガティブな物語を流している。私たちに過去のいやな体験を思い出させ、未来の不幸を警告し続け、日常的に自分や他者、自分の人生、そしてこの世界の欠点をあげつらう。ごくたまに、役立つことや明るいニュースも伝えるが、ネガティブなニュースの量に比べたら物の数ではない。いつも熱心にこのラジオを聞いていたら、そして聞いたことを信じるなら、ストレスと惨めさに満ちた人生へと一直線である。

まずいことに、このラジオのスイッチを切る方法はない。禅の指導者でさえもそれは不可能だ。時には自発的に数秒間（めったにないことだが数分間）中断することもある。しかし私たちには止める力はない（ドラッグや酒、脳外科手術などで回路をショートさせてしまえば別だが）。それどころか止めようとすればするほど音は大きくなる。

しかし実は、うまい抜け道がある。ラジオを大きく鳴らしていながら、やっていることに没頭していたためまったく聞いていなかったという経験がないだろうか？　音は聞こえていてもまったく注意を向けていない状態だ。こういう形で認知に接してみよう。それが単に頭の中に湧き起こった言葉と映像だと分かっていれば、それらを後ろで鳴っているノイズとして扱うのは簡単だ。それらに注意を払うことなく、来たい時に来て、居たいだけ居て、去りたい時に去るのを許す。役に立たない思考が生まれたら注意を向ける代わりにその存在を認め、好きなだけ居させてやり、意識を今している行動に向ける。

つまりこうだ……。

思考する自己が役に立たない放送をしている時は、後ろで鳴っている音楽として軽く流し、〝今・ここ〟でしている行動に集中する。

思考する自己の放送内容が役に立つ場合は、じっと耳を傾け利用しよう。

■〝破滅と憂鬱ラジオ〟対〝ラジオ・ハッピー〟

私が推奨するのはポジティブ思考とはまったく違うものだ。ポジティブ思考とは、部屋にもう一台ラジオを持ち込み他のチャンネルを受信して片方を掻き消そうとするようなものだ（ラジオ・ハッピー、合理的ラジオ、理性的ラジオなど）。二台のラジオで別々の放送を聞こうとするわけだが、後ろで二台のラジオががなり立てていたら現在の行動に集中できるわけがない。

もう一つ大事なのは、ラジオを鳴らしながらそれに意識を向けずにいるのは、それを積極的に無視しようとするのとはまったく違うということだ。流れている音楽を気にしないよう努めた経験があるだろうか？　あるいはレストランでのうるさい話し声や、通りで鳴っている車のアラームなど。結果はどうだったか？　無視したり聞くまいと努力するほど、ますます気になってしまったのではないか？

　現在の行動に集中しながら、思考が現れ消えていくのを許す能力は本当に役に立つ。例えば、あなたが公の場にいて、心がつぶやいたとする。「退屈だよ！　何も話題がない。家に帰りたいよ！」。こういう思考に囚われていたら楽しい会話などできるわけがない。同様に、あなたが運転を習っている時、思考する自己が言う。「難しすぎる、こんなことできない。ぶつかっちゃうよ！」。道路ではなくこの思考に注意を向けている限り、うまく運転するのは困難だろう。次に紹介するのは、思考を〝やり過ごし〟、今していることに注意を集中するテクニックだ。説明をよく読んでからやってみよう。

●ゆっくり十回呼吸する

　このテクニックでは可能な限りゆ～っくり静かに呼吸するのがコツだ。早く呼吸したり、深く、無理やり呼吸するとめまいやしびれ、不安などが起こる（こうした反応はめったに起こらないが、起こった場合は呼吸をさらにゆ～～っくり行ってみよう。浅くそっと息を吸い込もう。めまいがひどくなってしまうので決して深く呼吸をしてはいけない。それでも改善されない場合、このテクニックは飛ばし、この章の後ろにある代わりのテクニックのアドバイスに従おう）。

・楽な姿勢をとり、目を閉じるか、前方の一点を見つめよう
・ゆっくり静かな呼吸を十回行う
・まず完全に息を吐き肺を空っぽにする。三秒間（可能ならもっと長く）数えるうちにおこなう
・肺が空になったら静かに息を吸い込む

・肺が心地よい程度にいっぱいになったら、息を止めて再び三秒数える
・再びゆっくり息を吐く（少なくとも三秒間）
・肋骨が上下する動き、肺に出入りする空気の動きに神経を集中する
・空気が流れ込む時の、胸がせり上がり、肩が持ち上がり、肺が膨張する感覚に意識を向ける
・空気が出ていく時の感覚に注意を向ける。胸が下に動く、肩が落ちる、呼吸が鼻を通っていく感じなど
・意識を集中し、肺を完全に空にする。肺がしぼんでいくのを感じながら、最後の一絞りまで空気を吐き出す
・そのまま三秒間止めてから、呼吸を再開する
・ゆっくりそっと息を吸い込みながら、お腹の動き、胸の膨張の仕方に注意を向ける
・これを行っている間、背景で思考とイメージが浮かんできても、外を通り過ぎていく車のつもりで放っておこう（外に飛び出して車を止めようとはしないだろう。それがやって来て、留まって、行ってしまうのを許してやるだけだ）
・新しい認知が現れた時、それを一瞬だけ認めてやる。ちょうど通り過ぎていくドライバーに挨拶するように。心の中で〝思考だな〟とつぶやくのもいいかもしれない
・これを行いながら呼吸に注意を向け続ける。肺に出入りする空気を意識で追い続ける
・時々思考に捕まり、エクササイズから引き離されることがある。すると意識は今自分がしていることから外れてしまう。これに気づいたら、すぐに認めよう。そして心の中でつぶやく、「捕まったぞ」。そしてあなたを捕えた思考を認めたあと、静かに呼吸に意識を戻す

もう一度通して説明を読んでから、本を置いてやってみよう。

どんな具合だったろうか？　ほとんどの人はエクササイズの間、何回か思考に捕まる。これはまったく正常な反応であり、毎日、誰にでも繰り返し起こることだ。ある一瞬、呼吸に集中できたと思ったら、次の瞬間心に捕まり、意識を別の場所に持って行かれる。このエクササイズを継続的に行うと次の三つのスキルが身につく。

1. 思考に服従したり抵抗したりすることなく、それを自由に出入りさせる方法（言うまでもないが、エクササイズの目的は〝思考を追い払う〟や〝心を空白にする〟ことではない。それがいつでも自由に行き来するのを許せるようになることだ）
2. 今すべき仕事や活動に集中し、それから意識が外れたらすぐに気づく方法
3. 今していることから〝意識をそらせる〟思考から逃れ、現在の行動に再集中する方法

錨を降ろすエクササイズと同様、このテクニックもいつでもどこでも練習できる。そしてやればやるほど上達する。信号待ちの時や列の順番待ち、電話の保留中、時間待ちの時、テレビのコマーシャルタイム、さらにはベッドの上など、一日を通して何度か練習することをお勧めする。時間がある時はすかさず行おう（十回呼吸する時間がない時は三、四回するだけでも効果的だ）。

また、エクササイズの最中、思考に何回捕まろうと気にする必要はない。囚われ、逃れるたびに、

あなたは価値あるスキルを身につけつつあるのだ。

また、くどいようだが何の期待もしてはいけない。純粋な実験として行い、その結果を観察してほしい。リラックスした、穏やかな気分になったという人もたくさんいるが、もうお分かりだろう、それは目的ではなくあくまで幸運なボーナスなのだ。エクササイズが退屈やフラストレーション、不安を引き起こすこともよくある。なのでリラックスしたり落ち着けた時は、ただ感謝しよう。しかしそれを目指してはいけない。

■もうひとつの挑戦

これらのスキルを練習する上でとんでもなく役に立つ方法がある。挑戦してみる気はあるだろうか？　やり方は次の通りだ。

説明したようなごく短時間のエクササイズに加えて、呼吸への集中の練習を日に二回、五分間行う。朝起きたらまず五分、昼休みに五分といった具合に。さらに真剣に取り組みたいなら、私の用意した無料の音声素材を使って十五分の練習をするのもいい。The Happiness Trap: Extra Bits の Chapter9 に載っている。thehappinesstrap.com の Free resources のページからダウンロードできる（英語のみ）。

■呼吸に集中する方法の代替テクニック

呼吸に意識を集中させるテクニックにどうしてもなじめないという人がいる。めまいがしたり頭がクラクラしたり、不安になったり、あるいはあまりに退屈だという人もいる。あなたがそうだとしても問題ない。方法は他にもたくさんある。

思い出してほしい、この練習の目的は以下の通りだ。

a. 意識を集中する能力を鍛える――そして意識がさまよいだしたらすかさず気づく

b. 思考を背景で鳴っている音楽のように扱う。それが自由に現れ、存在し、去っていくのを許す

これらを行う理由は主に二つある。

1. 自分の行動に完全に集中すればより多くの満足感を得られる
2. 集中していれば、さまざまな困難をよりうまく扱い、複雑な課題に上手に対処できる（注意がそれる、集中できない、ボーッとする、思考に囚われるなどとは正反対の状態）

幸い、どんな課題や行動においてもこれらのスキルは高められる。とりあえず三つの提案がある（後にもっと紹介する）。

●1. 歩くことに注意を向ける

五分間ほど散歩しよう。その時、あらん限りの好奇心を絞り出し、自分の周囲に意識を向けよう。見える、聞こえる、触れられる、味わえるもの、周囲の臭いなど、すべてに注意を払おう。これらのものに今まで一度も接したことのない、好奇心いっぱいの子供のように意識を向けよう。

そして、心が何かをささやいても、後ろで鳴っているラジオのごとく放っておこう。決して無視しようと努めたり黙らせようとしてはいけない。

歩きながら周りの世界に注意を向け続けよう。

時々心があなたを捕まえ、あなたはエクササイズから引き離される。そうなったことに気づいたら、あなたを捕らえた思考を認めてやり、歩くことに再び注意を向けよう。

●2．体に注意を向ける

第17章では〝体をスキャンする〟というエクササイズを紹介する。これはつま先から頭まで自分の体をゆっくりスキャンし、何らかの感覚を見つけたらそれに注意を向ける練習だ。お気に召すようなら今すぐ第17章に行ってやってみてほしい。

●3．注意を集中しながらストレッチする

注意を集中しながらストレッチするのも非常によい方法だ。あなたは体のストレッチ運動をいくつか知っていると思う（知らない場合は〝基本のストレッチ〟でググってみてほしい。もし寝たきりの状態であれば〝ベッドの上でのストレッチ〟で検索しよう）。その中から二つか三つのストレッチを選び、ゆーっくり、柔らかに、やってみてほしい。筋肉が伸びていく感覚に注意を向けながら。筋肉を引き伸ばす時の体の感覚と、その部分に血液が流れ込む時の温かみを意識しよう。筋肉をゆるめる時の体の中の感覚がどのように変化していくかを観察しよう。時には痛みを感じ、時には心地よくなるだろう。

このエクササイズを五分間続けてみよう。体の動きとストレッチしている部位の感覚に全神経を集中しよう。先ほど説明したように、心がうしろでつぶやくのは放っておき、何度でも再集中しよう。

このエクササイズが奇妙で不自然で、心地よくないと感じたとしてもまったく問題ない。あなたは少なくとも新たな、今までにない挑戦をしたのだ。それはあなたに〝ある変化〟が起こったしるしだ……。

第10章　コンフォートゾーンの外に出る

本書の読者全員に請け合おう。あなたが何かに挑戦を始めると、つまり人生における新たな、意味ある方向を目指すと、不快な思考や感情が湧き上がってくる（これは一〇〇％間違いない。そうでなければ全額返金しよう！）。理由は、心はどんな時も絶対に〝安全第一〟だからだ。私たちが何か新しいことを始めると、心はネガティブ思考やゾッとするイメージ、つらい記憶、不快な感情や衝動・感覚といった形で警告を発してくる。

私たちはしばしばこうした〝警告〟を受け入れ、したいことをあきらめ、〝従来通りの行動〟をする。これを〝コンフォートゾーンに留まる〟と呼ぶ人もいる。だが私はあまりいい言い方だとは思わない。コンフォートゾーンに留まる人生は、コンフォート（心地よさ）とはかけ離れているからだ。それは〝惨めなゾーン〟〝停滞ゾーン〟あるいは〝人生のチャンスを逃すゾーン〟と呼ばれるべきだ。

それを何と呼ぼうと、この希望のない場所から抜け出す方法が二つある。ひとつは思考脱出のスキルが使える範囲を広げること、もうひとつは、コンフォートゾーンを出ることの価値を高めてくれる何かとつながることだ。最初の方法は次の数章で説明するとして、この章では二番目の方法を見ていく。まず、次のことから始めよう。

■価値と目標

価値とは、自分自身や他者、そして世界への接し方についての、心のもっとも深い部分にある願望だ。あなたが行動や言葉を通して表現したいと思っている自分の個性だ。例えば、あなたが心の奥底に、他者に対しオープンで正直であり、人を愛し他者を気遣いたいという望みを持っているとしよう。これらはあなたの価値だ（だがそれを行動に現したくなければ価値ではない）。自分の価値が分かったら、それを人生を意義深く実りあるものにするためのひらめきの元、モチベーション、指針として使おう。

価値は目標とはまったく別物だ。目標は未来に定めるものであり、あなたが得たい、所有したい、やりたい、なしとげたい物事だ。目標のほとんどは三つのカテゴリーに分けられる。感情の目標、行動の目標、結果の目標だ。

●感情の目標

感情の目標とは、私たちが何を感じたいかだ（例：幸福を感じたい、不安を感じるのを止めたい、もっと自信を持ちたい、内面のやすらぎを感じたいなど）。

●行動の目標

行動の目標とは、私たちが望むふるまい方、したい行動だ（例：もっとエクササイズをしたい、家族や友人たちともっと親密な時間を過ごしたい、旅行したいなど）。

●結果の目標

結果の目標とは、私たちの欲する結果についてだ。私たちが欲しいもの、手に入れたいもの（例：もっと友人がほしい、周りの人に愛されたい、良い扱いを受けたい、尊敬されたい、かっこいい肉体・良い仕事・素敵な家がほしい、経済的な安定・健康・雇用の機会均等がほしい、権力・地位・名声がほしいなど）。

理由は後で説明するが、〝結果の目標〟と〝価値〟の違いを理解しておくことはとても大切だ。あなたが愛情あふれた優しい人物になりたいというのは価値だ。だが結婚したいという思いは結果の目標だ。そして、たとえ結婚という目標を実現しなくても、愛情ある優しい人物という価値を生きるのが可能なことに注目してほしい（例えば、あなたが愛にあふれた優しい態度で自分や愛犬、猫、友人や家族に接することは可能だ）。

一方、結婚するという結果の目標は、〝愛情深く優しい〟という価値を無視したとしても実現できる（結婚生活はツライものになるだろうが）。

もう一つ例を挙げよう。あなたは職場において、正直で気の置けない、協力的な人間でありたいと思っているとしよう。これらはあなたの職場での価値だ。一方、良い仕事に就きたいという望みがあるなら、それは結果の目標だ。大事なのは、現在の仕事を気に入っていても、あるいは大嫌いでも、正直で気の置けない、協力的な人間であるというあなたの価値は実践できるということだ。また、たとえ仕事を引退していても、無職でも、病気や障害のせいで働くことができなくても実践できる。

価値と目標の違いはとても重要だ。特に次の点に関しては……。

自分を力づける

アフリカや中東の巨大な難民キャンプの写真を見たことがあるだろうか？　乾いた荒地に数千のテントが立ち並んでいる。こうしたキャンプの中には四十万人以上の難民を抱えているところもある。彼らは恐るべき苦難と貧困の中を必死に生き延びようとしている。その多くはひどいトラウマを抱えている。ＡＣＴはこうした人々の救いになることができるだろうか？

世界保健機関（ＷＨＯ）はそれが可能であると考えた。二〇一五年、私はＷＨＯから、難民キャンプ生活を覆う巨大なストレスに対処するための、ＡＣＴに基づいたプログラムを作成するよう依頼を受けた。週に二時間ずつ五週間、全部で十時間のプログラムは録音音声によるもので、一回につき二十人に対して行われた。本書を書いている時点（二〇二一年）で、ＷＨＯはシリア、トルコ、ウガンダなどのキャンプで五年以上このプログラムを使用している。結果は目を見張るものだった。ＷＨＯはプログラムを細かく研究し、二〇二〇年、世界でもっとも権威ある医学専門誌の一つ、「ランセット」に結果を発表した。驚くことに、難民たちはうつやＰＴＳＤ（心的外傷後ストレス障害）を含む症状を大幅に改善したという。

このプログラムの目的は、参加者が自分の価値につながることで自分を勇気づけることだった。言うまでもないが難民キャンプでは実現不可能な行動目標がたくさんある。金を稼げる仕事、車を持つこと、ごちそうを食べること、テントではなく家に住むこと、国に残してきた愛する人々と再会することなど。この本を読んでいるあなたは、難民キャンプの人々が喉から手が出るほど欲しいものに囲まれているに違いない。使い放題の電気、水、たくさんの食べものや服……。

恵まれた環境にいようと、とんでもなく困窮していようと、私たちが現状では得られない行動の目標に心を奪われていたら何が起こるだろう？　お察しの通り、不満、フラストレーション、失望、悲しみ、絶望に見舞われる。なぜなら欲しいものが得られないからだ。

だが価値となると話は違ってくる。私たちは、今すぐ、ここで、価値に生きることができる。方法はそれこそ数千もあるだろう。たとえ目標が不可能なものであってもそれは可能だ。

難民キャンプ用プログラムでは、この点を明確にするために次のように説明した。

大切な人々を養うために仕事を見つけることがあなたの希望だとしよう。そして、家族や友人、周囲の人々への接し方に関するあなたの価値は、優しさ、気遣い、愛情深さ、支えになることなどだとする。あなたの目標を実現することは不可能かもしれない。だが価値に沿って生きることは可能だ。周囲の人に対し、優しさ、気遣い、愛情、助力を実践するためのちょっとした行動はいくらでも見つけられる。

あなたは疑問に思うかもしれない。「価値がどうしてそんなに人を力づけてくれるんだ？」自分の力が及ばないこと（持っていないものなど）に囚われていると、人はますます無力感と惨めさを強める。だが価値は私たちを、自分でコントロールできるもの、なりたい自分として行動する能力につなぎとめてくれる。

これはとても大事なことだ。あなたが自分の周囲に影響を及ぼせるのは、自分の腕や手、足、言葉などによる、あなたの〝行動〟しかないからだ。そして、自分の行動をコントロールできるほど、周囲の世界、日々出会う人々や状況への影響力は大きくなる。

あなたは難民キャンプにいて、他の人々とテントをシェアしているとする。あなたは優しさ、温かさ、気遣いなどの価値を基にして彼らと接することもできるし、価値などにかまわず、冷たく不親切に、あるいは敵意をもって接することもできる。あなたの行動はテント内での生活がどんなものになるかを決める。あなたの行動は、逃れてきた戦乱を終わらせることはできないし、亡くなってしまった大切な人々を生き返らせることもない。また、粗末なテントを煉瓦造りの家に変えることもできない。だが、あなたの行動はテントの雰囲気を変えることができる。それはあなたの行動次第なのだ。

自分の価値について知るほど、それに従って行動することが簡単になる。そして価値に沿って行動するほど、人生を意味あるものにできる。では、すべての目標を手放すべきなのだろうか？　絶対に「ノー！」だ。それどころか、目標を実現するための実用的な戦略を本書の後半で説明する。私が強調したいのは、価値は目標が与えてくれない力をもたらしてくれる、ということだ。なぜか？　人生がどんな状態であっても、私たちは価値に基づいた生き方ができるからだ。

例を挙げよう。貧困や深刻な慢性病に悩まされている人、性別、宗教、肌の色によって偏見、差別を受けている人がいる。彼らは他の人よりはるかに大きな重荷を背負っている。そしてこの重荷のせいで、多くの目標を実現できずにいる（もしかすると永遠にできないかもしれない）。だが、この人々も価値に沿った行動はできる。困難な状況は変えられないが、自分や他者、そして周囲の世界とどのように接するかは自分の意志で決められる。

もっと極端な例を想像してみよう。あなたは進行性で治療が不可能な、死に至る病に冒されている。〝素晴らしい健康体〟という目標は実現不可能だ。だが自分に優しく、よりよいケアをする、という価値は実現できる。

こうした例のような困難な状況を説明する時、私は〝現実とのギャップ〟という言葉を使う。〝現実とのギャップ〟とは、あなたが望む状況と、現在の状況の間に横たわる苦痛なギャップのことだ。

ギャップが大きいほど痛みも強くなる（現在あなたが現実との大きなギャップを抱えているなら、困難な思考や感情がたくさん湧き上がってくるはずだ。これらをうまく扱うためには、本書で紹介するさまざまな〝思考から逃れる方法〟が必要になってくる）。

現実とのギャップには、どうしても埋められないものがある。愛する人が死んでしまったなどは、埋めることができないギャップだ。埋められるギャップもある（癌になっても治療が可能な場合など）。だがそれには長い時間と途方もない努力が必要だ。埋められるかどうかは別として、価値はこうした大きな現実とのギャップと向かい合う時に大きな力をくれる。

ちょっと複雑過ぎる？　そう思うのはあなただけではない。よく知られている〝目標〟と比べて、価値という概念はまったく別物だ。これを理解するのには少々時間がかかる。なので今後も繰り返し触れていく。まず最初に取りかかるのは……。

■価値のチェックリスト

価値とは心の一番奥に存在する、人間としてどう行動したいかという欲望だ。あなたが自分自身、他者、そして周囲の世界をどう扱うかを表現するものだ。以下は一般的な価値のリストだ。これらは〝正しい〟価値というわけではない。価値に正しい・間違いはない。それはちょうどアイスクリームのようなものだ。あなたが好きなアイスクリームがチョコレートで、他の人がバニラを好んだとして、彼らの好みが正しくてあなたが間違っている、あるいはその逆ということはない。ただ好みが違うというだけだ。正しい価値、最高の価値という区別もない。リストはあくまで参考である（あなたの価値がリストになくても、末尾の空白に書き加えることができる）。

人生においてあなたが向上させたい、進歩させたい、探求したい分野（仕事、教育、健康、余暇、子育て、友人関係、精神性、親密な関係など）を一つ選ぼう。次に、リストの中のどの価値が、次の文章を埋めるのにもっともふさわしいかを考えよう。

「人生のこの分野において、私は～になりたい」

リストを読んで、ある価値が、選択した分野にとても重要であると思ったら、それにVマークをつけよう。まあまあ重要という場合はS、それほど重要ではない場合はNをつけよう。

●一般的な価値のチェックリスト
人生のこの分野において、私は～になりたい。

1. 受容的：自分、他者、人生、自分の感情に対して心を開き、許し、平和的に接する
2. 冒険的：リスクはあるが、今までになかったエキサイティングな経験を創り上げるか追い求める
3. 自己主張：穏やかに公平に、尊敬の念をもって自分の権利を主張する。自分の望むことを伝え、理不尽な要求は断る
4. 真正性：自分の心を偽らず、それに忠実である
5. 自分や他者への気遣い：他者や環境、そして自分自身に対する気遣いをする
6. 自分や他者への思いやり：傷ついた人々や、自分自身に思いやりを持って接する
7. 協力：率先して他者を助け、協力し合う

8. 勇気：勇気と大胆さ。恐怖や脅威、危険に対しひるまない
9. 創造性：想像力に溢れ、独創的・革新的である
10. 好奇心：常にオープンで好奇心が強く、探究や発見に前向きである
11. 励ます：協力的で他者を元気づけ、誰かが自分が共感できる行動をした時、それに報いる
12. 表現力：言葉や行動で思考や感情を表現することに長けている
13. 集中力：現在の行動に意識を集中し没入する
14. 公平・正義：他者にも自分にも、公平・公正に接する
15. 順応性：環境の変化に積極的に対応できる
16. 親しみ深さ：温かく気さくで、気遣いを持って気持ちよく他者に接する
17. 寛大さ：他者や自分に対する怒りやわだかまりを手放す
18. 感謝：得たものに感謝できる
19. 援助：与え、助け、協力する。他者を援助し分かち合う
20. 正直さ：自分や他者に対し正直で真摯、誠実である
21. 独立性：生き方や行動を自分で決める
22. 勤勉さ：勤勉でよく働き、熱心である
23. 優しさ：自分や他者に思いやりがあり、気遣いと援助をする
24. 愛情深さ：自分や他者に好意と愛情、気遣いを見せる
25. マインドフルになる、現在に意識を置く：現在に完全集中し、その時している行動に没入する
26. 率直さ：あけすけな態度で人々に自分の思考や感情を知ってもらう

27．秩序を重んじる：秩序を重んじ、きちんとしている
28．忍耐強さ・熱心さ：問題や困難に遭遇しても物事を続ける
29．楽しい：ユーモアがあり、屈託がなく楽しむことが好き
30．保護的：自分や他者の安全と安心を守る
31．尊敬・自尊心：自分と他者に気遣いと思いやりをもつ
32．責任感：信頼感がある。自分の行動に責任を持ち、それを果たす
33．熟練する：物事を上手に行う。知識、経験、トレーニングをうまく活用する
34．援助：自分や他者を援助し、勇気づけ、いつでも手を貸す
35．信頼される：誠実で正直、忠実、責任感が強く信頼性が高い
36．他者を信頼する：他者の正直さ、誠実さ、確実性などを信じ、能力を信頼する
37．その他（　　　　　　　　　　　　　　　　　　　　　　　）
38．その他（　　　　　　　　　　　　　　　　　　　　　　　）
39．その他（　　　　　　　　　　　　　　　　　　　　　　　）
40．その他（　　　　　　　　　　　　　　　　　　　　　　　）

自分にとって特に重要な価値は、後で見返すことができるようにメモしておくか記憶しよう。

■旅と目的地

「大切なのは目的地ではなく旅することだ」という言葉を聞いたことがあるだろう。私自身は、両方大切だと思っている。目的地が重要なのは言うまでもない。スウェーデンに行くのとアフガニスタンを訪れるのはまったく違う。だがもちろん、そこまでの旅もとても重要だ。特に、目的地に辿りつける保証のない旅ならなおさらだ。

　あなたが目指す目的地は目標だ。一方、あなたの価値は、あなたがどんな旅人でありたいかを示すものだ。自分や他者、旅の途中で出会うものとどのように接したいか？　目的地への道のりで出会う他の旅人に対し、優しく、助けになる存在でありたいか、それとも意地悪で攻撃的、あるいは冷ややかな態度をとりたいか？　気安く、新しい経験に対する好奇心と感謝にあふれた存在になりたいか？　あるいは心を閉ざし、無関心で非難がましい存在か？　自分の体をしっかりケアしたいか、それとも体などどうでもよいか？

　あなたはちょうど旅人のように、目的地に向かう一歩一歩において、自分の価値を生きられる。たとえ思っていたのとは異なる目的地になったとしても。なので、目標と価値の違いを意識しながら、あなたの目標を引き出す別のエクササイズをやってみよう。

■魔法が使えるとしたら……

　ここでちょっと、以下の質問の答えを考えてほしい。いくつもあるので、いくつか飛ばしてもかまわない。だが少なくとも二つか三つは考えてほしい。

　魔法の力であなたの苦痛の思考や感情が突然力を失ったとする。それらはもはや、あなたへの影響力を持たなくなった。それがあなたを落ち込ませたり、押しとどめたりすることはもうない。

・あなたはどんな計画、行動、課題を始めるか、あるいは再開・継続するか？
・今まで避けていたが、今後は受け入れるであろうものごとや人は何か？
・あなたが始めること、あるいはもっと力を入れることはなにか？
・自分自身への接し方をどう変える？
・自分にとってもっとも大切な人間関係において、人々との接し方をどう変える？

数分間時間をとり、これらの質問についてよく考えてみよう（少なくとも二つか三つ）。できれば後で役立てるために答えを書き出そう。

これらの質問を考えている時、何が現れただろうか？　ものごとがうまくいかなかった時のイメージだろうか？　失敗した時の記憶だろうか？　不安が湧きあがったか？　胸が締めつけられ、胃がキリキリした？　それとも他の不快感が現れたか？　あるいは、それをやらない理由が浮かんできただろうか？

これらのうちいくつかが現れたとしても、それはまったく正常だ。そして、請け合ってもよいが、こうした困難な思考や感情は何度でも戻ってくる。排除することは不可能だ。しかしそれから逃れるのはうまくなる。後ほど感情や感覚、衝動などから逃れる方法を紹介する。だが今は認知についてのみ考えよう。

また、囚われからの脱出スキルについては、ひたすら練習、練習を繰り返すことを強くお勧めする。

あなたがこれらの認知をありのままに見られるようになるほど、つまりそれが〝頭の中の言葉と絵でしかないこと〟を理解するほど、それがあなたの人生に及ぼすネガティブな影響は少なくなる（また、あなたの〝言いわけ製造機〟が練習しない理由を紡ぎ出してきた時には、すぐに気づいて名前をつけよう。さらに、心にお礼を言おう。「ありがとう心。君が私を、難しい挑戦が持ってくる不快な感情から救おうとしているのは分かってるよ。でも大丈夫だ。自分で何とかする」）。

　囚われから逃れる練習の他に、自分の価値についていろいろ試してみることもお勧めする。あまり大げさに考える必要はない。毎日一つか二つの価値を選び、それをあなたの行動に活かしてみるというだけだ。あなたが〝やさしさ〟という価値を選んだとする。その日一日、やさしさの行動をする機会を探すのだ。優しい言葉を言う、優しい行動をするなど。一つの実験として行い、何が起こるか見てほしい。

　一つ注意がある。あなたの心はこんな質問で、あなたを混乱させようと仕掛けてくるかもしれない。「どの価値を選ぶべきだろう？」あるいは「この選択が正しいとどうして分かる？」このエクササイズの目的は二つしかない。a. いくつかの価値でいろいろ試してみる。b. 何が起こるか見てみる。なので、どの価値を選ぼうと関係ない。もし決めかねるなら、リストにある番号の順番でやってもよい。一つか二つの価値を何日かやり、結果を見てみよう。次に、あと二つ三つを追加してみる。そしてこれを繰り返す。

　これと同時に、次の章では苦痛に対処するために極めて大切なある性質について見ていく。この性質がまだあなたの価値になっていなくても、すぐになるだろう。それは……。

第11章　やさしさという価値

あなたは危険がいっぱいの過酷な旅の途中だ。あらゆる困難が襲いかかってくる。障害につぐ障害、何度も打ちつけられ、疲れ切って苦痛にまみれ、それでも前に進もうと奮闘する。だが、幸いあなたは一人ではなく、旅の伴侶が寄り添っている。

あなたはこの伴侶を選ぶことができるとしよう。一人はこんなことを言う人間だ。「こんなのは大したことじゃない。お前は情けないぞ。つべこべ言わずに前進しろ！」もう一人はこう言う。「これはホントにめげるよな。でもさ、せっかく一緒にやってるんだ。私がついてるよ。どんな時でも私は君と一緒に行くよ」

私は数千という人にこの質問をしてきた。「あなたはどっちのパートナーを選ぶ？」今までのところ誰もが二人目を選ぶ（馬鹿な質問するなよ、という目で見られることもよくある）。そこで私は聞く。「では、あなたは自分にとってどちらのパートナーと言えますか？　最初の一人のように自分に接している？　それとも二人目ですか？」こう聞くとほとんどがこう答える。「一人目だな」

親しい友人や愛する人がひどく苦しんでいる時、私たちは本能的にやさしさと思いやりをもって手を差し伸べるのに、自分自身に同じように接するのはとんでもなく難しい、という事実はまったくもってナゾである。私が「自分にやさしくする」というコンセプトを説明した時の、人々のネガティブな反応には驚くばかりだ。特に〝セルフ・コンパッション〟という名前を使った時の反応はすごい。この言葉を聞くと、彼らの〝言いわけ製造機〟はフル稼働し、それを退けるための理由を延々と吐き出し始める。彼らはセルフ・コンパッションを、弱く、愚かで、無用の長物で、受け身で自己中心的、やる気を失くさせるものだと考えているのだ。自分は救いようのない悪人で、セルフ・コンパッションなど値しないと考えている人さえいる。こうした意見にはあとで取り組むとして、とりあえずはっきりさせておきたいことがある……。

■セルフ・コンパッションって？

セルフ・コンパッションの定義はたくさんあるが、統一的なものはない。私の定義はとても短い。それは「自分の痛みを認め、やさしさをもってそれに向き合うこと」だ。

　別の言い方をすれば、セルフ・コンパッションとは自分の痛みや苦痛を意識的に認め、やさしさと気遣いでそれに接してやることだ。

　ほとんどの人の場合、セルフ・コンパッションは自然には起こらない。皆、個人的成長や精神的発達のためのセラピーを受けた時、初めてその存在を知る。

　苦痛が現れた時の通常の反応は服従モード（苦痛が私たちを小突き回すのを許す、あるいは行動を支配させる）か抵抗モードだが、セルフ・コンパッションはこの二つとはまったく異なる。苦痛を認め、自分にやさしく接する、これだけだ。宗教は数千年間この方法を説いてきたが、今日それは、科学の領域でも扱われ始めている。トップクラスの心理学専門誌に数百の研究が掲載され、健康、幸福面での効用を証明している。そしてラッキーなことに、あなたはすでにそれを実践しているのだ。

どういうことか？　セルフ・コンパッションとは、自分がどれほどの苦痛を味わっているかを、反芻したりもがいたりせずに正直に認めることから始まるからだ。これは次のような、自分を憐れむこととはまったく違う。「もうこれ以上耐えられない、こんなひどい気分は初めてだ。どうして自分にばかりひどいことが起こるんだ？　不公平だよ。誰もこんな目にあっていないのに。もう手の打ちようがない」。自己憐憫は何のプラスにもならない。事態をますます悪くするだけだ。

　セルフ・コンパッションとは苦痛をシンプルに、正直に認めることだ。ちょうど苦しんでいる友人の苦痛を認めてやるように。あなたはここまでの四つの章でこれを練習してきた。ＡＣＥのＡ（自分の思考や感情を認める）の練習、そして苦痛の思考や感情に気づいて名前をつけるなどだ。

　浮かんだ思考や感情が何か正確に特定できない場合は、〝苦しみ〟〝苦痛〟〝痛み〟〝悲痛〟〝喪失〟などの言葉を使ってもいい（「苦痛が来た」「私は痛みに気づいている」など）。あるいは「今ここで」「今は〜の瞬間だ」などの言葉を付け加えてもいい。「私は今ここで、不安を感じている」あるいは「今は孤独の時間だ」などの言い方は、思考や感情が天気のように常に移り変わるものだということを思い出させてくれるからだ。ものすごい苦悩の最中でも、私たちの認知や感情は刻々と変わっていく。ある時は少し気分が良くなり、次の瞬間悪くなる。〝今この瞬間〟は悲しみに沈んでいるかもしれないが、少しすると違う感情を持っているかもしれない。いろいろな言葉を組み合わせ、自分にピッタリくる言い回しを見つけてほしい。セルフ・コンパッションの世界的権威である心理学者、クリスティーン・ネフは、人々に訴える詩的な響きがある言葉、「今は苦痛の時だ」を推奨している。だが私も含め、もう少し日常的な言葉を好む人もいる。「これはマジで痛いな」など。

　痛みを認めることはセルフ・コンパッションの第一歩だ。そして次は、真のやさしさをもって接してやらなければならない。だがその前に考えるべきことがある……。

■セルフ・コンパッションへの否定的意見

この章の始めに、よくあるセルフ・コンパッションへの否定的意見を紹介した。これは果たして根拠があるのか検証してみよう。まず、セルフ・コンパッションなど〝弱くて愚か〟だというものだ。もし親友や愛する人が苦悩しており、あなたがそれに気づいたら、助けになる言葉をかけるか何らかの行動をするだろう。それは弱くて愚かなことだろうか？　もちろん違う。ならば同じことを自分にしても弱くも愚かでもない（仮に心がそうだと言っても）。

〝役に立たない〟や〝受け身の行動〟という批判はどうだろう？　先ほど書いた数百の研究論文によれば、あなたが健康や幸福を大切に思うなら、これが〝役に立たない〟というのは明らかな間違いだ。セルフ・コンパッションは困難と向かい合い、ストレスを乗り切り、うつ状態に陥るのを防ぎ、その後の回復を早めてくれる。またそれは、困難に対する〝受け身〟の反応などではない。自分を積極的にサポートする方法だ。もちろんあきらめることでも挑戦をやめることでもない。セルフ・コンパッションはエネルギーをくれる。あなたは再び困難に立ち向かい、問題に取り組む〝前進行動〟ができるのだ。

では、〝自己中心的〟という批判は？　飛行機に乗ったことがあるなら、客室乗務員が酸素マスクの説明をするのを知っているだろう。まず自分がマスクをしてから、他の人を手伝ってください、というあれだ。セルフ・コンパッションにも同じことが言える。自分によりよく接することができれば、他の人もよりよくケアできる。

〝やる気を失くさせる〟はどうか？　第３章のミシェルの場合を見てみよう。彼女がセルフ・コンパッションを否定した理由はこれだ。「私は自分に厳しくしないといけない」。「そうやって何でもこなしてきたんです。それは私のモチベーションなんです。自分にやさしくなんてしたら、何もしなくなってしまいます」。こういう考え方は、完全主義者や意識の高い人々の間ではびっくりするほど多い。そして、自分に厳しくすることはやる気を刺激する。極めて短い期間だが。長い目で見ると、このやり方のツケは莫大になる。ストレス、不安、うつ、疲弊、自尊心の低下や燃え尽き……。

あなたの好きなチームスポーツを例にとると分かりやすい。すごい才能を持った選手を抱えた二つのチーム。どちらも専属のコーチがいる。一人のコーチは厳しく、断定的・批判的で、選手の悪いところに注目する。「情けないぞ！」「お前は使えないな！」「やる気がないのか！」「考えられないヘマだな！」「何度言えば分かるんだ？」「お前の失敗だ、お前のせいだぞ、みんなの足を引っ張りやがって！」

もう一人のコーチはやさしさと好意的なフィードバック、そして勇気づけによって選手のやる気を刺激し、何が良くて何がまずかったかを選手に分からせる。「きみたちはＡとＢとＣをうまくやってのけた。ＤとＥもとてもうまくなった。そしてＪが起こった時にＨとＩをやったのもさすがだ。ＰとＱとＺはあまりうまくいかなかったな。何がまずいのか考えてみよう。どうすれば上達できるかもな。ＸとＹは最悪だったが、まあそれが人間てもんだ。失敗はあるさ、気にするな。もう一度見直して、次にこうなった時どうすればいいか考えよう」

このテーマに関しては膨大な研究が存在し、結果も明らかだ。刺々しく批判的、断定的なコーチングは、しばらくの間はいい結果がでることもある。だが結局は選手のやる気をくじき、パフォーマンスも落ちる。やさしく、支えになってくれるコーチは長い目で見ると選手のやる気を高め、パフォーマンスも向上する。

辛辣・批判的な手法を使うコーチや教師、両親を持ったことがあるだろうか？　そうであれば、どうやってそれに気づいたか？（答えなくてもいい）。本書の後半で、セルフ・コンパッションを応用したもっと効果的な動機づけのメソッド、あなたに継続的なやる気を呼び起こし、健康と活力も手に入る方法を探求する。

最後に、「私はどうしようもない人間だからやさしさなど値しない」という主張を見てみよう。育児放棄、虐待、トラウマなど、つらい幼年期を送った人々に共通する〝物語〟だ。両親か保護者から、お前は駄目だ（言い方はそれこそ千差万別だが）と言われ続けたり、ひどい扱いをされることでこうした考えを植えつけられたのかもしれない。また、恵まれた子供時代を過ごした人々でもそうなることがある。そしてこれもまた、あなたの心が間違ったやり方であなたを助けようとしている結果なのだ。心はさっきの辛辣なコーチのように、あなたに辛く当たることであなたの気を引き締め、よりよい人間にし、よい結果を引き出せると考えているのだ。では、有効性の面から検討してみよう。あなたがこの物語に自分の行動を支配させ、その言いなりになり、できることとできないことを指示させたら、望む人生に近づくか、それとも遠ざかるだろうか？

それがあなたの前進行動の助けになるなら、つまり理想の自分としてふるまい、望む人生を築き、健康と幸福の面でプラスになるならまったく問題ない。だがマイナスになるなら選択すべき時だ。あなたはそれを続けるか？　それともこの思考から逃れ、他の方法を試してみるか？

■言葉と行動で優しさを示す

あなたの大切な人が苦しみ、苦痛の思考や感情に悶えているとして、あるいは厄介な問題と戦っているとして、あなたは彼／彼女にどう接するだろうか？　「君が苦しんでいるのは知っているよ。君のことを心配しているし、いつでも力になるよ」のような言葉をかけるとしたら、あなたは何と言い、何をしてあげるだろうか？

続きを読む前に二分間考えてみよう。

セルフ・コンパッションは自分自身を愛する誰かのように扱うことだ。前の質問の答えが何であろうと、それを自分自身に向けよう。まず次のことを検討するところから始めよう。

●優しい独り言

優しい独り言とは、自分に優しい言葉、自分を勇気づけ助ける言葉をかけることだ。ちょうど二番目のコーチ、二人目の旅の伴侶のように。だが思い出してほしい。人間の脳は引き算ではなく足し算でしか変化しない。厳しい独り言を言いたがる神経経路を消去するのではなく、優しい独り言の神経を上書きする必要があるのだ（もし厳しい批評的な独り言が湧いてきても反論したり避けたり追い払おうとせずに、単に気づいて名前をつけよう）。

自分にどんな言葉をかければよいだろうか？　選択肢は山ほどある。重要で難しい課題と向き合っている時、心が言ったとする。「これは難しすぎる」「これは無理だ」。まずは心に感謝しよう。「ありがとう心。私を嫌な気分から救うために挑戦をやめさせたいんだね。でも大丈夫だ、自分で何とかするよ」。そして自分を鼓舞する言葉を言う。「うまくやれるさ」「やりとげられるよ」「何とか乗り切るぞ」など。

ミスをしたあと、「自分は負け犬だ」という思考に囚われたとする。こんな時の優しい独り言はこんな感じだろう。「おっと、また〝負け犬〟の物語が現れたぞ。確かに失敗はしたさ。でもこれが人間だよ。誰だってミスはするんだ」

もし完全主義的な考えに囚われているならこう言おう。「私は完全にやり遂げなければならないという思考を持っている。でも、そんなことはない。〝そこそこ〟でＯＫなんだ」

自分の行動を変えようと奮闘しているのに以前のパターンに戻ってしまう場合、心はこう言うかもしれない。「これは見込みがないよ。変わるなんて無理だ」。そんな時のセルフ・コンパッション的な反応は「また〝あきらめろ〟の物語か。でもそんなもの信じない。私がやろうとしていることは本当に難しいんだ。それにどうやら今日はツキもないらしい。でも明日は糸口をつかんでみせるよ。そのうち上手くなるさ」

役に立つヒントをひとつ。言葉だけではなく、その言い方も重要だ。自分の〝内なる声〟のトーンにも注意しよう。厳しく皮肉に満ち、ぶっきらぼうだと望ましい効果は得られない。やさしく気遣いのある口調で言うのがコツだ。

一日の間に不快な思考や感情が浮かんできたらまずその存在を認め、それが苦痛か不快であることを認め、それに対して優しさと気遣いで対応することを思い出そう。シンプルなキャッチフレーズを用意するのもいいだろう。前に紹介したセルフ・コンパッションの専門家、クリスティーン・ネフは「今は苦痛の時だ。自分に優しくなろう」という言葉を推奨している。私としてはもう少し短くシンプルな言い方が好きだ。私のセルフ・コンパッションのキャッチフレーズは、「これは痛いぞ。優しくしてやろう」だ。どちらか気に入った方を使ってほしい。自分で考えられればもっといい。

優しい独り言でいろいろ遊んでみよう（優しい声で言ってみよう）。自分の話し方、自分のスタイルを見つけよう（ここで紹介したものとはまったく違うかもしれない）。

アイデアが浮かばなければこう考えてみてほしい。「友達がこんな状況にいたら、何と言ってやるだろうか？」さて、次に検討するのは優しい独り言と同じくらい大事なことだ。

●優しい行動

セルフ・コンパッションは自分にかける言葉だけではない。自分に対する行動、優しさの行為、気遣いと援助などもそうだ。その可能性は無限だ。この本を読む、思考から逃れる練習をする、誰かと楽しい時間を過ごす、健康的な食事や定期的なエクササイズなどのセルフケアをする、休息とリラックスの時間を作る、趣味やスポーツその他の気晴らしをする、癒しの行動をするなどもセルフ・コンパッションだ。

一ついいのは、あなたは何一つ特別なことをする必要がないということだ。ほんのちょっとした優しさの行動も役に立つ。例として、今日私が行った自分への優しさの行動を紹介しよう。まず背中と首のストレッチを行った。次に熱いシャワーを長時間浴びた。愛犬と遊んだ。子供と一緒に面白いYouTubeの動画を見て笑い転げた。ヘルシーな朝食をとった。そして一時外に出て、数分間すわったまま目を閉じ、鳥の声を聞き、顔に降り注ぐ太陽の光を感じた。

ここで二分間ほど考えてみよう。a．次の数時間、b．今後数日間、あなたが自分自身に対してできる優しさの行動はなんだろうか？

答えを書き出してみてほしい（The Happiness Trap: Extra Bitsにある〝優しい言葉と行動のワークシート〟を使ってもいい）。

次の数時間、数日間、これらを行って結果を見てみよう。やさしさと気遣いの行動を心から味わってみよう（もし行わないなら、心が何と言ってそれを阻止したかを見てみよう。心はどんな理由を作り出したか？　どんなルールをあなたに押し付けてきたか？）。

■次は何？

さて、ここまで、セルフ・コンパッションの重要な要素を三つ説明した。辛辣で批判的な独り言から逃れること、苦痛と苦悩を認めること、そして自分にやさしく接することだ。次の数章では、もう一つ重要なものを見ていく。それは苦痛の感情から逃れることだ。

■トラブルシューティング

●奇妙な気分だ。これは自分には合わない。やっぱりやめるよ

誰でも最初はセルフ・コンパッションを奇妙で不自然で、本当の自分からかけ離れたことのように感じるものだ。だがそれもまったく正常な反応だ。これは新しい心理テクニックだ。一万回練習したら自然に感じられるかもしれないが、最初は絶対無理だ。人生をよりよくしようと奮闘してい

る時に、何か変だ、不思議だ、自分に合わないと感じることを喜んでできるだろうか？

●これをすると不安になる

あなたが長年自己批判や自己嫌悪に陥ってきたなら、セルフ・コンパッションは最初は不安を引き起こすかもしれない。自分に対する今までの接し方とはまるっきり違うからだ。心は疑う。「これはいったい何だ？ こんなもの初めてだ。今まで経験したことがない。ひどく不思議だ。何が起こるか分からないぞ」。あなたはこうした思考に気づかず、ただ不安を感じるだけかもしれない。だが頭の中ではそう考えている。

この不安についてのもう一つの解釈は、それが「ルールを破る」ように感じるから、というものだ。心は長いこと暴君のごとくあなたを支配し、ルールと戒律を決め、それをあなたに守らせてきた。

それには以下のものも含まれる。

自分に優しくするなんて許さない！

このルールを破ることには大きなリスクを感じるものだ（捕まったら悪いことが起こるぞ）。なので不安が起こるのはごく自然なことだ。

セルフ・コンパッションを日常的に練習し、それに慣れ親しんだら、時間と共に不安は小さくなっていくだろう。だが始めてすぐは、不安はしばらく留まっているだろう。ここで質問だ。あなたは長きにわたるよりよい人生を目指すために、ちょっとの間不安の思考や感情を我慢するか？

●セルフ・コンパッションはネガティブな独り言の引き金になる

時たま優しい独り言が、厳しい自己批判を次々引き起こすことがある。だがそれは弱まっていき、やがては止まる。自己批判が起こったらすぐに気づき、名前をつけよう。効き目がなかったら錨を降ろそう。

●感情が去っていかない

感情は去らない。これは抵抗戦略ではない。目的は、抵抗戦略を使うことなく、感情をあるがままに認め、現在にいるのを許しながら（第4章で本を膝に置いたように）、自分に優しくすることだ。時々起こることだが、困難な思考が弱まるか消え去っても、それはボーナスであり目的ではない。

第12章　感情に囚われる

　あなたは今アラスカの雪原をトレッキングしている。と、突然ハイイログマとはちあわせする。さあどうする？　叫ぶ？　助けを呼ぶ？　逃げる？　この難しい選択については後で考えるとして、今はもう一つの難題に取り組もう。「感情とは何か？」

　これについては学者の間でも合意はない。だが最先端の研究者たちの意見は二つの点で一致している。

1．あらゆる感情の下には、脳と神経システム、心臓と血流、肺と呼吸、腹部臓器、筋肉、ホルモンなどを含む、体の中の複雑かつ連続的な変化がある
2．これらの肉体的変化は私たちに行動の準備をさせる

　こうした変化が体の中で起こると、胃のむかつき、喉のつかえ、早鐘のような動悸などが現われる。同時に何らかの行動への衝動も起こる。泣く、笑う、叫ぶ、隠れるなど。何かの感情を経験した時に特定の反応を示す傾向を、〝活動傾向〟という。〝傾向〟という言葉に気をつけてほしい。傾向とは、ある特定の行動をしやすいという意味であり、それをしなければならない、他に選択肢はない、とい

うことではない。あなたに、遅刻が心配な時に制限速度を超えて運転する傾向があるとする。だが、意志があれば法に従って安全に運転することも可能だ。しかし、第2章で触れたように、感情から逃れる能力が低ければ選べる行動は少なくなる。

　つまり、思考から逃れる能力が高くなるほどより行動をコントロールできるということだ。体の姿勢、表情、発する言葉、声の大きさや調子、腕、膝、手足の動かし方など。この能力はとんでもなく役に立つ。強い感情が湧き上がった時に肉体的行動をコントロールできれば、よりよい結果につながる行動が可能になる。不安を感じても勇気をもって行動し、怒りが湧いても穏やかに対応できるのだ。

　私が十代の息子に対しひどく腹を立てたとする（実話である）。私が自分の理想とする父親像である場合は、静かに自分の中の怒りの嵐を認め、錨を降ろして自分の行動を制御する。腕を降ろして手のひらを開き、辛抱強く穏やかに息子に話しかける。そして淡々と、はっきりと、何が問題で何をしてほしいのかを説明する。こういう態度は息子との関係をとても良好なものにする。怒りに完全に捕まり、シルバーバックゴリラのように胸と顎を突き出し、腕を振り回してわめき散らすよりずっとましだ。人の親なら誰でも知っているように、子供に対して怒鳴ることは短期的には効果がある。だが長い目で見ると健全な関係は築けない（そしてそれは最悪のロールモデルだ。すまない息子よ！）。

（注：自分は完全無欠でなんの間違いも犯さないといったふうを装う著者が書く自己啓発本には我慢ならない。私たちは人間で、人間は間違うものだ。）

　本書で最初に学んだスキルは錨の降ろし方だった。それにより、体の動きをコントロールしながら感情から逃れることができる。だがそれは全体のほんの一部にすぎない。次の数章では、感情とは何か、その目的、それから逃れる方法、感情を使って人生を豊かにする方法などを探究する。そしてまず手始めに……。

■闘争・逃走反応

闘争・逃走反応は、中脳で発生する原始的なサバイバル反射作用で、すべての哺乳類や鳥類、爬虫類、両生類、ほとんどの魚類に見られるものだ。それは、私たちが脅威にさらされ、生き残るために逃走するか、踏みとどまって戦うかの選択を迫られた際に発動する。脳が危険を察知すると闘争・逃走反応が起こる。アドレナリンが体にあふれ、腕、膝、首、肩の主な筋肉は緊張し、次の行動に備える。心臓と肺はフル稼働し、酸素をたっぷり含んだ血液を筋肉に送り込む。すべては逃げるか、戦う準備のためだ。

戦闘地帯を駆け抜けたり野生動物と戦ったりなどの真に危険な状況では、闘争・逃走反応は命を救う。だが現代社会では真に生命を脅かす状況などめったにない。それどころかこの反応は助けというより邪魔者になってしまう。

繰り返すが、これは体と協力して私たちの安全を守ろうとする、心の過剰な働きなのだ。〝安全第一！〟が基本モードである心は、何にでも潜在的な危険を見つけ出す。不機嫌なパートナー、高圧的な上司、駐車違反切符、新しい仕事、交通渋滞、銀行の長い待ちの列、巨額な住宅ローン、鏡が映し出す冴えない自分の姿など。さらに、心は私たちの思考や記憶、イメージ、感情や感覚さえも脅威と考えてしまうことがある。こうした内的体験が命を脅かすことがないのは明らかなのに、私たちの脳と体はそう反応するのだ。その結果、恐れや不安、パニック（特に逃走の場合）、イライラ、怒りや憤激（特に闘争の場合）などの感情を引き起こす。

■すくみ反応

前に、私たちが途方もない痛みを感じると迷走神経が痛みの感覚を遮断し、感情の無感覚状態が起こるという話をした。この迷走神経はごく短いあいだ体を〝凍りつかせ〟、あるいは〝動作不能〟にすることもある。これは、恐れが極端に大きく、脳が闘争・逃走反応では間に合わないと判断した場合に起こる（崩れた岩の下敷きになった人や大人に虐待された子供など）。

脅威があまりに大きく闘争も逃走も無意味な時、迷走神経がコントロールを握り、〝非常停止〟モードに切り換える。体は動きを止め、心臓や肺の活動を抑制し、血圧を下げ、消化などのとりあえず必要のない活動を停止する。停止モードに入った当初は完全な凍結状態で、その場所に釘付けになり、完全な麻痺に陥る。迷走神経はまた、感情も遮断する。あなたを恐怖と肉体的苦痛から救うためだ。

つまり、すくみ反応は強力なサバイバル機能なのだ。闘争・逃走反応が使えない、あるいは状況を悪化させてしまいそうな時にあなたが生き延びるための方法だ。だが、すくみ反応はトラウマ的な出来事が終了した後も継続して作用してしまうことがある。場合によっては数十年後も続く。それは強烈な感情や苦痛の記憶が引き金になる。もしあなたが日常的にこの種のトラウマによるすくみ反応に悩まされているなら、錨を降ろすのはとても役に立つ。それはあなたの体を〝解き放ち〟、行動へのコントロールを取り戻し、あなたは再び人生に集中できる。コツはできるだけ練習し、すくみの兆候が少しでも体に現れたらすぐに錨を降ろし、体へのコントロールと現在への集中を取り戻すまで続けることだ。

無感覚はすくみ反応で一番よくある副作用だが、他に無気力、落胆、絶望感などを引き起こすこともある。

■感情の要素

怒り、悲しみ、罪悪感、恐れ、恥ずかしさ、嫌悪、愛情、喜び、好奇心などのあらゆる感情は、すべて三つの要素が織り混ざってできている。感覚、認知、衝動だ。ここでは〝不安〟を例にとって見てみよう。

●感覚

多くの人にとって、身体感覚は感情の大きな一部だろう。不安を感じた時、体のさまざまな部分に筋肉の緊張を感じる。震え、発汗、無感覚、胃のむかつき、喉のつかえ、胸苦しさ、そして早鐘のような鼓動など（一つ覚えておいてほしい。ある感情を二人の人がまったく同じように経験することはあり得ない。あなたが体に感じるのは、今あげたものと非常に似ていることもあれば　まったく別のこともある）。

●認知

認知はすべての感情が持つ要素だ。不安を感じた時、私たちはこんなふうに考える。

「これはうまくいかないよ」「何か悪いことが起こるぞ」あるいは「こんなこと耐えられない」など。

また、認知には以下のようなものもある。

a．私たちがその経験につけた名前（例：その認知を〝不安〟と表現する、あるいは〝緊張〟〝神経質〟〝動揺〟〝イライラ〟などと呼ぶかもしれない）

b．その経験についての私たちの解釈（例：私は恐怖を感じているので、私は危険な状態にある）

c．経験と共に現れるイメージや記憶（例：恐怖を感じた別の体験の記憶、または恐れるもののイメージなど）

●衝動

すべての感情は衝動を伴う。たとえば〝心配〟には、くよくよしたり安心を求める衝動、薬物やアルコール、タバコへの衝動、そこから目を逸らしたり、困難な状況を避けたり逃げ出したくなる衝動などがついて回る。だが衝動の根底にあるのは認知と感覚である。酒を飲みたいという衝動が起こると、あなたの頭の中には酒を飲むことについての言葉とイメージが湧き起こる。

この時体に注意を向けると、その衝動の感覚に気づくだろう（たいていとても微細なものだ）。それは口の中の温かみや水気かもしれないし、舌や喉の緊張、手足か顎のこわばりかもしれない。つまり、感情あるいは衝動とは感覚と認知のざっくりとした集まりであり、それらが無数の形で影響し合っている状態なのだ。

■感情に服従すべきか？

この質問への答えはシンプルに、「ノー！」である。思考から逃れるスキルを知らないと、感情は私たちを支配する。だが逃れる技術が高まるほど、それが現れた時にできる行動が多くなる。あなたはこれまでの人生で、恐れを感じて逃げ出したくなりながらも必要な行動をしたことがあるだろう。誰もがこうした経験がある。大事な試験を受ける、誰かをデートに誘う、仕事の面接に行く、人前でスピーチする、危険なスポーツをするなど。

　前に話した通り、聴衆の前で講演する時、私は不安になる。だが、それを聴衆に告白すると彼らは一様に驚く。彼らは言う。「でもあなたは落ち着いて自信ありげに見えますよ」。それは、たとえ不安を感じていても（心臓がバクバクし、胃が痛み、手から文字通り汗が滴り落ちても）不安の行動をしないだけだ。そわそわしたり話す速度や呼吸を速くしたい衝動にかられても、それと正反対のことをする。意識してゆっくり話し、ゆっくり呼吸し、ゆっくり動く。これはほとんどの講演者に言えることだ。何年も講演している人でも不安を感じる。だが落ち着いた動作をしているため人々は気づかない。

　さて、冒頭の、アラスカの原野でハイイログマに出くわした話に戻ろう。まず闘争・逃走反応が起こる。強烈な恐怖。あなたは一目散に逃げ出したい衝動にかられる。だがサバイバルマニュアルを読んだことがあれば、それは賢い行動ではないと知っているはずだ。逃げることはクマの追跡本能を刺激してしまう。クマは簡単に追いつき、あなたはあっという間にクマのランチになる。すべきことは、急な動きはせず、音も立てず、クマに背中を見せずにものすごーくゆっくり、後退りすることだ（この本も少しは役に立つでしょう！）。

　多くの人がこのアドバイスに従って生き延びている。私は声を大にして言いたい、感情に対するコントロールが難しい時でも、行動はコントロールできる。これは後々役立つ大切で実用的な知識だ。人生に大きな変化を起こそうとする時、できないことよりもできることに集中する方がはるかに賢いからだ。

強い感情に捕まった時、私たちは後々後悔するような行動をしがちだ。服従モードにいる時、私たちはものを壊したり、叫んだり、人に当たったり深酒したり、その他あらゆる自己破壊的な行動をする。だが、私たちが現在の感情を意識的に認識し、自分の行動を注意深く意識すると、その感情がどんなに強くても服従モードをオフにして効果的な行動ができる。激怒していようが悲しみに沈んでいようが、あるいは恐れていようが、私たちは立つ・すわる、口を開ける・閉じる、水を飲む、電話に出る、穏やかに話す、頭を掻くなどの行動を選択できるのだ。

■感情はこうして私たちを助けてくれる

感情は天気のようなものだ。常に存在し、常に変わり続ける。止まることなく満ち欠けを繰り返し、穏やかかと思えば激しく、心地よいかと思えば不快に、予想通りかと思えば思わぬ変化をする。〝ムード〟とは、特定の期間の感情の色調のことをいう。〝良くないムード〟は、天気で言えば曇った日のことを指し、怒りの感情や不安などは、さしずめ大雨といったところだろう。さて、感情の目的はいったい何だろう？　それは何の役に立つのだろうか？

感情には三つの目的がある。それは〝コミュニケーション〟〝モチベーション（動機づけ）〟〝周囲を照らす光〟だ。一つ一つ見ていこう。

●コミュニケーション

感情はさまざまな面で私たちを他者とコミュニケーションさせてくれる。

- 恐怖は相手に「気をつけろ、危ないぞ！」とか「あなたは私にとって脅威だ」と伝える
- 怒りは相手に「これは不公平だ・正しくない」「君は私のテリトリーに無断で入り込んでいる」「私は自分の大切なものを守っている」などのメッセージを伝える
- 悲しみは「私はとても大切なものを失った」ことを伝える
- 罪悪感は「私はまずいことを仕出かした、何とか正したい」と伝える
- 愛は「あなたに感謝します」や「もっとあなたに近づきたい」と伝える

気遣いがあり、信用できる人々と交流する場合は、こうしたコミュニケーションは非常に有効だ。親しい友人が、あなたが恐れか悲しみを抱いていることに気づいたら、彼らはやさしさを持って接し、何らかの援助を申し出るだろう。あなたが彼らを傷つけ、罪悪感に悩まされているなら、彼らはおそらくあなたを許すだろう。逆に、あなたが誰かの行為に腹を立てているのを見たら、彼らは自分のしたことを反省するだろう。こうした形のコミュニケーションは不完全なものだ。私たちは時に〝間違ったシグナル〟を送ったり、他者がシグナルを誤解してしまうこともあり得る。だが多くの場合、このシステムはうまく働く。

●モチベーション

感情は私たちのモチベーションになる。感情（emotion）、動機（motivate）、動作（motion）、行動（move）などの言葉はすべてラテン語の movere〝動く〟から来ている。感情は、私たちの体が特

定の動きをする準備、人生を豊かにする行動の準備をさせてくれる。例を挙げると、

・恐怖は私たちが危険を避けるための、回避の行動の動機になる
・不安は私たちを傷つけたり害をなすものごとに備える動機になる
・怒りは私たちが地に足をつけ、大切なもののために戦う動機になる
・悲しみは私たちが歩みを緩め、緊張をほぐして休息をとり、元気を取り戻そうとする動機になる
・罪悪感は自分の行動をふり返り、それが他者にどんな影響を与えたかを考え、傷つけた人に償いをする動機になる
・愛は私たちが優しさと配慮、気遣いと分かち合いを発揮する動機になる

●周囲を照らす光

感情は、私たちにとって重要なものに光を当ててくれる。重要なことが起きている時、注目すべきこと、手をつけるべきことがある時、それを知らせてくれる。感情は私たちが心の奥底で必要とすること、望むことにスポットを当てる。私たちにとって本当に大切なもの、大事なものに意識を向けさせてくれる。感情は〝贈り物を届けてくれるメッセンジャー〟なのだ。そして、取り組まなければならない問題や人生を向上させるための行動を示してくれる。例えば、

・恐怖は安全と防御の必要性を教えてくれる
・怒りは自分の領域、境界を守ること、大切なもののために戦うことの重要性を教えてくれる

・悲しみは何らかの喪失の後の、休息と静養の大切さを教えてくれる
・罪悪感は他者に対する私たちの接し方と、人との絆を修復することの大切さを示してくれる
・愛は人とのつながり、親密さ、絆、気遣い、分かち合いの重要性を示してくれる

強い感情が湧き起こった時、二つのシンプルな質問によって、その中にある知恵を汲み取ることができる。「この感情が私に伝えようとしている大事なものは何か？　それに注意を向ける必要があるか？」。だが、私たちが服従モードか抵抗モードにある時、つまり、感情と戦うか逃れようとしている時、あるいは操り人形よろしくその言いなりになっている時、この知恵に触れることはできない。私たちはまず、感情に対応するための革新的な方法を学ぶ必要がある。それは、あるスイッチをオフにすることから始まる……。

第13章　悪あがきのスイッチ

あなたの心のうしろに〝悪あがきのスイッチ〟がついていると想像してみよう。そのスイッチをオンにすると、あなたはあらゆる苦痛の感情に対して全力で抵抗を始める。

あなたが不安に襲われたとする。悪あがきのスイッチがオンになっていると、私たちはその感情を巨大な問題であると認識する。「まずいぞ！」心は言う。「不安のヤツが現れた！　この感覚は大嫌いだ。こんなもの最悪だ。私の体にどんな影響があるんだろう？　こんなもの消え失せればいいのに」

こうなると、不安を不安がる状態に落ち込んでしまう。心は言う。「何てことだ、不安がどんどん大きくなっている！　これはまずい」。この時点で、不安に対する悲しみさえ芽生えてくる。「何でいつもこんなことが起こるんだ？　こんな人生ゴメンだよ」。さらには怒りまで湧き起こる。「こんなの不公平だ！　まったくいまいましい！」。私たちは、最初の不安に対する不安、そしてそれへの悲しみに対する怒りにまで到達し、苦痛の感情は爆上がりする。この悪循環にお気づきだろうか？

だが、いったん悪あがきのスイッチをオフにすると状況は一変する。どんな感情が起ころうと、それがどんなに不快だろうと、私たちは感情に抵抗しなくなる。私たちがすべきことは、感情をただ認め、そこに居るのを許すだけだ。不安は不快だし、誰もそんなものは望まない。だがその存在を許してやる。

悪あがきのスイッチをオフにしていると不安のレベルは状況に従って勝手に上下する。それは時に高く、時に低くなる。また、何の変化もない時もある。だが不安レベルがどうだろうと、私たちは貴重な時間とエネルギーを抵抗に費やすことをしなくなる。

悪あがきのスイッチとは、言ってみれば感情の増幅機だ。スイッチを入れると不安に対する不安、不安に対する怒り、悲しみに対する悲しみ、怒りに対する罪悪感など、付随するあらゆる感情が現れる。それだけでは済まない。私たちは第3章で紹介したようなあらゆる抵抗戦略を使おうとする。あなたも知っている通り、適度に使うならば問題はない。だがスイッチオンの状態だと、私たちはそれを過剰に不適切に使ってしまい、健康問題、機会を逃す、人間関係の悪化、時間やエネルギーの浪費、さらなる苦痛、心理的なダメージなどを引き起こしてしまう。

一方、スイッチがオフだと次のことが起こる。

・感情は私たちの中を自由に流れる。自由に現れ、居たいだけ居て、去りたい時に去っていく
・貴重な時間とエネルギーを抵抗に費やさなくなる。その時間をもっと意味ある行動に使える
・感情を増幅して傷口を広げることがなくなる

だが悪あがきのスイッチがオンの場合は次のようになる。

・感情は留まり、延々と居すわる
・感情との闘争にとんでもなく多くの時間とエネルギーを費やす

・感情を増幅してさらに多くの苦痛を作り出してしまう

四十三歳の弁護士秘書、レイチェルの場合。彼女は圧倒的な恐怖の発作、いわゆるパニック発作に悩まされていた。症状が出ると、息苦しさ、胸の痛み、激しい動悸、めまい、手足のうずき、火照りや冷え、発汗、激しい震えや気が遠くなる感じなどを伴う死の恐怖に襲われた。これはよくある疾患で、毎年、成人人口の三％が悩まされる。

レイチェルの抱える主要な問題は不安ではなく、不安に対する抵抗だった。彼女は不安をとても恐ろしいものと考え、それを追い払うためにありとあらゆる手段を使った。心臓の動悸や胸苦しさなど、不安によく似た体の感覚を少しでも感じ取ると、それがきっかけとなってさらに大きな不安に襲われる。そしてお決まりの悪循環に落ち込むのだった。彼女の不安はさらに高まり、苦痛の感覚はさらに強まった。するとそれが引き金となって不安はいよいよ大きくなり、完全なパニック状態に陥るのだった。

レイチェルの世界は徐々に狭まっていった。彼女はコーヒーさえも飲まなくなり、スリラー系の映画を見たりエクササイズをすることもやめてしまった。それらが鼓動を速め、それがきっかけで悪循環に引きずり込まれるからだった。彼女は飛行機やエレベーターに乗るのもやめた。交通量の多い道路を運転することもやめ、混雑したショッピングセンターにも、人がたくさん集まるパーティーなどにも行かなくなった。そうした環境では不安になりやすかったからである。彼女は何としても不安を避けたかったのだ！

レイチェルのケースはかなり極端だが、誰でも多少はしていることだ。私たちは皆、ストレスや不安を避けるために何かへの挑戦をやめることがある。そう頻繁でなければどうということはない。だが何かを避ける衝動が強くなるほど長期的には大きな問題になる。

悪あがきのスイッチをオフにするにはどうすればよいか？　それには思考から逃れる別のテクニックが必要になる……。

第14章　感情に居場所を作ってやる

すべての苦痛の感情はとても大事なメッセージを伝えている。それはあなたが気遣う人であることを示し、心を持っていることを示し、あなたが自分にとって大切なものを抱えていることを示している。そしてそれは、あなたがこの星に住むすべての人々と共有しているものでもある。あなたが望む状況と、現実との間にギャップがある時、苦痛の感情が現れる。そしてこのギャップが大きいほど苦痛も大きくなる。

これらの苦痛は弱さの象徴でも、心の病や不具合の証でもない。あなたが生きていて、正常で、気遣いをする人間だという証拠である。そして、こうした苦痛と闘っても何の助けにもならない。ならば抵抗をやめ、苦痛と仲直りしてみてはどうだろう?

■挑戦してみる?

人生に大きなインパクトを与える、意味ある挑戦をしてみる気はあるだろうか? 前に、心理学用語である〝暴露〟について説明した。困難な状況に身を投じ、それに対する有効な反応を習得することだ。この挑戦も同じ仕組みだ。苦痛の感情を呼び覚まし、服従あるいは抵抗モードで対応する代わりに、それに居場所を作ってやる方法を学ぶのだ。

感情のおもな構成要素は認知と感覚だという話を覚えているだろうか。認知についてはすでに検討した。なので今回は感覚について見ていこう。それは私たちが体の中、手足、頭、首、背中、胸、お腹、骨盤などに感じるものだ。

●1．練習する動機をはっきりさせよう

あなたが不快な気持ちをわざわざ呼び起こし、それに居場所を作ってやる練習をする動機は何だろうか？「〝気分よく〟〝幸福に〟〝穏やかに〟〝自信たっぷりに〟〝リラックスした状態に〟なりたいから」あるいは「〝不安〟〝悲しみ〟〝孤独〟〝怒り〟〝罪悪感〟などを消し去りたいから」という場合、残念だがそれは無理だ。長い目で見れば、ＡＣＴがあなたの気分を向上させることは間違いない。三千以上の科学論文がそれを証明している。だが気分の向上が一番の動機なら、あなたは感情を操作しようとしており、結果、幸福の罠に落ち込むだろう。

あなたの動機は前進行動に基づいていなければならない。自分に尋ねよう。これらの感情から逃れるのがうまくなったら、

・どんな前進行動をするだろうか？
・どんな計画や行動、課題を始めたり、再開したり、続けるか？
・自分への接し方をどう変えるか？
・自分にとってもっとも大事な相手に対する言動がどのように変化するか？

もし第10章でこれらの質問に答えているなら素晴らしい。まだなら今考えてみよう。そして次の文章を完成させてほしい（頭の中でも紙に書いてもいい）。「わたしはこのスキルを学び、以下のような前進行動ができるようになる」

●2．最初は穏やかな感情を選ぶ

〝感情に居場所を作る〟テクニックはさまざまな応用が効く。それはどんな感情、衝動、感覚にも使える。その大きさ、強さも関係ない。なので、まず比較的小さい、苦痛の度合いが低い感情から始めよう。そこから少しずつ難しいものにしていく。

経験のない見習い士官は台風のさなかに船を操縦したりはしない。彼らはまず安全な天候のもとで基本的な操船を学ぶ。穏やかな海で練習し、機器や操作手順、基本訓練に慣れてから、荒れた海に乗り出していく。苦痛の思考に居場所をつくる練習も同じだ。圧倒されてしまうような感情から始めてはいけない。小さい、難しくない感情から始めよう。体に感じている小さな感覚で行うのも悪くない。その後時間をかけて、少しずつ大きな感覚に挑戦しよう。

●3．心が邪魔してくるのを予期しておく

あなたの心はこのエクササイズに協力的ではないだろう。それどころか感情を批判し、それにまつわる恐ろしげな物語や、「お前には対処できないよ」などの言葉を投げつけてくるだろう。あるいはこう言うかもしれない。「本を読むだけで十分だ。エクササイズをやる必要はないよ」（「あとでやればいいよ」とささやくかもしれない）。だが心はあなたがやらないことを知っている。

こんな時こそ、今まで学んできたスキルを試すいい機会だ。思考を、家の前を行き交う車のように扱ってみよう。あなたは車が走っているのを知っている。だがそれが通り過ぎるたびに窓を開けて見たりはしないだろう。車は自由に行き来させ、今していることに集中する。そして思考があなたを捕えた時は（車のタイヤがきしむ音が気になって外をのぞいた時は）、囚われたことに気づき、静かに認め、現在の行動に再集中しよう。

●4．必要なら錨を降ろす準備をする

感情の嵐が吹き荒れた時、一番よい対応は錨を降ろすことだ。このエクササイズ中にこういう状況が起こるとは思わないが、もしそうなったら錨を降ろそう。完全に降ろしたら、エクササイズに戻るか、とりあえずやめて後でもっと簡単な感情で行うかの選択をしよう。

●5．苦痛の思考に接触しよう

次に紹介するテクニックは、衝動、感覚などあらゆる感情に適している。一度手順を覚えたら、どんな感情にも使用できる（無感覚や虚脱感などにも）。もし今苦痛の感情があるなら、それに対して使ってみよう。ない場合は次の方法でそれを呼び覚まそう。

・一つは、苦痛の記憶を鮮明に思い出すことだ（前述の注意を忘れないでほしい。本当に恐しい記憶を選んではいけない。愛する人との喧嘩やつらい拒否、後悔している失敗など、そこそこの苦痛を選ぼう。トラウマになっている苦痛は避ける）。その記憶をできるだけ生々しく思い出そう。今まさに起こっていることのように追体験し、記憶を引き出そう

・もう一つは、近々体験しそうな不快なものごと、あなたにとってとても恐ろしいこと、不安なことなどを意識するやり方だ。今まさにそれが起こっているかのように感じてみよう

・三つめは、思考を反芻してみる方法だ。先送りしている大事な仕事や健康問題、人間関係など、最近ストレスの原因になっていることについて、一分ほどあれこれ考えてみる

■感情を手なずけるエクササイズ

準備はＯＫだろうか？　ではじめよう。私はこれを〝感情を手なずける（ＴＡＭＥ）〟エクササイズと呼んでいる。ＴＡＭＥは以下の四つのステップの頭文字だ。

Ｔ（Take note）：気づく
　体に現れた感情に気づき名前をつける

Ａ（Allow）：許す
　感情がそこに居続ける許可を与えてやる（あるがままにさせておく）

Ｍ（Make room）：居場所を作る

その感情に居場所を作ってやり、自分の中を自由に行き来させる

Ｅ（Expand awareness）：意識を広げる

自分の意識を広げ、周りの世界まで包み込んでみる

錨を降ろすエクササイズとかなり重なる部分があることにあなたも気づいたと思う。特に〝気づく〟と〝許す〟の部分は、錨を降ろすプロセスの、気づく、名前をつける、許す、に重点を置いた、〝認める〟の段階と同じである。またＴＡＭＥの〝意識を広げる〟の部分は、〝錨を降ろす〟の〝つながる〟と〝集中する〟を一つにしたものだ。二つのエクササイズの主な違いは、ＴＡＭＥの〝居場所を作る〟部分だ。ＴＡＭＥでは、感情に心を開くことにより重点を置いている。

ＴＡＭＥには四つの基本的ステップがある。ステップ1と3はいくつかの小さい部分からできている。エクササイズを数回通してやり終えたあとは、これらの小さい要素を組み合わせて独自のバージョンを作り、好きな順番でやってみよう（嫌いな部分は飛ばしてかまわない）。

まずは、以下の説明を少なくとも一度読み通してみよう。どんな内容を含んでいるか理解できる。次に最初から練習してみよう。三点リーダー（……）の部分は、三秒から五秒のポーズをとり、指示されたことに深く集中することを示している。

時間をかけてゆっくりやってほしい。あせってはいけない（無料の音声を使ってもよい。Making room for emotions〔感情の居場所を作る〕というファイルが The Happiness Trap: Extra Bits の Chapter 14からダウンロードできる）。できない部分、分からない部分があったら飛ばして次に進んでかまわない。この練習には必須の部分というものはない。

エクササイズを始める時は、背筋を伸ばして椅子にすわり、足をしっかり床につけよう。目を閉じるか、前方のどこかに視線を固定する。そして、苦痛な感情が現れたら……。

●T：気づく

1．自分のしていることに気づく

好奇心を呼び覚まそう。今まで見たこともないものを発見した子供のようになってみよう。純粋な好奇心をもって、自分のすわり方に注意を向けよう……床につけた足……背中の姿勢……手がどこにあるか、何に触れているか……目を開けていても閉じていても、見えるものに気づこう……聞こえる音に気づこう……匂い……味にも……

自分が何を考えているかに気づこう……感覚にも……現在していることにも……

2．体の感覚に気づく

次に、頭からつま先まで、体をすばやくスキャンしてみよう。まず頭皮から始めて下に降りて行こう……。

（意識を向けたくない部分がある場合はそうしよう。だがどこを避けたかは憶えておこう。これについて第17章で再び取り上げるからだ。）

体の感覚に注意を向けよう。頭……顔……あご……喉……首……肩……胸……上腕……肘から手首まで……手……腹……骨盤と尻……太もも……膝から足首……足……

3．感情に気づく

今度は感情（あるいは無感覚）がもっとも強く感じられる体の部分に注意を向けよう。新しい何かを見つけた好奇心いっぱいの子供のように、その感情をじっくり観察しよう。（これをしている時、心はうしろで鳴っているラジオのようにペチャクチャしゃべり続けるだろうが放っておこう。そして感情に意識を向け続けよう。もし思考に捕まってエクササイズが中断したら、即座に気づき、許し、思考から逃れて再集中しよう。）

この感覚がどこで始まり、どこで終わっているかに注意しよう。それについてできるだけ多くのことを知ろう。

感情の輪郭を描くとしたら、どんな形になるだろうか？　それは二次元か、それとも三次元か？　それは体の表面にあるか、それとも内部か、その両方か？　自分の中の、どれくらい深くまで根ざしているか？　それが一番強く感じられるのはどこか？　逆に一番感じないところはどこか？

（エクササイズの途中で感情に捕まったことに気づいたら、それを認め、それから逃れ、感覚に再集中しよう。）

好奇心をもって観察しよう……その感覚は、中心とその周辺部分ではどう違うだろう？　脈動、あるいは振動しているだろうか？……それは軽いか重いか？……動いているか止まっているか？……温度はどうだろう？……熱い部分、冷たい部分があるだろうか？

感覚が内部にいくつかの要素を含んでいるのに気づこう……

それは一つの感覚だけではない。感覚の中に感覚が存在する……

感覚を構成しているすべての層に注意を向けてみよう……

4．感覚に名前をつける

この感覚に名前をつけてみよう……

心の中でつぶやいてみる。「私はＸＹＺという感覚に気づいた」……

（どんな名前をつければいいかわからない場合、〝苦痛〟〝痛み〟あるいは〝不快感〟でもいい。）

●Ａ：存在を許す

その感覚が存在することを許してやれるだろうか。

それを好きになったり積極的に望んだりする必要はない。ただ存在を許す……

あるがままにさせておく……

心の中でこんなふうにつぶやく。「私はこの感覚は好きではないし欲してもいない。だが私はそれが存在するのを許す」。あるいはただ「許す」と言ってもよい。

感覚と戦いたくなったり、追い出したくなるかもしれない。その時は何もせずにただその衝動を認めよう。そして再び感覚を観察する……

それを追い払ったり変えようとしてはならない。あなたの目的はただ許すことだ……

あるがままにさせよう。Let it be……

●M：居場所を作る

1．感情に息を吹き込む

感情に気づいたらそれに息を吹き込んでみよう……

息が感情の中や周囲に流れ込むところを想像しよう……

息を吹き込む感覚を感じ取ってみよう……

2．感情の周囲を押し広げる

それはある意味、心の中に魔法のようにスペースが生まれることだ……

感情の周りを押し広げる……

それに居場所を作ってやる……

その周囲を押し広げる……

（目的は周りを無理やり押し広げるのではなく、感情に居場所を作ってやる方法を学ぶことだ。もう一つの選択は、感情が存在する部分の周りの筋肉をできる限り緊張させ、ゆっくりと緩めていくことだ。）

息を吹き込む……スペースを空ける……周囲を押し広げる……

この感情を観察し続け、その下に何が潜んでいるか見てみよう。怒りや無感覚が表面にある場合、その下には恐れ、悲しみ、恥の感覚があるかもしれない。

ここで新しい感情を生み出そうとしてはいけない。感情が現れてくるのは問題ない。現れなくても問題ない。今ここにある感情がどんなものだろうと、場所を提供してやろう。

3．それを一つの物体として捉えよう

この感情をひとつの物体と考えてみよう（それを視覚化する必要はない。物として感じるだけでよい）……

それは物体としてどんな形で大きさはどのくらいか？……

それは液体か、固体か、それとも気体か？……

それは動いているか、静止しているか？……

表面に触れるとどんな感触か？……湿っているか乾いているか？　ざらついているか滑らかか？　温かいか冷たいか？　柔らかいか硬いか？……

体の中のこの〝物体〟の感触を感じてみよう。あらゆる面からそれを観察してみよう……

視覚化するのが好きなら、まず色を想像してみよう。それは透明か不透明か……

好奇心をもって観察しよう。息を吹き込み、その周りを押し広げよう。好きになったり積極的に望んだりする必要はない。ただ存在を許してやるのだ……

●E：気づきを広げる

人生は舞台劇のようなものだ。舞台の上にはあなたのすべての思考、感情、そしてあなたが見、聞き、触り、味わい、嗅ぐことのできるすべてのものが載っている……

私たちがこの舞台でしてきたのは、舞台の照明を暗くし、一つの感情にスポットライトを当てることだった。さて今度はすべての照明をオンにしてみよう……

この感情にスポットライトを当てたまま、自分の体にも光を当てよう……

腕や足、頭や首の感覚に気づこう……

あなたがどんな気分を抱いていても、腕や足をコントロールできることに気づこう。それを確かめるためにそれらを動かしてみよう……

今度はストレッチをしてみよう。自分がそうしていることを意識しながら……

次は、自分が今いる部屋に光を当てよう……目を開け、辺りを見回し、見えるもの、聞こえるものに意識を向けよう……

そして部屋にはこの感情以外にも多くのものが存在していることに気づこう。感情は、あなたの体の中、部屋の中、あなたが重要なことに取り組んでいるその場所にあるものの一つなのだ……

さて、あなたはこのエクササイズの説明を読み終わった。次にするのは最初に戻り、一つ一つやってみることだ（音声を使えばさらによい。このスクリプトとまったく同じではないが、大筋は変わらない）。

あまりやりたくない部分がある場合（息を吹き込む、色を視覚化するなど）、そこは飛ばそう。だが少なくとも一度はすべての工程をやってみてほしい。

準備はいいだろうか？　ではＧＯだ！

結果はどうだっただろうか？　あなたは感情への抵抗を放棄し、〝あるがままに〟させておく感覚を味わったと思う（第４章でやった本を膝に置く実験のように）。難しかったとしてもあなただけではない。ほとんどの人がそう感じている。子供を育てる、体調を整える、人間関係を保つ、キャリアを構築する、芸術作品を創造する、環境を気にかける、これらの意味ある挑戦は、当然それなりに難しい。苦痛の感情に場所を空けてやることも同じではないだろうか？　だが他のスキルと同じで、始めるのは難しいが練習するうちに簡単になっていくものだ。

忘れないでほしい。けっこう長いエクササイズなので、もっと短いバージョンに作り変えてかまわない。どの部分を省略してもよい。一分間のエクササイズにしてもいい。あるいは二つか三つの部分を一つにまとめ、二、三分のエクササイズにするのもいいだろう。気に入った部分だけ取り出し、好きなように作り変え、長さも自由に設定し、自分独自の〝場所を空ける〟エクササイズを作ってもいい。

苦痛の記憶が起こったら独り言を言うのも役に立つ。感情の性質を思い出すやり方が気にいるかもしれない。


「この感情を持つのは正常だ」「これは困難な状況においては普通の反応だ」

「感情は波のようなものだ。波は起こり、ピークに達し、崩れる」

「私はこの感情が好きではないが、喜んで居場所を作ってやろう」

「感情に自分を支配させる必要はない。この感情を持ちながら、前進行動を選ぶこともできる」

「他のすべての感情と同様、この感情は好きな時にやってきて、居たいだけいて、去っていく」

「今はひどい苦痛の時だ。こういう時は誰だってある」


もう一つ覚えておこう。感情のおもな目的の一つは〝照らす〟ことだ。感情に居場所を作ってやった後、時間が許せばこの知恵に接触してみよう。自分にシンプルな質問を二つしてみよう。「この感情が私に伝えようとしている重要なメッセージは何か？　それは何に意識を向けるべきだと言っているのか？」。常にではないが、たいていすぐに答えが返ってくる。感情は、あなたが取り組むべき問題、向かい合うべき恐れ、変えるべき習慣、乗り越えなければならない喪失、本当に重要な人間関係などを教えてくれる（答えが浮かばなくてもくよくよ考えてはいけない。代わりにそれを、セルフ・コンパッションの練習をしろということだと考えよう）。

　毎日、大小さまざまな感情に対して居場所を作る練習をしよう。長いバージョンも短いバージョンも試してみよう。二十秒から三十秒のエクササイズもやってみよう。渋滞にはまったり、長い列に並んだり、遅れた友人を待っている時なども感情の居場所を作る練習をしよう。あなたは人生を変えるスキルを身につけるために、自分の時間を建設的に使っているのだ。スキルが上達するほど、前進行動をするのが容易になっていくことに気づこう。ＴＡＭＥ（感情を手なずける）エクササイズをするたびに、あなたは理想の人生に近づいているのだ。

■トラブルシューティング

●体の中に感情を感じられない。それは頭の中にしかない

　これはつまり、あなたが体から切り離されているということだ。第17章で紹介するテクニック〝再び体に戻る（意識を体に戻す）〟が解決の糸口になるだろう。

●何も感じない。無感覚だ

とりあえず〝無感覚〟に居場所を作ってやろう。もっとも感覚のない部位、死んでいる部分、空っぽの部分を見つけ、TAMEのエクササイズをやってみよう。何度かやっていると感情が起こってくる。だが無感覚を克服する方法は第17章の〝再び体に戻る〟で扱う。

●感情を感じることはできるが、それが何であるかわからない。名前がつけられない

感情を認め、名前をつけることは簡単ではないが、とても価値あるスキルだ。多くの研究が、この能力が低いほど感情に囚われ小突き回されることが多くなることを証明している。

スキルを身につけるためのアドバイスは The Happiness Trap: Extra Bits の Chapter14 を見てほしい。

●あまりにスキルが多くて圧倒される。練習する暇がない

確かに頑張りすぎると捌ききれなくなるだろう。第7章の終わりの方にあるアドバイスを参考にしてほしい（トラブルシューティングの前にある）。

●居場所を作った後、どうすればいい？

居場所を作った後は、あなたの価値に沿った、意味ある、人生を豊かにする行動をすればよい。これらの前進行動をしよう（面白いことに、不快な感情に居場所を作り意味ある行動を始めると、

しばしば心地良い感じが湧き上がってくる。その場合は単純に楽しもう。だが、何度も繰り返すが、それはこのエクササイズの目的ではない。目的は、今どんな感情を持っていようと、意味ある行動に集中することだ。これこそが、長期的に見て人生を豊かにしてくれるものだ)。

●感情に居場所を作ろうとしたが、それはあまりに大き過ぎる

問題のある感覚を一つ選んでそれに集中してみよう。その感覚だけを狙って居場所を空けてやる。そのあと気が乗れば、もう一つ選んでやってみよう。そうでなければやめておこう。次に練習する時は二つの感情に挑戦してみよう。毎回一つずつ増やしていこう。もし難しいなら第17章で紹介する方法にトライして、その後またこの章に戻ろう。

●一つの感覚に集中し続けることができない

これは練習しているうちに簡単になっていく。とりあえずはできるだけやってみよう。意識が他の感情に移ったら、すぐそれに気づき意識を戻そう。

●感情は少しずつ離れていく。だがしばらくすると戻ってくる

愛する人が死んだ時、悲しみは数週間、あるいは数カ月間、何度も心をよぎる。あるいはあなたがガンなどの重い病気の診断を受けたとする。恐怖の波が何度も打ち寄せる。だが、よく言われるように「波は止められない。しかしそれに乗ってサーフィンはできる」のだ。

●この方法はパニック発作にも有効か？

パニック発作は三つの部分からできている。

1．恐怖の思考に捕まる。「私はおかしくなるかもしれない」「心臓麻痺に襲われるかもしれない」「死ぬかもしれない」など

2．不安と戦う。だがそれは不安を増幅するだけだ

3．過呼吸（素早い呼吸）をすると、めまい、顔面の紅潮、頭痛、しびれなどの不快だが害のない感覚が起こる。過呼吸はまた、十分な空気を取り入れられないかのような、正常な呼吸ができない感覚を引き起こす。あまりに呼吸が速いので肺の中の空気をちゃんと吐き出せなくなるからだ。あなたはすでにほぼいっぱいとなった肺に息を吸い込もうとしているのだ

解決方法は以下だ。

a．パニック発作は感情の嵐の一種だ。最初のステップは錨を降ろすことだ。〝認める〟の段階で、必ず〝気づくこと〟〝思考に名前をつけること〟をしよう。「私は〝自分が死ぬ〟という思考に気づいている」「おっと、また〝心臓麻痺〟の物語だな」

b．心配と戦ったり、避けたり、コントロールしたり追い払おうとするのをやめ、代わりにＴＡＭＥを実行する

c．過呼吸の代わりに第９章で紹介したゆっくりした呼吸の方法を使う。息を吐く時あなたの肺

を完全に空っぽにする。空気を吸い込めない感覚がある場合には絶対必要な動作だ。肺が空っぽの時だけ、適切に空気を吸い込めるからだ（注意：ごくまれに、ゆっくりした穏やかな呼吸が役に立たないことがある。その場合はエクササイズを中止し、医者やセラピストなどの専門家に相談しよう）

●多くの自己啓発の方法が、気分が悪い時に熱い風呂に浸かったり、音楽を聴いたり、役立ちそうな本を読んだり、ホットチョコレートを飲んだり、マッサージを受けたり、犬と散歩したり、好きなスポーツをしたり、友人と過ごしたりなどの〝自分をなぐさめる行動〟を推奨している。あなたはこれについてどう思うか？

　これらの行動をする目的が不快感から目をそらすためであれば、あまりうまくいかないだろう。恐れや不快感を避けるための行動は、楽しむことができないからだ。さらに、意識をそらす行為にはリバウンドの危険がついて回る。まず最初にＴＡＭＥによって感情をならすことをお勧めする。不快感に居場所を作った後、自分に問いかけよう。「人生を豊かで意味あるものにするために今私がしたい行動はなんだろうか？」それは質問にあったような〝自分をなぐさめる行動〟かもしれないし、まったく別のことかもしれない。それが何であれ思い切りやってみよう。完全に集中しよう。そうすればうまくいくし、結果もよいだろう。

●少しの間は感情の存在を許してやれる。だがすぐに抵抗を始めてしまう

これもよくあることだ。エクササイズを繰り返し行うしかない（繰り返し何度も、だ）。

●仕事をしている時など、すわってこのエクササイズをすることができない時に強い感情が現れたらどうすればいい？

練習を続けていると、数秒で錨を降ろしたり、ゆっくりした呼吸に切り換えてＴＡＭＥで感情をなだめられるようになるだろう。その後、効果的な行動に集中しよう。

●感情に居場所を作ってやるエクササイズが好きになれない

好きになる必要はない（これっぽっちもない）。だが、たとえこのプロセスが嫌いでも、あなたは意義ある人生を作り出すために苦痛の感情に居場所を作ってやれないだろうか？　第３章を読み直し、抵抗することがいかに悪影響を及ぼすかをみてほしい。

第15章　感情をやさしく手なずけよう

「こんなもの、ニューエイジの嘘っぱちだろう？」〝優しい手〟のエクササイズを勧めた時のカールの反応はこうだった。多くの人が最初はこうしたエクササイズに抵抗感を示す。彼らにとってそれは奇妙に飾り立てた〝ヒッピーのたわごと〟か、ベタベタした行為に映るらしい。これはある意味当たっている。〝優しい手〟のエクササイズは、自分の手を体のさまざまな部分に当てるかかざすかして、〝内部に優しさを送り込む〟ものだからだ。だが疑いや批判の思考から逃れ、とりあえず試してみると、ほとんどの人はこれが囚われから脱出し、場所を空け、セルフ・コンパッションをするための効果的な方法だと気づく。第11章で〝優しい独り言〟について説明したが、多くの人が〝優しい手で触れる〟行為はもっと強力だと語っている。それは言葉よりもずっと深く、自分自身を気遣いサポートするのを助けてくれる。

　実を言うと〝優しい手〟のエクササイズは私のお気に入りだ。強い感情の苦痛を感じた時はいつもこれをする。またクライアントや友人、家族が悲嘆や喪失、深い苦痛に苛まれている時に勧めるのもこれだ。どんなに怪しく思えても、この方法を試し、結果を見てみることをお願いする。次の説明は〝優しい手〟のエクササイズの一つの例だ。これをざっと見てから他の選択肢も検討しよう（私の声によるガイドを気に入ってもらえるなら、The Happiness Trap: Extra Bits, Chapter15のＭＰ３ファイルをダウンロードしてほしい）。

■優しく自分に触れるエクササイズ

楽な姿勢をとろう。苦痛の思考がない場合、前の章で説明したやり方で呼び覚ましてみよう。

次に、それが一番強く感じられる体の部位を見つけよう……

それはどこか？　どんな感じがするか？

好奇心をもってそれを観察しよう……

そして、名前をつけてみよう……

今度は、片方の手のひらを上に向ける。そして手を優しい気持ちで満たしてみよう……

あなたはこの手でさまざまな優しさを生み出してきた。誰かが取り乱した時、その手を握ったり、泣いている赤ん坊を抱き寄せたり、悲しみに沈んでいる友人を抱きしめたり、誰かの厄介な仕事を手伝ったり……

今、この手を自分の体の感情の部分か、心臓の上に乗せてみる。

（体に触れることに抵抗があるなら、体の表面にかざしてみよう。）

そして優しさ、温かさを体の中に送り込んでみよう。それを感じてみよう。温かさと優しさと助けがあなたの中に流れ込むのを想像し、感じ取ってみよう……

手をそこに置くか、かざしてみよう。優しく静かに……

その温もりが体の中に流れ込むのを感じてみよう……

痛みの周囲がゆるみ、柔らかくなり、空間ができるのを想像してみよう……

痛みや無感覚の部分を優しく抱きしめよう。泣いている赤ん坊、クンクンいう子犬、あるいは繊細な芸術作品であるかのように……

この優しい手に気遣いと温かさを吹き込もう。大切な誰かに助けを差し伸べるように……

優しさを指からあふれさせよう……

今度は両手を使ってみよう。片方の手を心臓に、もう片方を胃に当てるかかざし、しばらく置いておこう……

自分をそっと優しく抱きしめ、自分自身とつながり、気遣い、慰めと助けを与えよう……

そして自分に優しい言葉をかけよう。愛する人がこんな状況にいる時にかけるような言葉を……

何と言えばいいか分からない時は「これは本当に苦痛だ。自分に優しくしよう」あるいは「これは難しい……。でも私ならできるさ」と言ってみよう……

そして温かさと優しさを送り続けよう……

痛みを追い払おうとしてはいけない。居場所を与えてやろう……

痛みが今、ここに存在することを許してやろう……

十分なスペースを与えてやろう……

そして温かさと優しさを送り続ける……

感情を認めてやろう。それはあなたが気遣う人間だというサインなのだから……

それはあなたがとても重要な何かを抱えていることを知らせている……

それはあなたの望むものと、今現在の状況の間にあるギャップだ……

この状態はあなただけではなく、この星で生きるすべての人間に共通のものだ……

現実とのギャップが大きいほど、痛みも大きくなる……
あなたはそれと握手できるだろうか？　たとえそれが苦痛であっても……
温かさと優しさを送り続けよう……
このエクササイズが終わるまで……
最後にストレッチを行い、体を動かそう……
そして周囲の世界に意識を戻そう……

どうだっただろうか？　結果が芳しくなければ、あなたには向いていないのかもしれない。だが、以下のアドバイスを参考にもう一度だけやってみてほしい。もし助けになった場合は何度もやってみて、ＴＡＭＥのエクササイズに加えてほしい。ＴＡＭＥを行う時に手を体に置くかかざし、優しさを送り込む。また、不安で寝つけない夜や、恐怖や絶望感で目が覚めてしまった時などにも役に立つ。

このエクササイズの代わりとして、以下の方法が役立つかもしれない。

・両手を胸に乗せる
・両手をお腹に乗せる
・自分を優しく抱きしめる
・腕を優しくなでながら自分を抱きしめる
・緊張した、あるいは硬くなった部分を優しくマッサージする
・顔を両手で優しく覆う。こめかみの部分をマッサージしてもよい

また、〝優しい手〟のテクニックを次の強力なエクササイズの補助として使うこともできる。

■衝動のサーフィン

砂浜にすわり波を見つめたことがあるだろうか？　波が寄せては返す様子を。それは小さく始まり徐々に大きくなる。段階的にスピードを上げ、大きな波になる。そして進みながら大きくなり、やがてピークが訪れる。いわゆるクレスト（頂点）だ。クレストに達すると波はゆっくり収まる。衝動も同じだ。それははじめは小さく、だんだん大きさを増し、ピークに達し、そして収まる。

衝動が起きた時、私たちは服従モード（それに屈する）か、抵抗モード（それと戦う）で対応する。だが〝衝動のサーフィン〟の場合、屈することも戦うこともしない。それに心を開き、居場所を作ってやるだけだ。大海の波に十分な空間を空けてやれば、それは砕けて何事もなく収まる。だが波が何らかの抵抗に直面したらどうなるだろう？　波が砂浜にぶつかってきたり、岩に当たって砕けるのを見たことがないだろうか？　ものすごい音と散乱、それはすさまじい破壊力をはらんでいる！

〝衝動のサーフィン〟はまさに文字通りのものだ。私たちはそれを波のように扱い、収まるまで乗っていなければならない。この用語は一九八〇年代、心理学者のアラン・マーラットとジュディス・ゴードンによる薬物依存症の画期的な研究の際に命名された。彼らが薬物摂取の衝動を緩和するために使用した原理は他のどんな衝動にも利用できる。一日中ベッドでゴロゴロしていたい、何かの講座をやめたい、チョコレートを食べたい、誰かに復讐したい、お酒を飲みたい、大事な仕事を後回しにしたい、自分を傷つけたい、物を壊したい、友人や家族を避けたい、愛する人を怒鳴りつけたいなどの衝動にも。

一つ覚えておいてほしい、これは衝動を避けたり追い払う方法ではない。私たちがするのは、衝動に働きかけず、それが起こり、自分の意志で去っていくのを許してやることなのだ。ここで一つ疑問が浮かぶ……。

●衝動はいつまで存在するか?

多くの衝動は、波が生まれ収まるまでだいたい三分ほどだ（もう少し長い時もある）。私がこう言うと、自分の感情の波はもっと長く続く、と主張する人々がいる。そんな時私は優しく言う。「その通り、今現在はそうでしょう。それには理由があります。あなたが皆と同様、人間として自然で本能的な反応、〝抵抗〟をしているからです。」

衝動に抵抗する方法は数多くある。それと直接戦う、反芻する、心配する、気をそらそうとする、追い払おうとする、その他にも感情をコントロールする戦略は山ほどある。私たちがそれらを使うと（つまり悪あがきのスイッチを入れると）衝動は長いこと居座る。しかし居場所を作ってやれば、衝動の波はすぐに上りつめて消える。

難しい状況では複数の波が起こることがある。そして問題が続く限り、波は生まれて消えてを繰り返す。また、波はすぐに消えるとは言うものの、完全に収まりゼロになることはない。だが抵抗せずに居場所を提供し続ける限り、私たちはエネルギーを意味ある行動に振り向けることができる。

●簡単にできる衝動のサーフィン

衝動から〝ワイプアウト（サーフボードから降りる）〟せずに、それに乗り続けるために、前の章でやったＴＡＭＥのテクニックを少し変更してみよう。

Ｔ（Take note）：衝動に気づく

衝動に気づき名前をつけよう。それを体のどこに一番強く感じるか？　それはどこか特定の部分にあるか？（唾液が出てきたりするだろうか？）。それとも足が落ち着かないだろうか？　首が緊張するだろうか？　それらに名前をつけてみよう。「ここに～の衝動があるぞ」

Ａ（Allow）：許す

衝動に、〝あるがままに〟留まる許可を与えよう。

Ｍ（Make room）：居場所を作る

衝動に心を開き、それが自由に生まれ、上りつめ、好きな時に砕けるのを許してやる。

Ｅ（Expand awareness）：意識を広げる

意識を集中する範囲を広げ、衝動を認め、自分の体とつながり、周囲の世界に気づく。

今回ＴＡＭＥのテクニックに加えた変更は、衝動を波と考え、それが生まれ、ピークに達し、収まるまでを好奇心をもって観察するということだ。一つ助けになるのは、衝動を0から10の段階で評価することだ。こうすると、衝動が起こり、高まり、崩れるまでの様子をはっきり知ることができる。「私はタバコを吸いたいという衝動を持っている、その強さは今7くらいだ」「おっと、今8になった」「今度は9だ」「まだ9だ」「少し下がって8になったぞ」「今は6だ」といった具合に。

エクササイズの効果を高めるために、優しい言葉や〝優しい手〟のテクニックを加えてもいい。自分に対し真の気遣いと優しさをもって、心の中で言ってみる。「これは確かに難しいな。でも波に乗ることはできるはずだ」、あるいは「この衝動に服従したくなっている。でも手を出さず、それが自由に生まれ、収まるのを許してやろう」。そして前に説明したように、〝優しい手〟を（両手でもよい）体にのせてみる。

第16章　〝今ここ〟にいるということ

ソウラが三十三歳になった時、彼女の親友が地元のカフェでサプライズ・パーティーを開いてくれた。最初彼女は喜んだ。親しい友人や家族が彼女のために集まってくれることに興奮した。だがパーティーが進行するにつれて、彼女は孤独と悲しみを募らせていった。会場を見回した時、彼女の心は「自分は独身で孤独」の物語をささやき始めた。「周りを見てみなさいよ。みんな長いこと付き合っている人がいるでしょう？　結婚して子供がいる人も。あなたにはボーイフレンドさえいないじゃない！　もう三十三なのに！　時間はどんどん過ぎていく。もうすぐ子供を産むには遅い年齢になる。皆を見てよ。とても楽しんでる。この人たちには毎晩誰もいないアパートに帰る気分なんて分からない。こんなお祝い、何になるっていうの？　あなたを待っているのは年とって孤独で惨めになることだけ」

パーティーが進むにつれ、〝破滅と憂うつ〟ラジオがフルボリュームで鳴り始めた。そしてソウラがそれに注意を向けるほど、パーティーへの興味は薄れていった。料理の味もしなくなり、会話も聞こえず、会場にあふれる温かさ、楽しさ、愛などと切り離されていった。

もちろんソウラが独身でこれから年を重ねていくこと、またほとんどの友人たちに長い付き合いのパートナーがいることは事実だ。だがここで大事な質問に立ち戻ってほしい。この物語は助けになるだろうか？　ソウラの場合はまったくならない。このケースはまさに、心がお節介な友人と化し、解決すべき問題を彼女に知らせようとしている例だ。そして彼女にとって、こういう経験は特別なものではなかった。〝独身で孤独〟の物語はその一年間のソウラの不幸の原因となっており、それは彼女を繰り返し捕まえ、落ち込ませてきた。

　悲しいことに、こうしたシナリオは実によくあるものだ。思考や感情にがんじがらめになるほど、現在自分の周りで起こっていることから切り離されてしまう。うつや不安の場合は特にこの傾向が強い。不安は未来の物語に捕まって起こることが多い。物事はきっと悪い方向に進む、そして自分はひどくまずい対応をしてしまう……。一方うつは、失敗した物事や、それが私たちに及ぼした影響など、過去の物語に囚われることによって起こる場合が多い。たとえあなたが不安やうつに悩まされたことがなくても、心配やくよくよ、何かへの執着に囚われたことはあるだろう。なぜ分かるのかって？　あなたが人間だからだ。それはすべての人間に起こるのだ。

　実際、私たちは繰り返し思考に囚われ、生きることから引き離されてしまう。これは一日に何度も起こる。車を運転していて、運転していた記憶がないまま目的地に着いてしまったことはないだろうか？　「今日は何をしたんだい？」と聞かれて何も思い出せなかったことは？　無意識に食べ物をつまんでいたことは？　本をページの終わりまで読んだのに、内容がまるで頭に入ってこなかったことはないだろうか？　必要な何かを求めて部屋に入ったのに、それが何だったのか思い出せなかったことは？　誰かと話している時にボーッとしてしまい、相手が言ったことが分からなくなったことは？　こうした経験は誰にもたくさんある。〝思考に囚われ〟、意識が今していることから引き離されてしまうのだ。肉体的には今に存在しているのに、心理的にはここにいない状態だ。

誰かと会話しようとして、こんな考えに囚われたとしよう。「彼は私を退屈だと思っているだろう」、あるいは「税金の書類を作らなきゃ」「家を出る時ドアの鍵を締めたっけ？」。こうした思考に捕まると会話はおろそかになる。他の行動についても同じだ。車の運転中や、料理、あるいは愛を交わしている時でも、思考に意識を持っていかれるほど行動への集中は弱くなる。

もちろん思考に囚われることが役立ち、人生を豊かにすることもある。創造的なプロジェクトについて夢想している時や、心の中でスピーチの練習をしている時、大切な催しの計画を立てている時やクロスワードパズルを解いている時などだ。望む人生に近づけてくれる、役立つ思考にひたりきっている時は、〝囚われる〟、あるいはフュージョン（融合）するなどの言葉は当てはまらない。望む人生から遠ざける思考に捕まった場合のみ、〝囚われる〟と表現する。

■なぜ〝現在〟に存在しないとまずいのか？

〝心理的に現在に存在していない〟時、私たちは今していることに完全集中できない。それはおもに二つの問題をもたらす。一つは、楽しむ機会を逃してしまうということ、もう一つはそれがうまくできなくなるということだ。一つずつ見ていこう。

●1．楽しむ機会を逃してしまう

これは私たちにとって一回限りの人生だ。なので最大限に利用したい。だが〝心ここにあらず〟の状態だと、私たちはその機会を逃してしまう。それはサングラスをかけてお気に入りの映画を見たり、耳栓をして好きな音楽を聴いたり、ウエットスーツを着たままマッサージを受けるようなものだ。現在に集中できず、親友や愛する人と深いつながりを保てないことがなかっただろうか？　自動運転モードで食事をかき込んだために、その美味しさを味わえなかったことは？　人生の豊かさを楽しむためには、それが起こっている時に〝そこに居る〟ことが必須なのだ。

●2．行動の質が下がる

レフ・トルストイの言葉を引用しよう。「一番大事な時間は一つしかない。〝今〟だ！　なぜならそれは、私たちが力を振るうことのできる唯一の時だからだ」。意味ある人生を作るために、私たちは行動しなければならない。そして行動する力はこの瞬間にしかない。過去はすでに起こってしまったことであり、未来はまだ存在しない。私たちが行動できるのは、〝今・ここ〟だけなのだ。そして効果的に行動するためには、心理的な意味で現在に存在すること、つまり今起こっていることと、それに対して自分がしている反応、本当はしたい反応などに気づくことだ。私たちが自動運転モードで行動している時、〝うわべだけの行動をしている時〟、気もそぞろで集中していない時、行動の質は落ちる。間違いやミスを犯し、後々後悔するようなことを言ったりしたりしてしまう。

■では、どうすればもっと現在に集中できるか？

いい質問だ。これまで、思考と感情から逃れるさまざまな方法を学んできた。錨を降ろす、思考に気づいて名前をつける、行動に集中する・集中を取り戻す、感情に居場所を作る、衝動のサーフィンをする。こうした思考・感情からの脱出テクニックは〝マインドフルネスのスキル〟として知られるものだ。

私は今まで〝マインドフルネス〟という言葉を使ってこなかった。それについてのあまりに不正確で誤解を生みやすい概念がまかり通っているからだ。たとえば、人々はこれを宗教的な実践か瞑想の一種、リラックスするためのテクニック、心を空っぽにする方法、あるいは感情をコントロールする方法か、ポジティブ思考の一種だと思っている。だがこの本をここまで読んだあなたは、このどれもが正しくないことが分かっていると思う。

〝マインドフルネス〟の定義はたくさん出回っているが、皆が合意するものはない。私の定義は次のものだ。

〝マインドフルネス〟は人生を効率的に生きるための心理学的スキルの集合だ。それは心を開き、好奇心と柔軟性をもって意識を集中することだ。

錨を降ろしたり役に立たない物語から逃れたり、苦痛の感情に居場所を作ってやったり、衝動のサーフィンをしたり、現在の課題を行いながら集中・再集中を繰り返したりなどは、すべてマインドフルネスだ。そしてこうしたスキルの中心になっているのは開かれた心と好奇心、柔軟性をもとにした意識の集中方法だ。また、気づく、名づける、認める、居場所を作るなどは開かれた心による行動で、抵抗とは真逆だ。これに加えて、マインドフルネスでは好奇心も重視する。だから私は〝好奇心に溢れた子供のように〟観察せよ、という指示を繰り返した。この態度は本当に重要だ。とても困難で不快なものがあったとしても、純粋な好奇心を持って観察すれば、それらの本当の姿や効果的な対処などが理解でき、役に立つことが学べるからだ。

心を開き好奇心を持つと、同時に柔軟性も必要になる。レストランのディナーの席で私とあなたが会話をしているとしよう。私は会話に集中しようとする。だが突然何かが燃える臭いがキッチンから漂ってきたら、私は意識をそちらに移し、何が起こっているか知ろうとするだろう。

人生は常に移り変わる舞台劇だ、という考え方に立ち戻ろう。ステージの上にはあなたのすべての思考、感情、記憶、衝動、感覚、さらにはすべての見える、聞こえる、触れられる、味わったり嗅いだりできるものが存在する。そして、あなたの中には一カ所にズームイン、ズームアウトしたり、好きな部分を照らしたりとコントロールができるものが存在する。すべての気づきを司るこの部分、あなたの中の〝気づく自己〟は、すべてのマインドフルネススキルの要である。ある時あなたはこれを使って自分の思考を照らしたり、特定の感情にスポットライトを当てる。またある時は、自分の周囲の世界に意識を移し、見えるものや音、臭いに光を当てる。特定の部分にズームして光を当てることもあれば、ステージ全体を明るくしてズームアウトすることもある。

これはつまり〝柔軟な注意力〟、その瞬間に一番役立つように意識を一カ所に集中させたり広げたり、維持したり移動させたりする能力のことだ。あなたがマインドフルな状態で田舎道を歩き、すべての眺め、音、匂いを感じていれば、それは注意力を広げた状態だ。一方あなたが爆弾処理の専門家でマインドフルに仕事に取り組んでいる場合は、極限まで注意力を絞り込もうとするだろう（さもなければドカンといく）。

気づく自己、柔軟な注意力、思考からの脱出、居場所を作る、衝動のサーフィン、思考に気づき名前をつける、錨を降ろす、これらの言葉はすべてマインドフルネスのさまざまな表現だ。私たちはこうしたスキルをただ一つの目的のために身につける。これらは私たちが〝今〟に存在するのを助けてくれ、私たちは効果的な行動ができ、人生は充実する。一つ忘れないでほしい、こうした実践は宗教とは何の関係もない。瞑想も、ポジティブ思考も、リラックスしようとすることも、〝心をからっぽ〟にしたり、感情をコントロールしようとすることもない（これらのテクニックを使うと不快な感情が減ったり苦しい思考が消え失せたりすることも多い。穏やかで心地よい、リラックスした気分になったりもする。だがそれはあくまで〝ボーナス〟で、目的ではない）。次は、毎日の生活で、特別に時間を作ることなしに行えるシンプルなマインドフルネスの練習を説明する。

（注：マインドフルネスは仏教由来のものだとする人々も多い。だがこれは正しくない。仏教の歴史はたかだか二千六百年だが、マインドフルネスは四千年以上前のユダヤ教、ヨガにさかのぼることができる。もっとも、ＡＣＴは東洋の古くからの伝統をベースにしているわけではない。それは現代の、宗教とは無関係の科学的なアプローチであり、行動心理学の一種で、〝機能的文脈主義　functional contextualism〟という、えらく複雑で舌を嚙みそうなものに由来している。）

■シンプルな四つの練習

〝現在に居る〟ためのシンプルな練習を四つ紹介しよう。どのエクササイズでも、今この瞬間にあなたが経験していることに集中してもらう。そして集中の邪魔をする思考・感情が現れたら、次のようにする。

・外を行きかう車のように自由にさせておき、今しているエクササイズに集中する
・集中が途切れたことに気づいたら（必ず途切れる）穏やかにそれを認め、再びエクササイズに集中する

どの練習も三十秒ほどしかかからない（なのでできないという言い訳は通らない）。

●練習１：まわりの環境に気づく

この段落を読み終えたら本を置き、まわりのものに意識を向けよう。見える、聞こえる、触れる、味わえる、嗅げるものにできる限り気づこう。温度はどうか？　空気は動いているか止まっているか？　どんな光がさしているか？　それはどこから来ているか？

聞こえる音五つ、目に入る物体五つ、体の表面に感じられる感覚五つ（顔に当たる空気や背中の椅子の感覚、足で感じる床の感覚など）を意識してみよう。今すぐ本を置き、三十秒間やってみて、何が起こるか見てみよう。

●練習２：体の感覚に気づく

この段落を読みながら、体とつながってみよう。膝と腕、背骨の位置などに注意を向けよう。心の中で頭からつま先までスキャンしてみよう。頭の中、胸、腕、腹、膝の感覚に注意を向けよう。体の特定の部分や感覚で嫌いなところがあれば、それをどのように避けているかを観察しよう。本を置いて目を閉じ、三十秒間やってみよう。どんなことに気づいただろうか？

●練習３：呼吸に気づく

この本を読みながら呼吸に注意してみよう。胸郭が上がったり下がったりする動きに意識を向け、鼻孔を空気が行き来するのを感じてみよう。鼻から入った空気を追ってみよう。肺が拡張し、おなかが膨らむのを感じてみる。今度は肺が収縮し、空気が出ていくのを感じてみよう。本を置き、目を閉じ、三十秒間やってみよう。どんな感じがするだろうか？

●練習4：音に気づく

このエクササイズでは聞こえてくる音に集中する。自分自身が発する音にも注目する（呼吸や体を動かす音など）。次に室内の音。そして屋外から来る音。本を置いて目を閉じ、三十秒間やってみよう。起こったことに気づこう。

さて、あなたは何に気づいただろうか。おそらく次の三つだろう。

・私たちは常に、感覚のパーティーの真っ只中にいるということ。いつもはそれに気づいていないだけなのだ
・だが私たちは、ものすごーく簡単に、思考と感情に集中を乱されるということ
・意識を乱されたことに気づけば、すぐに逃れて再集中できること

さてここで、現在にあることと、次のことのつながりについて見ていこう。

■退屈を癒す

〝現在にある〟とは、心を開き好奇心を持って〝今・ここ〟に完全集中することだ。こうした形で現在にいれば、現実への抵抗に引き込まれることはない。

現実への抵抗はものごとについて〝良い・悪い〟の判断に囚われた場合に起こる。心は私たちに、これこれはこうであるべきではない、私たちはこうであるべきではない、現実は不当であり私たちが正しいのだ、などと言う。他の場所にいたなら人生はもっとマシだった、自分がもっと違っていればもっと幸福だった、と主張する。これらの思考は私たちを捕まえると、厚い心の霧に閉じ込める。私たちの視界は暗く曇り、世界はぼんやりとしか見えなくなってしまう。

だが私たちが心を開き、好奇心をもって注意を向けると人生はがぜん違って見える。まず第一に、それは退屈とは程遠くなる。退屈は私たちが「面白いものなんて何もない」という物語に囚われた時に起こる。この物語は通常、「私たちが別の生き方をしていたら人生はもっとずっと面白いものになっていただろう」という別の物語を従えている。心がすぐに退屈するのは、それがすでにすべてを知っていると思っているからだ。「ここには来たよ」「これはもうやった」「このショーはもう見たしTシャツも買ったよ」。通りを歩いている時、車で通勤する時、食事をする時、誰かとおしゃべりする時やシャワーを浴びる時、心はそれを過去にも経験したことだと思っている。実際心はそれを数えきれないほどやっている。なので、私たちが現実に集中するのを助けるよりも、別の時間、別の場所にさらっていこうとするのだ。その結果、私たちはほとんどの時間を〝半分眠った〟状態で過ごし、体験が持つ豊かさに気づかない。人生の舞台劇は進行するが、ライトが暗すぎてほとんど何も見えない。

だが、ラッキーなことに私たちの〝気づく自己〟はいつもスタンバイしている。そして私たちはいつでもそれを使って舞台劇の照明をつけることができるのだ。新しいエキサイティングなことだろうが、何度もやってきたつまらないことだろうが、心を開き好奇心をもって集中することで、その経験の奥行き、幅、深さを探求できる。素晴らしいのは、何度も経験したありふれたものごとにこうしたやり方で集中すると、それらの新しい、興味深い面が見つかるということだ。自身でこれを経験するために、次の行動をした時に起こることに気づいてほしい。

●この本に集中する

この実験の目的は、あなたの手にあるこの本を新しい視点、〝新しい目〟で見てみることだ（もし何かのデバイスを使って読むか音声で聞いているなら、手近にある適当な本を使ってほしい）。あなたは好奇心に満ちた科学者で、こんな物体は初めて見る、と想像してほしい。本を取り上げて手で重さを感じてみる。手のひらで表紙の感触を試してみる。ページを指でゆっくりなぞり、手触りを感じてみる。本を開いて鼻に近づけ、紙の匂いを嗅いでみる。ゆっくりとページをめくりその音を聞く。表紙を観察する。表面で光がどのように反射しているか。本の形、色、質感、輪郭に注目しよう。次に、ランダムにページを開き、文字を囲む白い部分の形を見てみる。

結果はどうだっただろうか？　あなたはここまでかなりの時間を、本書を読むのに費やしてきた。だが、この本のさまざまな物質的側面は当たり前のこととして見過ごしてきた。人生についても同じことだ。ここで次の練習を紹介したい。

■すごく楽しい練習

現在に意識を置く能力を高めるための一番簡単な練習は、日々行うものごとで、やりようによってはとても楽しくなりそうな行動を選び、全集中してみることだ。初めてする、刺激的で楽しい状況では私たちはこれを自発的におこなっている。田園地方を歩いている時、あなたの目はその景色、野生動物や木々や花、夏の爽やかな風、鳥のさえずりなどを楽しんでいる。あるいは愛する人との親密な会話では、相手の発する一語一語を味わい、目を見つめ、相手との親密感を楽しむ。子供や愛するペットと遊んでいる時、あなたは時が経つのを忘れて没入し、悩みなど頭にない。

残念ながらこうした時間は長くは続かない。遅かれ早かれ心は私たちを何らかの物語に引きずり込み、楽しい経験から引き離してしまう。だが練習するうちにそうなった時すぐ気づき、そこから逃れて再集中できるようになる。そしてさらに、経験を積極的に楽しみ真の意味で味わえる。この能力が高いほど、普段は当たり前だと思っていることや、自動運転状態であるために見逃しているさまざまな楽しみを味わい、さらなる満足と幸福を得られる。そしてこの能力を高めるためにできるのは……。

●〝楽しいこと〟に集中する

毎日、楽しい行動を一つか二つ選んでこの練習をしてみよう。それは何かから逃げるための行動ではなく、あなたの〝価値〟に基づいた行動を選ぼう。嫌な気分を避けるためにすることではなく、重要で意義があり、人生を高めるものであるべきだ。刺激的である必要はない。ランチを食べる、猫をなでる、犬の散歩に行く、鳥のさえずりに耳を傾ける、子供を抱きしめる、日光浴をする、お気に入りの音楽を聴くなどでもいい。

八木詠美

休館日の彼女たち

有機物と無機物の壁を越える
全く新しいシスターフッド小説!!

ホラウチリカが紹介されたアルバイトは美術館のヴィーナス像とのラテン語でのお喋りだった⁉　英語版も話題の『空芯手帳』の著者が送る奇想溢れる第二長編！

80510-2　四六判（３月１日発売予定）１５４０円

ラス・ハリス　岩下慶一訳

定本　ハピネス・トラップ

——マインドフルに生きたい人のための心理療法ＡＣＴ入門

ミリオンセラーを全面改訂し、半分以上を書き下ろした心理療法ＡＣＴ入門総集編。ストレス・不安・うつから自由になり、自分にとって意味のある人生を築こう！

84326-5　四六判（３月１日発売予定）２０９０円

6桁の数字はISBNコードです。頭に978-4-480をつけてご利用下さい。

やりながら、初めてそれをしている気分になってみよう。見える、聞こえるもの、匂いや感触、味などに真剣に注意を向け、瞬間瞬間を楽しもう。五感をフルに使い、行動に完全に集中しよう。温かいシャワーを浴びている時にやるのもよい。水が奏でるさまざまな音に耳を傾けよう。ノズルから勢いよく飛び出す音、体にぶつかる音、排水溝に吸い込まれていく音。お湯が背中や足を流れ落ちていく時の感覚、石けんやシャンプーの匂い。立ち上ってくる蒸気などにも意識を向ける。あなたの体はどう反応しているか。湧き上がってくる心地よい気持ちにも注目しよう。

思考や感情が起こったらその存在を認め、好きなようにさせ、再びシャワーに注意を向ける。意識がさまよい出したことに気づいたら（必ずそうなる）それを許し、思考から逃れてシャワーに意識を戻し、その瞬間の心地よさを楽しもう。

■あまり楽しくない、しかしとても価値ある二つの練習

あと二つ、現在に集中する能力を高めるのに役立つ練習を紹介してこの章を終わろう。うれしいことに、この練習のために特別な時間を設ける必要はない。いつものように日課をこなしながら現在に存在する練習をする。このエクササイズでは意識的に意欲を掻き立てる必要があるので、先ほどの練習ほど楽しくないかもしれない。まずあなたが退屈でつまらないと思っている、あるいは苦痛な行動を二つ選ぶ。いつもはイヤイヤながら、あるいは自動運転モードでできる限り早く終わらせようとしている行動だ。

以下で説明するやり方が合わないと思ったら自分の方法を作ってほしい。理想的には二つを一日一回ずつ行う（もっとできればなおよい。やればやるほど効果が出る。だが週に一回でもやらないより

はずっといい）。

●朝の習慣に集中する

歯磨き、髪をとかす、ベッドを整える、髭を剃ったり化粧をするなど、毎朝する習慣を一つ選ぶ（シャワーは避けよう。それは普通心地よいからだ。退屈で面倒くさい、あるいはイライラする行動を選ぼう）。初めてこれを体験する好奇心に満ちた子供のように、この行動に完全集中しよう。見える、聞こえる、触れるもの、味や匂いなどすべてのものに気づこう。思考と感情を自由に行き来させよう。もし囚われたらどうすればいいか、もう分かっていると思う。認め、逃れ、再集中するのだ。手始めに、朝の日課の一部として毎日練習しよう。上達してきたら他の時間にもおこなってみよう。

●雑用に集中してみよう

あまり好きではないがやらなければならない雑用に集中してみよう。服にアイロンをかける、食器を洗う、車を洗う、ヘルシーな食事を作る、子供を風呂に入れる、ペットのロバにマッサージをしてやる（あなたが読むことにどのくらい集中しているか試すために入れた）……どちらかと言えば避けたい仕事にしよう。それをするとき好奇心をフルに発揮してみよう。

服にアイロンをかけるのならば、

・服の形と色に注目しよう
・シワや影が生み出す形に注目しよう

・シワが消えると形がどう変化するか観察しよう
・スチームをかける時のシューっという音、アイロン台が軋む音、アイロンが素材の上を滑っていく時の小さなさわさわした音に集中してみよう
・アイロンを握る手や、腕や肩の動きに注意を向けよう
・退屈やフラストレーションが起こったらそれを認め、居場所を作り、今の仕事に意識を戻そう
・思考と感情が自由に流れるのは放っておき、それを認め、必要なら逃れるプロセスをおこない、再集中しよう

■さっそく練習してみよう

これを練習したソウラは、現在に意識を置く能力が格段に進歩した。彼女は自分の人生に足りないものに意識を向ける代わりに、今持っているさまざまなことに感謝するようになった。愛する人々とより深くつながり、家庭や職場での難しい課題に集中し、人生のちょっとしたことからずっと多くの楽しみと満足を得られるようになった。これらすべてが彼女の憂うつを追い払うために大いに役立った（だがこのエクササイズがすぐに効き目を発揮し、一晩で彼女の人生を変えたと思わないでほしい。これはあくまでソウラの旅のほんの一部だ。本書の後半で、彼女がした他のことにも言及する）。

あなたも同じような結果が得られるだろう。説明したような日々の練習——楽しい行動に注意を向ける、朝の習慣に注意を向ける、役に立つけれども退屈な家事に集中する——これらは悪くないスタートだ。これに加え、一日を通して〝周りの環境に気づく〟練習をやってみてはどうだろうか？　目的は、これらの練習を人生のさまざまな部分に徐々に浸透させ、それが練習やエクササイズだと感じ

られなくなるまでやることだ。それはつまり、ごく自然に現在に意識を置いているということだ。

この練習をしばらくやると、あなたの生き方は根本から変化するだろう。〝機会を逃す〟人生から、〝最高に引き出す〟人生に変わるのだ。

第17章　ふたたび体に宿る

私たちが体から〝切り離される〟ほど、感じることは少なくなる。体内で起こる生理的変化は、すべての感情の土台になっているからだ。感情や衝動を〝頭の中〟だけで感じているなら、あなたはかなりの程度体から〝切り離されている〟。感情が生み出す思考はあるのに、感覚には接触できない状態だ。もし体がまったく無感覚で空っぽ、あるいは〝死んでいる〟のであれば（トラウマや重いうつの場合などによくある）、切断状態は相当深刻だ。

全人口の一〇％の人々が、感情とつながるのは難しいと考えている（これは感情に名前を付けられないケースによく見られる。感情に名前をつけることが難しいと感じているならHappiness Trap: Extra Bits, Chapter 14のアドバイスを参考にしてほしい）。幸いなことに、体に意識を向ける練習をしていれば、感情との接触はうまくなる。そしてそこには以下のような巨大な見返りがある。

・バイタリティー：大きなバイタリティーを感じるようになる。〝再び人生に立ち戻り〟、〝人間である〟ことを強く実感できる

・喜びと満足：体から切り離された状態は苦痛の感情を避けるのに役立つ。だが同時に楽しい気持ち、感情からも引き離される。体とつながると、気持ち・感情との結びつきを完全に取り戻せる。

苦痛（悲しみ、怒り、不安など）とも、喜び（愛、満足、楽しさなど）とも

- 行動のコントロール：自分の感情への気づきが薄れると行動へのコントロールも弱まる。自分の気持ちに気づくと、それは私たちを捕えて小突き回す力を失う
- 賢い選択、良い決断：感情との結びつきが強くなるとより効果的な決断ができ、人生においてより賢い選択ができる。これは膨大な研究が証明している
- 直感、信頼、安全：体の感覚は私たちの意識が気づかない脅威や危険を知らせてくれる。直感・勘などと呼ばれるこの情報につながっていないと、私たちは無意識のうちに危険を犯し、困った状況に置かれてしまう
- 体の中の安心感：自分の体の中に不安感があるだろうか？　体についてもっと安心感を持ちたいなら、一番よいのは体をさらに探求すること、そして苦痛の感情をもっとうまく扱う方法を練習することだ。これを怠ると、あなたの体はあなたが何としても避けたいと思っている怪物がはびこる、暗い洞窟になってしまうだろう
- 人生の成功：人生における成功と、心理学者の言う〝感情的知性〟（感情を効果的に利用し、動機付けやコミュニケーション、周囲を照らす光〔第12章参照〕を生み出す能力）の間には直接的な相関がある。自分の体に意識を合わせ、感情とつながることは、感情的知性を上げるうえでとても大切になる
- よりよい関係を築く：意義深く実りの多い人生にするためにもっとも大切なことの一つは強く健全な人間関係を築くことだ。パートナー、友人、子供、家族、同僚、所属するコミュニティーのメンバーなど、相手が誰だろうと、自分の感情に全面的につながることができなければ大きな足

枷になる。なぜか？　よい人間関係には感情的知性が必須だからだ。自分の感情をうまく扱うだけでなく、相手の感情とつながり、それにうまく対処する能力が大事になる

音を消してテレビの映画を見たことがあるだろうか？　あまり面白いものではない。映像は素晴らしくても、音楽や会話や効果音がないと映像体験はほとんど失われてしまう。注意して見ていればかろうじてあらすじを追うことはできるが、誤った解釈をしてしまうことも多い。自分の感情から切り離された状態で他人と交流するのも同じことだ。意思の疎通が難しくなり、緊張や対立の原因になる。相手の意図や感情、望んでいることを読み違えてしまうからだ。また、自分の行動が彼らにどんな影響を与えているかも分からなくなる。

本書で紹介するエクササイズの多くは、あなたが自分の体につながる手助けをする。自分の体を錨で固定するテクニック（第5章）、体に注意を向けながらストレッチするテクニック（第9章）、感情を手なずけるＴＡＭＥのテクニック（第14章）、優しい手のエクササイズ（第15章）など。だが、それでも感情につながるのが難しいようなら次の練習を日常的にやってほしい。

■ボディースキャン（体をスキャンする）

ボディースキャンは、体全体（あるいは一部）を細かくスキャンし、感覚につながり、それを興味深く眺め、そこに居るのを許してやることだ。このテクニックは三十秒から三十分までさまざまな長さで行える。通常は短く、三、四分ほど行い、だんだん長くしていくのがいいだろう。また、何度もやればそれだけ効果も上がる。一日一回が理想だが、週に一度でもやらないよりいい。

あなたが体の特定の部分を避けているようなら、ちょっと挑戦してみてほしい。時間をかけ、徐々にその部分に注意を向ける。毎日、あるいは毎週、いつもは避けている部位を選び、一定の時間全力で集中してみる。最初は二秒間でもよい。その次は四秒間、三度目は六秒間。十〜十五秒間集中できるようになったら別の場所に移ろう。こうして〝自分の領域〟を徐々に広げていき、頭から爪先まで避けたい部分なしにスキャンできるようにする（もちろんこの作業が苦痛の思考や感情を呼び覚ますなら思考脱出のスキルを使おう）。

何も感じない部分がある場合、体を動かしたり（つま先を小刻みに動かすなど）、手を使ってしっかりマッサージしたり、その部分の筋肉を緊張させたりして感覚を作り出そう。

以下は短時間でできるボディースキャンだ。初めてやる時にはそれぞれの指示に十五秒ほどかけてほしい。そうすると全体で三分ほどになる。その後、指示一つにつき二十五、三十五、四十五秒と時間を長くしていく（Extra Bits の Chapter17 に mp3 の音声ガイドが載っている）。では、指示を読んで内容を把握してから始めてみよう。

●すぐできるボディースキャン

楽な姿勢をとって目をつぶるか、視線を前方の一点に軽く集中する。目的はゆっくり体をスキャンすることだ。感情に出会ったら、それがどんなにわずかなものでも全集中してみる。感覚に対し、こういうものに初めて出会う子供のように好奇心をもって観察してみる。感覚と争ってはいけない。それが心地良かろうと無感覚だろうと、あるいは不快だろうと、そこに居るのを許してやる。

エクササイズの間、心のおしゃべりは後ろで鳴っているラジオのように放っておこう（無視したり黙らせようとしてはいけない)。時折思考に捕まってエクササイズから離れるのはごく自然なことだ。そうなったことに気づいたら、あなたを捕まえた思考を認め、体に意識を戻そう。

十五秒ほど時間をとり、好奇心をもって以下の部分に感じる感覚に気づいてみよう。

・足とつま先
・くるぶし
・ふくらはぎ
・ふともも
・お尻と骨盤
・おなか
・胸
・手と指
・前腕
・上腕
・肩
・首
・頭

結果はどうだっただろうか? 最初は誰もが難しいと感じる。不快感や退屈を感じたり、集中できないと言う人もいる。だが習慣的に続けていると大きな見返りが得られる。

ベッドの上で眠りに入れない時にもちょうどいいエクササイズだ。ただ横たわっているよりずっとよい。

第18章　心配、くよくよ、囚われ

「心配いらないよ！」

一般には役に立つとされているこのアドバイスをあなたは何回聞かされただろう？　もうちょっと洗練された言い方に「何かできることがあるならやれ。ないなら心配して何になる？」、あるいはあまり洗練されていないが「元気出せよ、そんなこと起こらないよ」というのもある。

「心配するなよ」と言うのは簡単だ。だが実際そうするのは難しい。心配を止めるために人々が使う手段――第3章で紹介した抵抗戦略など――は、長い目で見ると状況を悪化させる。特に、心配を追い払う、注意をそらす、「しっかりしろ！」と自分を叱咤する、それについて考えないようにするなどの方法はリバウンドが起こりやすい。運が良ければ短時間の安らぎは得られるが、やがてそれは勢いを増して戻ってくる。同じことは反芻や思考への囚われにも言える。私たち誰もがときおり陥るこうした精神状態は、そう簡単には止められない。これらをさえぎることは可能だが、相当の努力がいる。そして、これに手をつける前に一つ答えておくべき質問がある……。

■なぜこんなことを続けるのか？

これは多くの人がもっとも考え込む質問の一つだ。そしてこれにははっきり答えておかなければならない。反芻する、心配する、思考に囚われるなどは、実は問題解決のプロセスなのだ。私たちが思考を反芻する時、過去の問題を見つめる傾向がある。「何でこんなひどいことが起こったのか?」（あるいは、「何でこんなことが続くのか?」）。私たちが〝心配〟する時は、未来に起こりそうな問題で頭がいっぱいになる。「こんなことが起こったらどうしよう?」。思考に囚われた時は、過去、現在、未来、時には別の現実が頭の中を占める。「もし〜であったなら、私の人生はどうなっていただろう?」

私たちの心はある意味、問題解決マシーンであり、常に二つの主要な問題にフォーカスしている。a．いかにして欲しいものを手に入れるか、b．いかに嫌いなものを遠ざけるか、である。思考の反芻や、心配、囚われなどは、問題を解決するためのけんめいの努力であると考えることもできる。心はフルスピードで回転し、無我夢中で問題について繰り返し考え、最良の答えを得ようとする。だがそれは砂にはまった車のようなものだ。アクセルを目いっぱい踏みタイヤがものすごい勢いで回転しても、車はまったく動かない。

つまり、心配、思考の反芻、囚われは、効果のない問題解決法なのだ。これらの認知プロセスはものすごい時間とエネルギー、集中力を消費するうえ、答えを得るには驚くほど非効率だ。

ではなぜ私たちはこんなことをするのだろう?　これらはいくつかの要素によって引き起こされている。困難な状況、苦痛の思考、苦痛の感情、あるいはそれらの組み合わせだ。これらへの反応として、私たちは心配し、思考を反芻し、それに囚われ、問題を解決しようとする。そしてそれにはおもに四つの見返りがある。

1. 不快な感情から逃れられる。ただし短期間

思考に囚われると、私たちの意識は体の中の不快な感覚から目をそらしていられる。

2. 問題の答えを得られる

時間がかかるかもしれないが、（たいてい）問題の答えか解決方法を見つけることができる。だから多くの人が言う。「心配は最悪の状況に備えさせてくれる」「思考の反芻は自分というものを分からせてくれる」。

3. 一所懸命やっている気分になれる

こうした認知プロセスには努力がいる。そのため私たちは問題に真剣にとりくみ、生産的な行動をして進歩したように感じる。

4. 行動を起こす時の不快感を逃れられる

こうした認知プロセスに捕まった時、私たちは困難な行動やリスクを避ける。難しい状況を遠ざけ、大事な決断をしなくなる。不安な行動を後回しにする（ビジネスの世界ではこれを〝分析麻痺〟と呼ぶ）。これらは行動や決断につきものの苦痛の思考や感情からしばらく私たちを遠ざけてくれる。特に心配、自己不信、失敗の恐怖などから。だがそれは、行動したり決断を下す時必ず戻ってくる。

こうした〝見返り〟はすべて起こるわけではない。だが普通はいくつか起こる（もちろん他の見返りもある。人から同情、援助、理解を得られるなど）。また、私たちは見返りのために自分の意志で不安になったり、思考を反芻したり囚われているわけではない。もっと言えば、私たちはこうした見

返りの存在に気づいていない（少なくとも何でも知っている自己啓発のグルが優しく指摘してくれるまでは）。だがいずれにせよ私たちはこれらの見返りを得ている（心理学者はこれを〝強化的な結果事象〟と呼んでいる。行動の結果が行動をさらに強めることをいう）。そしてこの見返りはこれらの行動を続ける十分な動機になる。合理的・理性的に考えると、望む人生に近づく行動でないことが明らかな場合さえ。

　不安や思考の反芻、囚われからの見返りの存在は、こうした態度をやめた時にはっきり理解できる。特に、見返り１（感情から逃れる）と４（行動することの不快感を避ける）から脱出した時は。これらの心理プロセスをやめるとしばらくのあいだ不快感に襲われる。特に、今までちょっとのあいだ遠ざけることができた不安や恐怖に悩まされる。これらの感情が湧き上がると私たちは自動的に反応し、再び不安、反芻、囚われに落ち込む（これは自分の意志でやっているわけではなく、ほとんど自動で起こる。そして普通は意識さえしない）。

　さて、なぜあなたがこうした行動を続けてきたか、これで分かったと思う。そしてそれをやめるのが非常に困難な理由も。では次の質問だ。

■必要な行動をする覚悟があるか？

　これらの心の反応を少しでも減らしたいなら（完全にやめられた人はいまだかつていない）、次のことが必要になる。

・これらを緩和する練習を進んで行う

・短い期間、不快感、特に不安が増すが、これはよくあることで、積極的にそれらに居場所を作ってやる（長期的には不快感は減っていく。その場限りの苦痛の軽減と長い目で見た進歩との交換である）

ちょっと考えてみよう。あなたが進んでこれをするほど重要なことは何だろうか？
もし不安、反芻、囚われが減ったら……。

・もっとも近しい人間関係にどう役立つか？
・あなたの幸福と健康にどう役立つか？
・仕事のパフォーマンス向上にどう役立つか？
・誰に対してもっと多くの意識を向けるか？
・何にもっと集中するか？
・それによってできた余剰の時間とエネルギーを何に使うか？

少なくとも二分以上考え、答えてほしい。そして自問しよう。「この利益を得るために私は進んで必要なことをするだろうか？　新しいスキルを練習し、短期の不快感の上昇に居場所を作ってやるだろうか？」

答えがノーでも自分を責めないでほしい。自分を鞭打ってもいいことはない。その場合はセルフ・コンパッションを練習しよう。自己批判の思考から逃れ、悲しみ、失望、フラストレーションなどの感情に居場所を作り、自分に優しい言葉をかけてみよう。思い出してほしい。私たちは人生において、時につらいことをしなければならない。避けてしまう時もあるが、それはそれでよい。それが人間というものだ。完璧な人などいない。今はやりたくなくても、後でやる気になるかもしれない。

だが、もし答えがイエスなら、以下の方法を全力で試してみよう。

■気づいて名前をつける、今に存在する、繰り返し集中する

あなたの心があまりその気になっていないなら、気づいて名前をつけるだけでも十分これらの行動を止められる。「心配が現れた」「健康についての囚われがあるな」「ありがとう心。君が私を助けようとしてるのは分かっている。でも私はもっとうまくやれるよ」

この練習に加えて、現在の行動に繰り返し集中する。全力でやってみよう。

●錨を降ろす

心が荒れ狂っている場合、一番よい対応は錨を降ろすことだ。

・思考と感情を認める：「心がざわついている」「胸が苦しいな」。それらに心を開き、存在を許してやる
・体とつながる：ゆっくりとストレッチし、体を伸ばし、動かしたり呼吸してみよう
・現在していることに集中する。途切れたら行動に再集中する

これを三、四回繰り返す。

●思考・感情に居場所を作ることとセルフ・コンパッション

もし不快な気分が起こったら（たいてい起こる）それに居場所を作ってやり、第14章、第15章で紹介した方法で自分にいちばん合うものを使ってほしい。思考に気づいて名前をつける、興味を持って観察する、息を吹き込む、それらを〝もの〟として認識してみる、その周囲を押し広げてみる、〝優しい手〟をかざしてみるなど。そして自分に優しく接する。自分の苦痛を認め、優しい言葉と行動で対応する。たとえば、この短期の不快感は長い目で見ると人生にポジティブな変化をもたらす、ということを思い出してみるのもいい。

●〝でしゃばりな〟思考、感情、記憶に気づき、名前をつけ、存在を許す

こうした認知プロセスが起こるきっかけが〝でしゃばりな〟思考、感情、記憶であることがある（望んでいないのに反復してしまう、不快で腹立たしい思考や感情、記憶など）。こうしたでしゃばり思考を追い出そうとしたり、抑圧したり目を背けようとすると悪循環に陥る。それらは一瞬消える。だが結局〝リバウンド〟が起こり、もっと強くもっと頻繁に戻ってくる。なのでそれが起こった時は気づき、名づけ、場所を与え、認めてやろう。必要であればこの作業に錨を降ろすテクニックを加えてみよう。このやり方で悪循環を追い払える。

■なるべく頻繁に、いろいろなことに使おう

この方法は、夢想、空想など、問題ある認知プロセスすべてに利用できる。また、繰り返し起こる苦痛の記憶にも大変有効だ。記憶に囚われた時、私たちは服従する（すべての注意をそれに向け、人生に注意を払わない）か、抵抗する（いつも用いる手段を使う。結果もいつもと同じだ）。だが、今まで説明してきた方法のどれもが記憶に対して有効だ。それに気づいて名前をつける、錨を降ろす、記憶と一緒に現れる感情に居場所を作る、セルフ・コンパッションを呼び覚ます、自分のしていることに集中・再集中する。脳には消去ボタンはない。苦痛の記憶を消す方法はないのだ。だが時間をかけて自分に優しく接し、記憶に抵抗せず存在するのを認めてやれば、やがて二つのことが起こる。それは前ほど頻繁に現れなくなる。またそのインパクトは確実に減っていく。

この方法は次の問題にも利用できる。

■感情を反芻する

私たちが反芻したり、心配したり記憶に囚われたりすると気分はさらに悪くなる。このプロセスが始まる時、心は次のようなセリフをささやく。

・「私はなぜこんな気分なんだ？」この疑問によって、あなたは自分の問題を一つ一つ検討し、嫌な気分の原因を見つけようとする。だが結果は気分が悪くなるだけだ。自分の人生が問題ばかりだという幻想を作り出してしまうからだ

・「こんなことになるなんて、私は何かまずいことをしたんだろうか？」。この質問は自分を責める

ことにつながる。あなたは自分が犯した〝悪いこと〟を蒸し返し、宇宙があなたを罰した理由を知ろうとする。その結果、自分が無価値で役立たずで、悪い、無能な人間だと考えるようになる

・「何で私はこういう人間なのだろう？」この質問によってあなたは自分の人生を振り返り、なぜ自分がこうなのかという理由を探そうとする。これはしばしば怒りや恨み、無力感を呼び起こす。多くの場合、両親や遺伝子、脳の構造などを責めることになる

・「こんなこと無理だ！」これにはさまざまなバリエーションがある。「もう我慢できない」「これ以上ついていけないよ」「神経の限界だ」など。心がささやくのは、お前はあまりに弱いからうまくやれないのだ、こんな気分でいると何か悪いことが起こるぞ、という物語だ

・「こんな気分でいるべきではない！」これも昔からあるパターンだ。ここでも心は現実に対して議論を吹っかける。だが現実とは、「あなたが今感じていることは、あくまであなたが感じていることにすぎない」というものだ。だが心は主張する。「現実が間違っているんだ！　こんな状態なのはおかしい！　ふざけるな、今すぐ私の望む現実をよこせ！」こうした思考は、もっと違う気分になれれば人生はもっとよくなる、という考えに私たちを縛り付けることになる

ではどうすればよいか？

感情について反芻したり心配したり、囚われたりする代わりにできることは、それに気づき、名前をつけ、許すことだ。感情に居場所を作り、自分に優しくすることだ。もし余裕があるなら自問しよう。「この感情が伝えようとしている大事なことは何か？　この感情は何に注意を向けろと言っているのか？」第14章で言ったように、ほとんどの場合（いつもではない）感情は何か大切なことを伝え

ようとしている。取り組むべき問題、向かい合うべき恐れ、変えるべき行動、本当に大切な人間関係、乗り越えるべき喪失など。

■流れに浸かり、そこから出るエクササイズ

紹介した方法はどれも、反芻や心配、囚われを大幅に減少させる。だが、〝流れに浸かってそこから出る〟エクササイズをすれば結果はさらによくなる。これは、心理学者エイドリアン・ウェルズの研究をもとに作られたものだ。全体で六分もかからない（これも、この本の他のテクニックと同様、やればやるほど効果は高まる。一日一回が理想だが、週一回でもやらないよりましだ）。

私たちが思考を反芻したり心配したり、夢想や空想にふけっている時、それは〝絶え間ない思考〟に流されているということだ。このエクササイズで私たちは、この思考の流れに繰り返し浸かったり出たりを繰り返す。思考の流れに持っていかれたらすぐに気づき、そこから逃れる。パートAは比較的簡単だ。楽しい思考に浸かったり出たりするだけだ。パートBの、苦痛な思考に浸かり出るエクササイズはもう少し難しい。だがこれはエクササイズの要だ。どんな思考の流れでもできるようになろう。それが快だろうと不快だろうと。

まず次の説明を読んで流れを頭に入れてから実際にやってみよう。タイマーが必要なので、時計かスマホアプリを用意しよう（Extra Bitsから音声をダウンロードしてもよい）。

●パートA：心地よい流れに浸かったり出たりする

ステップ1：タイマーを三十秒後にセットし、何か心地よいことを夢想・空想しよう。可能な限り

それに浸りきってみよう

ステップ2：三十秒後タイマーが鳴ったら、十五〜三十秒間錨を降ろそう（このステップは時間を計らなくてよい。だいたいでかまわない）。錨を降ろしたら、現在の思考や感情に気づこう（注意：それらから気をそらすのではない）。たとえば心の中でささやいてみよう。「とても楽しい思考があるな」。次に、錨を降ろしたら自分は選択ができることを認めよう。流れに戻ってもいいし、現在している行動に集中してもよい。

再び三十秒のタイマーをセットする

ステップ3：再び心地よい思考の流れに浸かり、その中で三十秒ほど我を忘れてみよう

ステップ4：タイマーが鳴ったら、十五〜三十秒間錨を降ろそう。そして自分のできる選択に気づこう。流れに戻ってもよいし、行動に集中してもよい

ステップ5：最後に再びタイマーをセットし、心地よい思考の流れに戻り、そこに三十秒間浸かろう

ステップ6：タイマーが鳴ったら再び十五〜三十秒間錨を降ろす

●パートB：不快な流れに浸かったり出たりする

パートBはもう少し厄介だ。だがよい結果を望むなら飛ばさないでやってほしい。内容はパートAと同じだが、一つ違うのは心地よい夢想・空想の代わりに心配や反芻、囚われを使うことだ。

ステップ1：あなたが不安になったり反芻したり、囚われたりすることを思い浮かべよう。ここで

も三十秒のタイマーをセットしよう。そしてそれにできる限り囚われてみよう。三十秒間、思い切り不安になり、反芻し、囚われてみるのだ

ステップ２：タイマーが鳴ったら三十秒間錨を降ろそう。そして再び、現在の不快な思考や感情を認めてやろう（これらの思考に流されないためだ）。たとえば心の中でささやく。「不安が来たぞ」「恐ろしげな思考が現れた」など。錨を降ろしたら、自分には、流れに戻るか、自分の周りの世界か現在している行動に意識を戻すかの選択権があることを確認する。

再び三十秒のタイマーをセットする

ステップ３：再び流れの中で三十秒間思いに浸ってみる。意図的に心配し、囚われ、思考を反芻してみる

ステップ４：タイマーが鳴ったら十五〜三十秒間錨を降ろす。そしてまた、自分は選択できること思い出そう。流れに再び飛び込むか、それとも現在に戻るか

ステップ５：もう一度タイマーをセットし、苦痛の思考の流れに飛び込む。流れに三十秒ほど流されてみる

ステップ６：タイマーが鳴ったら再び十五秒から三十秒間錨を降ろす

さて、これでだいたいの流れが分かったと思う。本を読み進める前にエクササイズをやってみよう。

結果はどうだっただろうか？　あなたが他の人々と同じなら、流れから出るのが難しいと感じた瞬

間があっただろう。あるいは出たくないとさえ思ったかもしれない！　そしてそれは、一日の間に心配・反芻したり、囚われた時も同じではないだろうか？　それが役に立たないと分かっていても続けてしまう。だがおそらく、エクササイズの終わりには、思考から逃れて再集中するのが多少は簡単になったはずだ。そうでないならもう一度やってみてほしい。今回はタイマーが鳴った時、真剣な気持ちで錨を降ろし、苦痛の思考・感情に気づいて名前をつけ（思考から気をそらそうとしているわけではない）、体を動かしながら周りの世界に意識を戻し、現在を感じてほしい。

　ポイントは、一日を通して繰り返しこのスキルを使うことだ。自分が思考の流れにさらわれたと気づいたらすぐ十五〜三十秒間錨を降ろし、自分に選択肢があることを確認し、流れに戻って身を任せるか、現在している行動に完全集中する。

　これは問題を無視するということではないかって？　答えは「ノーーー！」だ。第23章で、あなたは価値をガイドにして効果的に問題に取り組む方法を学び、問題解決のアクションプランを作る。もしそうしたければ途中を飛ばしてそこに行ってもよい。だがこのまま読み進めるなら次にすることは……。

第19章　あなたについてのドキュメンタリー

自分についてもっとも嫌いな部分はどこだろう？　私はこの質問を、個人、集団を問わず数千という人々にしてきた。以下はその答えである。

・私はあまりに内気だ／恐がりだ／心配性だ／助けがいる／不安定だ／消極的だ
・私はあまりに馬鹿だ／愚かだ／だらしがない
・私は太っている／醜い／不健康だ／怠け者だ
・私は自分勝手だ／批判的だ／横暴だ／うすっぺらい
・私は手厳しい／怒りっぽい／強欲だ／攻撃的だ／感じが悪い
・私は落ちこぼれだ／できそこないだ／負け犬だ
・私は退屈だ／鈍い／ありきたりだ／あまりに生真面目だ

これらはごく一部の回答だが、指し示しているのはひとつの基本テーマだ。「私は何かが足りない」。これこそが、心が繰り返し送ってくるメッセージだ。第11章で紹介した二人のコーチ、刺々しく批判的なコーチと、優しく勇気づけてくれるコーチの話を覚えているだろうか？　私たちの心は刺々しい、批判的なコーチのようにふるまう。だが、欠点や失敗を指摘しあげつらうこのやり方は、〝能力を上げる〟〝気を引き締める〟〝上を目指す〟〝適応する〟〝よりよい結果を得る〟ことを目指すならまったく的外れだ。心がひっきりなしに浴びせる批判は私たちの無力感、無価値感、他者から愛されないという感情を助長する。

ではどうすればよいか？　人々がネガティブ思考に抵抗するためによく使う手法はすでに見てきた。それに挑戦する、追い払おうとする、目を背ける、ネガティブ思考の引き金になる人々や場所、行動を避ける、気分を上げるために薬物、アルコール、食べ物などを摂取する、人々の機嫌をとる、パーフェクトを目指す、などなど。そして、これらの方法が短期間には効くことがあっても、こうした思考を永久に追いやることはないということも見てきた（脳に消去ボタンはないのだ）。加えて、これらを頻繁に、不適切に使うと、とんでもないしっぺ返しをくらう。

図⑥

さて、私たちはまだ、西洋においてもっとも人気のある自己啓発の考え方に言及していない。それは……〝自尊心の持つパワー！〟である。

教師や保護者、コーチ、セラピスト、友人、家族などが口を揃えて〝高い自尊心〟を持つことの重要さを強調し、また私たち自身も人々にそう言っている（ＡＣＴに出会う以前は私自身もそうだった）。この考え方がこんなにも人気があるのはなぜか？　「自分はいまひとつだ」の物語はまったく何の助けにもならない。常識的な解決方法は、ネガティブ思考をポジティブ思考に変えること、つまり自分の強みや成功体験、長所に意識を向けることだ。「自分はいまひとつ」の物語を追い払うためにポジティブな自己イメージを作り上げ、それにしがみつくのだ。

しかし、この方法は実際うまくいっただろうか？　あなたはすでに試したのではないだろうか？　であれば、恐らく四つの問題に気づいただろう。

1. 心を説得することはできない

あなたは懸命に「自分は有能な人間だ」と心を説得した。心に議論を吹っかけた。「仕事でうまくやっている、エクササイズも欠かさない、食べ物にも気を遣っている。人々を助けているし、つまり私は〝有能〟なんだ」。〝自分は有能〟だと何とか信じ込めたとして、その時は〝高い自尊心〟を持てるかもしれない。だがそれは長くは続かない。しばらくすると心はつぶやく。「でもねぇ、お前は自分を欺いてるんだよ。本当は知ってるんだろ、自分は〝イマイチ〟だってことを」

2. それはあなたを消耗させる

このやり方では、心に対して自分は優秀なのだと証明し続けなければならない。常にポジティブ思考をかき集め、〝自分は無能〟の物語を否定し続けなければならない。そして、いつも一連隊ほどの〝自己批判〟が反撃の機会を待ち構えていて、あなたが失敗し〝私は有能〟というエクササイズを怠ると心は言う「ほらね、やっぱり続かないだろう？」。あなたが友達に対してキレると、心は言う「お前はなんてひどい友人なんだ！」。仕事で失敗すれば、「まったく、なんて負け犬なんだ！」

3. 〝とっておきの大砲〟が闘争を泥沼に引き込む

それでも思考との戦いを続ける人々は、やがて〝大砲〟を持ち出す。〝ポジティブ・アファメーション〟である。高い人気を誇るこの自己啓発テクニックは、ポジティブなことを自分に繰り返し言い聞かせる。「私は常に最高を求める人間だ」「毎日毎日、私はどんどん良くなっていく」「私はありのままの自分が大好きだ」「私は強さと勇気に満ちている」「感情は私のコントロール下にある。そして私は幸福を選ぶ」。この方法の最大の欠点は、ほとんどの人が自分の断言を本当には信じていない点にある。それはちょうど、「私はスーパーマンだ」とか「私はワンダーウーマンだ」と言っているようなものだ。何回繰り返そうが、それを心底から信じてはいない。そうではないか？

4. ポジティブはネガティブを引きつける

ポジティブな自己評価のもう一つの問題は、たとえ真実であっても、それが自然にネガティブを引きつけてしまうことだ。「私は有能な人間だ」と言い聞かせても、心は「いや違うよ！ほら、この前の～を覚えてるだろう！」と言う。「私は自分を受け入れる」と言っても心は反論する。「そんなことはできないね。自分の太ももを見てみろよ。シワやお腹の筋は？　醜い歯やビール腹を。悪習慣についてはどうなんだ？」

心に自分の優秀さを証明するために思考と戦う生活をあなたは望むだろうか？　常に自分を正当化し価値を追求し続ける状態を？　このやり方を続けていると、やがて〝脆弱な自尊心〟を作り上げてしまう。これは自尊心を仕事の成果に直結させている完全主義者や優等生タイプによく見られる。うまくいっている間は最高の気分だが、成果が出なくなると（いずれは必ずそうなる）自尊心は地に落ちてしまう。そして彼らは悪循環に陥る。自分にどんどんプレッシャーをかけ、さらに良い結果を求めるため、疲労し〝燃え尽き〟、さらにはうつになることもある。

実際どんなにあなたが争っても、〝お前は無能だ〟の物語は形を変えて戻ってくる。あなたは残りの人生をこの戦いに費やしたいだろうか？　こうした不毛の努力から解き放たれて幸福な人生を送りたくないか？　より豊かで意味ある人生を望むなら、高い自尊心よりもずっとよいものがある。だがそこにいく前に、ひとつ見ておくべきものがある……。

■アフリカについてのドキュメンタリー

アフリカについてのドキュメンタリーを見たことがあるだろうか？　あなたはそこに何を見たか？　ワニ、ライオン、カモシカ、ゴリラ、キリンだろうか？　部族の踊り、戦争、それともネルソン・マンデラだろうか？　色彩にあふれた市場か？　驚嘆すべき山々か？　田舎の美しい村だろうか？　貧困に苦しむ貧民街、飢えた子どもたちだろうか？　ドキュメンタリーは多くのことを教えてくれる。だがひとつ確かなことは、アフリカについてのドキュメンタリーはアフリカそのものではないことだ。

ドキュメンタリーから得られるのは、ビデオ映像や音声がもたらすアフリカの印象だけだ。実際のアフリカの経験、食べものの味や匂い、顔に降り注ぐ太陽の感覚、ジャングルの湿気、砂漠の乾き、象の皮膚の感触、人々と直接言葉を交わす楽しみなどを得ることはできない。どんなに素晴らしく撮影されていようと、それが千時間の長さだろうと、実際にそこに行った経験の足元にも及ばない。なぜか？　アフリカのドキュメンタリーはアフリカ自体ではないからだ。

同じように、あなたについてのドキュメンタリーもあなた自身ではない。それが一万時間を超えようと、あなたの人生に関わるあらゆるシーンを含んでいようと、あなたを知る人々全員をインタビューしていようと、あなたの内面のもっとも深い秘密を暴いていようと、そのドキュメンタリーはあなたそのものではないのだ。

もっとはっきりさせるために、この地球であなたが一番愛している人を思い浮かべてみよう。あなたはその人と時間を過ごしたいと思うだろうか、それともその人についてのドキュメンタリーを見る方を選ぶだろうか？　私自身と、誰もが作ることのできる私についてのドキュメンタリーの間には巨大な隔たりがある。そのドキュメンタリーがどんなに〝真実に忠実〟だろうと。私は〝真実に忠実〟という言葉をカッコで括った。その理由は、すべてのドキュメンタリーには救いようのないほどバイアスがかかっており、全体像のほんのわずかな部分しか見せないからだ。デジタルビデオの登場以来、典型的な一時間のテレビドキュメンタリーでは、莫大な映像の中の最高の部分をもっとも効果的に、制作者の視点を反映させて編集してある。バイアスがかかるのは当然なのだ！

そして、人間の心は世界最高のドキュメンタリー制作者だ。それは一日二十四時間、週に百六十八時間、一年約九千時間私たちを撮影している。あなたが三十歳になるまでに、実に二十五万時間以上も撮影していることになる。

このうちの何パーセントがあなたの長期記憶に保存されるだろうか？　五％？　一％？　大外れだ。

それは一%の数兆分の一だ（昨日起こったことのうちどのくらいを記憶しているだろうか？　先週起こったことは？　先月は？　今まで読んだ本、見た映画、人々との会話、食事についてどの程度を覚えているだろうか？）。

　つまり、あなたの心が作っているドキュメンタリーはあなたの行動の九九・九九%を削ぎ落とした、驚くほどバイアスのかかったものなのだ。そして心は主張する。「これがお前だ。お前の真の姿だ」。そのドキュメンタリーの副題は、「お前はイマイチ」だ。そして一番の問題は、私たちがそのドキュメンタリーを信じ込んでいることだ！

　だが、アフリカのドキュメンタリーがアフリカそのものではなく、あなたの愛する人のドキュメンタリーが本人とはかけ離れているのなら、あなたのドキュメンタリーもあなた自身ではないはずだ。そしてそれに何が描かれていようと、真実だろうと嘘だろうと、ポジティブだろうとネガティブだろうと、昔のことだろうと最近のことだろうと、事実だろうと単なる意見だろうと、記憶だろうと予想だろうと、ドキュメンタリーは断じてあなたではない。それはあくまでじっくり練られた思考とイメージ、記憶（そしてそれに付随する感情）の集積なのだ。

　私はこのドキュメンタリーを〝巨大な物語〟と呼ぶ。それが自分自身についての意見、自分について信じていることを含んでいるからだ。「私は誰か」「なぜ自分はこうなのか」「自分にできること、できないこと」「なぜ私はこの状況にいるのか」「私の良い点／ポジティブな点は何か」「悪い点／ネガティブな点は何か」「強み／弱みは何か」などなど。専門的には〝自己概念〟と呼ばれるものだ。

　自己概念は役に立つ。自分について考えるきっかけをくれるからだ。これは自己成長には欠かせないことだ。だが私たちは自己概念に囚われるのではなく、もっと軽く考えるべきなのだ。囚われには服従と抵抗の二つがあるのを覚えているだろうか？　服従モードでは、私たちは自己概念に意識を集中してしまい、完全な事実として受け入れ何でも言うことを聞く。一方、抵抗モードではそれを全力で追い払おうとする。だが長期的にはどちらも役に立たない。

より健康的な対応は、自分が好きなテクニックを使って〝巨大な物語〟から逃れることだ。私たちは、それが現れた時に気づいて名前をつけることができる。「おっと、〝お前はイマイチ〟の物語が来たぞ」。また、錨を降ろすこともできる。この物語が引き起こす苦痛に居場所を作り、自分に優しい言葉をかけ、優しく扱ってやることもできる。そして現在している行動に集中・再集中し、自己概念には背後を〝うろつかせて〟おきながら、現在に完全集中することができる。

また、「私は有能な人間だ」と心を説得したり、自分の価値を証明する必要もない。心が自分についてどんな判断を下そうと、それがネガティブだろうとポジティブだろうと、私たちはそれをあるがままに（つまり頭の中の言葉と映像として）見て、表を通る車のように勝手に行き来させる。そして私たちは〝巨大な物語〟を軽くとらえ、それがどんなにネガティブだろうと言ってやる。「心よありがとう。君が私を助けようとして厳しく当たっているのは知ってるよ」

物語がポジティブであっても同様だ。もちろん自分の美点や長所、成功体験などは認め、感謝しよう。だが心が「私は素晴らしい」「自分はいけてる」「私は最高だ」「私が一番正しい」「自分はあいつらより出来がいい」的な物語に走ったら、すぐに傲慢やナルシシズム、独善、自信過剰、間違った優越感に引き込まれるだろう。心が「お前は素晴らしい」と言い始めても軽くとらえ、こう言おう。
「ありがとう心。私に優しくして助けてくれようとしてるんだね」

要するに、ポジティブだろうとネガティブだろうと物語にはあまり入れ込むなということだ。何を言われてもほどほどに考えておこう。それが〝小さい物語〟（自己批判など）でも〝大きい物語〟（自己概念など）でも、現れた時には思い出してほしい、この物語は心によって作られたもので、自分の実態はもっとずっと巨大だということを。それは頭の中の言葉と映像が絡み合い体の中の感覚と一体化してできたもので、あなたという人間が持っている豊かさ、満足、複雑さをすべて包み込むことなどとうてい不可能だ。アフリカのドキュメンタリーがアフリカでないように、あなたのドキュメンタリーもあなたではない。

Extra Bits の Chapter19に自己の物語から逃れる能力を高めるエクササイズの音声がある。一つは、自分の思考が木の葉になって流れていくのを眺めるエクササイズだ。もう一つは思考の言葉をラジオから流れてくる声のように〝聞く〟エクササイズだ。

あなたの〝思考する自己〟はこの章の主張に賛成しないだろう。思考する自己は言う「これがお前だ！　これがお前の真の姿だ！」。だが〝気づく自己〟（第９章参照）の視点に立てば、あなたはこれらの物語の本当の姿を見ることができる。それは単なる言葉と映像と感覚に過ぎず、人生という舞台劇の進行に合わせて現れ、存在し、去っていくだけのものだ。あなたはそれに服従も抵抗もしなくてよい。あなたがすべきなのは……。

■セルフ・アクセプタンスとセルフ・コンパッション

セルフ・アクセプタンス（自分をありのまま受け入れること、自己受容）とは、自己評価の思考から逃れ、自分は人間であり不完全な存在だということを認めると同時に、現実的な自己評価をすること、つまり自分の長所・短所、強み・弱み、成功体験・失敗体験を冷静に認めることだ。

だがこれは、言うは易し、というやつである。自分についてのネガティブな面を認めるのは苦痛だ。苦痛の思考や感情が呼び起こされるからだ。そこでセルフ・コンパッションの出番だ。人間であることの大変さと苦痛を認めてやろう。辛辣な自己評価に名前をつけ、心に感謝し、優しい言葉で自分に語りかける。苦痛の感情に居場所を作り、自分を優しく抱きしめるのだ。

同時に、自分の〝価値〟に沿った行動をしよう。自分にとって本当に大事なことをし、人生を充実させるのだ。それと同時に現在していることに意識を集中する。そうすれば自己受容はうまくいき、最高の結果を引き出せる。

これを何度も繰り返していれば（〝何度も〟だ）、ネガティブ思考と闘ったりポジティブ・アファメーションを繰り返したりするよりもはるかに深い自己重要感を養うことができる。だがそれにはあるエクササイズが必要になる……。

第20章　過去の傷を癒す

九歳の私は校長室の前に立ち、校長が電話で私の母に何やら怒鳴っているのを震えながら聞いていた。「まったくひどいもんですよ！」彼は叫ぶ。「体も洗わないで学校に来るなんて。服は汚いし髪の毛は臭う。おしっこの臭いまでするんです。街で一番の貧困地域の学校で働いたことがありますが、ここまでほったらかしにされた子供はいませんでしたよ。今すぐ彼を家に帰します。児童相談員にも報告します。今日にでもお宅に行くでしょう」

家は歩いてほんの五分だったが、その日は一時間にも感じられた。帰宅すると母はまだ寝巻き姿だった（実は一日中そうなのだが）。母はドアを開けると私の髪の毛をつかんで家に引きずり込んだ。そして私の頬を引っ叩き、殴り、髪の毛を引っ張り続けながら叫んだ。「お前って何て子なの！　大恥をかいたよ！　見なさい、お前は本当に不潔でうんざりだよ。体を洗いなさい！　もう赤ん坊じゃなくて九歳なのに。汚くて臭いまま学校に行くなんて！」

虐待が終わると母は豚小屋のように散らかった家を掃除させ、何とか児童相談員を受け入れられるようにすると、私に風呂に入って髪の毛を洗うように言った。

母のために言っておくと、彼女は病んでいた。自身も子供時代に私の祖父からひどい虐待を受けていた。また第二次大戦当時には日本の捕虜収容所でトラウマ的な二年間を過ごした過去があった。この出来事が起こる一年ほど前には父が家を出て外国に行ってしまい、母はひどいうつ状態に陥った。彼女はバルビツールと呼ばれる常習性が極めて強い鎮静剤を飲んで日がな一日ボーッとしていた（バルビツールは今日ではめったに使われない）。彼女はいつも苦悩していたので私のケアは忘れがちだった。

　私は私でひどく落ち込み、毎晩ベッドでおねしょをしていた。そして朝になると体も洗わず服を着替えて朝食をつくり、学校に行く。その間、母は寝ているのだった。校長が「おしっこの臭いがする」と言ったのは大げさではなく事実だった。

　私は劣悪な少年時代を送った。親からほったらかしにされ、父親から捨てられ、二人の親戚にいじめられた。読者の多くも、つらい幼年期を送った人がいるのは知っている。私よりも悪い環境にいた人もいるだろう。成長期のこうした経験が及ぼす一番よくある結果は、〝極端にネガティブな自己ドキュメンタリー〟と厳しい自己批判だ（もっとも前に触れた通り、たとえ良い環境に育ってもこうした傾向になることはある）。

　長年厳しい自己批判の習慣を持っていたり、自分についてのネガティブなドキュメンタリーに浸りきっている場合、自分に優しくすることはとても難しい。自己への優しさというものが馴染みのない不思議なものに感じられ、気まずい、不安なものにさえ思えてしまうのだ。セルフ・コンパッションのエクササイズに抵抗感があったとしても、安心してほしい、あなただけではない。多くの人が同じように感じている。私自身も長年セルフ・コンパッションに抵抗してきた。次に説明する、自分の中の抵抗感をスルーする方法に出会うまでは（あなたがセルフ・コンパッションの練習をしているならこのエクササイズはその効果をさらに大きくしてくれるだろう）。

■〝子供の自分に手を差し伸べる〟エクササイズ

多くの大人は少なくとも初めのうちは、自分に優しくふるまうこと、痛みを認めて優しく対応することに抵抗感を持つ。だが想像力を駆使すれば私たちは過去に戻り、子供時代のかつての自分に会うことができる。彼／彼女の痛みとの苦闘を認め、近づいていって援助することも可能だ。この〝自分に手を差し伸べる〟エクササイズで、〝今〟のあなたは子供時代か十代の頃にタイムトラベルし、傷つけられ、苦しみ、戦っている自分に周りの大人が必要な優しさや援助をくれなかった時に戻ることを想像する。そして、〝今の自分〟が〝若い自分〟をサポートするのを思い描くのだ。

（注意：恐ろしい、トラウマ的な出来事が起こった時に直接戻ってはいけない。そうした瞬間に働きかけるのは強烈過ぎることがあるからだ。大きな揺り戻しがあるかもしれない。フラッシュバックや強いトラウマ的な記憶に襲われたら、トラウマを専門に扱うセラピストの助けを求めよう。〝手を差し伸べるエクササイズ〟では、トラウマの原因になった出来事に戻る代わりに、それが起きてから数時間、数日、あるいは数週間経った頃に戻る。）

過去に戻って若き日の自分を見つけたら、彼／彼女が必要とするどんな援助も与えてやろう。多くの人は優しい言葉やしぐさをもって接するが、すべてはあなたの想像力次第だ。優しく、救いになることなら何でもいい。

では早速、〝手を差し伸べるエクササイズ〟をしてみよう（私の声によるガイドが必要ならExtra BitsのChapter20の音声を使ってほしい）。エクササイズは錨を降ろす所から始まる。途中で何かショッキングなことが起こったら中止して錨を降ろそう（そうなると言っているわけではない。あくまで用心だ）。

●若き日のあなたに手を差し伸べる

あなたはこれから想像のエクササイズをはじめる。カラフルで生々しい映像をイメージする人もいれば、曖昧でぼやけた、はっきりしない映像を想像する人もいる。映像ではなく言葉や考え、何かの概念などを思い浮かべる人さえいる。想像できるものなら何でもＯＫだ。

では若い頃のあなたに会うために時間を巻き戻すところから始めよう。人生のある時期、あなたが一人で苦闘し、まわりの誰もが助けの手を差し伸べられなかった時に。それはあなたが子供かティーンエイジャー、あるいは二十代の若者だった頃かもしれない。

楽な姿勢でしばらく錨を降ろしてみよう。自分の内側で起こっていることを認めよう。体を動かしたりストレッチしたり、呼吸することによって自分の体とつながろう。そして周囲の世界に集中してみよう。見える、聞こえる、触れるものに意識を向けよう。

錨を降ろしたら目を閉じるか一点を見つめよう。そして想像しよう。

タイムマシンか、何か入り口のようなものを想像する。魔法の光のようなものに入っていくのでもいい。それがあなたを若き日のあなたの所に連れて行ってくれる。彼／彼女が孤独で悲しみに沈み、何かを恐れている、あるいは傷ついている時に。

タイムマシン（あるいは魔法の光）から出て若いあなたに会おう。彼／彼女をよく観察し、今どんな状況にいるかを察してみよう。彼／彼女は泣いているか？　それとも怒っているか、恐れているか？　罪悪感を持っているか、恥じているか？　彼／彼女が必要なものは何か？　愛、優しさ、援助、理解、許しか、誰かに受け入れてもらうことだろうか？

優しく落ち着いた、穏やかな声で、若いあなたに自分は何が起こったのか知っている、と告げよう。彼／彼女が何を経験したか、それがどんなに辛かったかを。

若いあなたに、君は他の誰かにその経験を認めてもらう必要はない、なぜなら私がよく知っているから、と言ってあげよう。また、君はこの困難を乗り切る、そしてそれは今や遠い昔の記憶になっている、と教えてやろう。

若い自分に、あなたがここに居ることを教えてやろう。彼／彼女の経験がどんなに苦痛だったか知っており、自分にできることは何でもしてやりたいと思っていることを告げよう。

何をしてほしいか、何を望んでいるか尋ねてみよう。そしてその答えが何であれ、それを与えてやろう。どこか特別な場所に行きたいというなら連れて行こう。彼／彼女を抱き締め、キスし、優しい言葉をかけ、何かプレゼントをしよう。これはあくまで想像のエクササイズだ。彼／彼女が欲しがるものは何でも与えてやろう。若いあなたが欲しいものが分からなかったり、あなたを信用していない場合、それでも構わないと伝えよう。彼らは何か言ったりしたりする必要はないのだと。

彼／彼女が起こった出来事を理解するために、伝えておくべきだと思うことを言ってやろう。そして（もし彼／彼女が自分を責めているなら）それを止める手助けをしてやろう。

自分は彼／彼女のためにここにいるんだと伝えよう。彼／彼女を気遣い、彼／彼女が困難を乗り越えるためなら何でも手伝う、と。

この若者に、考えられるさまざまな方法で気遣いと優しさを降り注ごう。言葉、しぐさ、行動、魔法やテレパシーを使ってもいい。

若い自分があなたの真心と優しさを受け入れたと感じたら、別れを告げる時だ。あなたとのつながりのシンボルとなるような贈り物をあげよう。彼／彼女が子供ならおもちゃやテディー・ベアのぬいぐるみ、もう少し年上なら服か本、ハイテクの小物、魔法のアイテムなど、心に浮かんだものをあげよう。

さよならを言い、また会いに来ると告げよう。タイムマシンに乗り込み（あるいは光の中に入り）、現在に戻ろう。

そして少しの間錨を降ろそう。自分の中に現れたものを承認しよう。体とつながるために十分なストレッチをしよう。自分のまわりの世界とつながろう。目と耳を使って今どこにいるか、何をしているか確認しよう。

エクササイズはあなたの役に立ったと思う。セルフ・コンパッションの感覚をつかむ助けになったのではないだろうか。習慣にすると効果が高い。また、毎回別の過去を選ぶ方がよいかもしれない。

エクササイズが終わったら、自問しよう。あの子供にしたように自分に接するにはどうしたらよいだろう？　今日という一日を乗り切るために、自分にかけてやるべきちょっとした言葉、優しさ、気遣い、サポートは何だろう？

■過去の出来事の反響

過去は変えられない。だがそれに現在の自分を支配させる必要はない。私たちの過去は、私たちの考え方、感情や行動に影響を与える。だがその影響がどんなだろうと、結果がどうなろうと、私たちはいつでもこの世界を生きる新しい方法を学び、〝今・ここ〟から最高のものを引き出すことができる。

過去の出来事の反響は現在になっても現れてくる。過去の思考パターンはよみがえる。過去の行動パターンは再び声を上げ、過去の感情は体の中で再生される。特にいわゆる〝古傷〟が開いた時などには。私たちはそれを追い出すことはできない。だがそれが現れた時に意識的に気づき、うまく対処することはできる。

錨を降ろす作業の〝認める〟段階でこれが起こったら、「おお、昔の思考が現れたぞ」とか、「以前の思考パターンだな」と言おう。思考に気づき名前をつける時は「過去からの声がする」と言うのもいい。それらに居場所を作ってやる時は「古傷の痛みがぶり返したぞ」でもいい。

過去の記憶に悩まされたら、すでにあげた方法に加え、次のように考えてみよう。

・この記憶は何かの役に立つか？
・この記憶は何を気にかけるべきだと伝えているのだろう？
・それは私にどんな〝価値〟を思い出させようとしているのだろう？

その記憶は、世界をよりよくするために、あるいはそうしたことが二度と起こらないようにするために、あなたが今できることついて、何を示唆しているか？

こうした苦痛の記憶は、心がお節介な友人としてあなたを助けようとしている証拠だ。それはあなたに過去から学ばせ、成長させようと頑張り過ぎているのだ。そこであなたとしては、その中に役立つものを見つけよう。いつもあるとは限らないが、けっこう見つかるものだ。

こうして記憶を終わらせたら、意識を現在に戻そう。今いる場所、していることに意識を向けよう。〝今・ここ〟に。これをするたびに、あなたはある能力を伸ばしている……。

第21章　感謝の力

信じられないほど美しい夕焼けや、うそのように大きな満月、磯で砕ける大波を驚きとともに眺めた経験があるだろうか？　愛する子供やパートナーの目を愛おしい思いで見つめたことは？　パイが焼ける匂い、ジャスミンやローズの香りを楽しんだことは？　鳥のさえずりや喉を鳴らす猫、子供たちの笑い声に心を和ませたことはないだろうか？

日々の生活には私たちが暮らすこの世界を楽しむための機会がたくさん散りばめられている。〝集中〟と〝味わい楽しむ〟ためのスキルは、あなたが人生をよりよくしようと奮闘している時にも、現在から最高を引き出すことができる。「呼吸を数えろ（自分がどれだけ多くのものを与えられているか考えてみろ）」、「立ちどまって薔薇の匂いを楽しめ（もう少し楽にしろ）」などの言葉は、私たちの人生がいかに豊かさに満ちているかを教えようとしている。私たちは素晴らしいものに囲まれているのにそれを当たり前のことと思ってしまう。そこで、世界の豊かさに目覚め、それを経験するための方法をいくつか紹介しよう。

・何かを食べる時、それをじっくり味わい、楽しもう。思考は現れ去るに任せ、口の中の感覚に意識を集中しよう。私たちが食べ、飲む時、ほとんどの場合それに注意を払っていない。ものを食べるのは楽しいことなのだから、もっと徹底的に味わってはどうだろうか？　食事をかき込むのではなく、ゆっくりと、噛んで食べる（あなたはビデオを早送りで見たりはしないだろう。ならばなぜ食べ物を早送りで食べるのか？）

・この次雨が降った時、その音に注意を向けてみよう。雨音のリズム、音程、音の強弱など。雨粒が窓に描く微妙なパターンを見てみよう。雨が止んだら散歩に出かけ、新鮮な空気と、磨かれたように輝く小道に意識を向けよう

・この次晴天に恵まれたら、その暖かさと光を楽しもう。家、花、木々、空、そして人々、すべてのものが輝いているのに気づこう。散歩に行って鳥のさえずりを聴き、肌に降り注ぐ太陽を感じてみよう

・誰かを抱きしめキスする時、あるいは握手する時、それに集中しよう。感じられるものすべてを意識しよう。あなたの温かさ、寛容さが、触れ合うことで流れ込むのを感じてみよう

・あなたの大切な人々を新しい視点で見てみよう。彼らに初めて会うかのように。あなたの伴侶やパートナー、友人、家族、子供、同僚に対してもやってみよう。彼らの歩き方、話し方、食べ方飲み方、顔の動き、体や手に注意を向けよう。表情にも。顔に刻まれたしわと目の色なども

・朝ベッドから出る前にゆっくり静かに呼吸をし、肺の動きに注意を向けてみよう。あなたが生きていることの驚異、ぐっすり眠っていた間、肺が一晩中あなたに酸素を供給していたことの不思議を考えてみよう

・Extra Bits のChapter21にある音声のエクササイズ、〝手に感謝する〟をやってみよう。試してみるまで信じられないかもしれないが、あなたはまったく新しい見方をし、手に感謝するだろう。

今まで手の存在をあまりに当然だと思っていたことに驚くだろう。

■楽しめ、だが固執するな

今まで私たちは主に不快な思考や感情に注目してきたが、楽しい気分にはほとんど時間を割かなかった。実はわざとそうしてきたのだ。前にも言及したが、心地よい感情を大事にするほど不快な感情との戦いが激しさを増し、抵抗と苦痛の悪循環を生み出し、それを強めてしまうのだ。よい気分も他の気分と同様、現れては去っていく。それらが訪ねてきたら楽しみ感謝し、だが固執しないようにしよう！

この次幸福で穏やかな気分になり、楽しさや満足などの心地よい感情が現れたら、それをフルに味わおう。体の中に何を感じるか見てみよう。自分の呼吸、話し方、体の動かし方に注意を向けよう。あらゆる衝動、思考、記憶、感覚、イメージに気づこう。その感情に感謝し、楽しもう。だがそれを抱え込もうとしてはいけない。苦痛の感情と同じように扱おう。心地よい感情を認め、存在を許し、自由に現れて去っていくことを許そう。

■最高を引き出そう

目を開き、今まで当然と思っていたことを意識して見るようになると、より多くの機会が見えてくる。好奇心が刺激され、充足感も高まり、人間関係も良好になる。私はこれについてのこんな言い方が好きだ。「人生は、与えられたものを最大限に使う者に、もっとも多くを与える」

■〝今〟を生きよ、心を開け、今すべきことをせよ

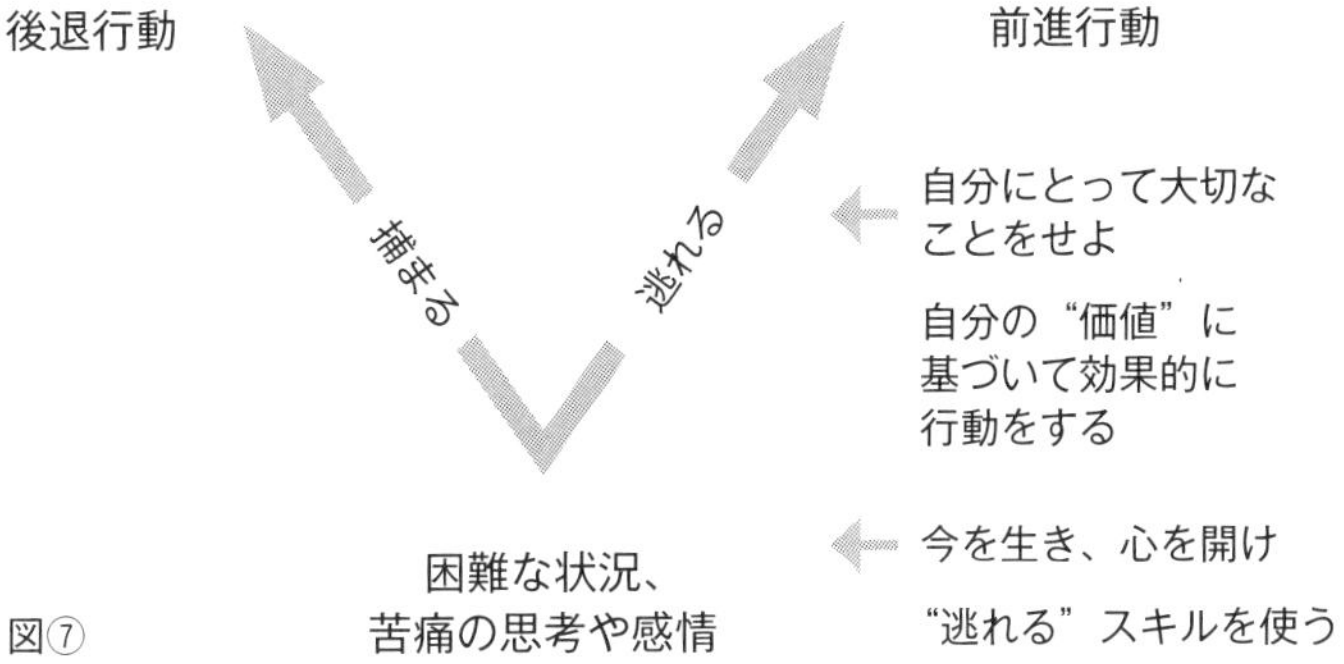

図⑦

　これで本書の第2部も終わりである。今まで私たちは、〝今に存在〟し（意識を大事なことに向け、今していることに気づき、意識を集中する）、心を開く（思考や感情から逃れ、それらが自由に行き来することを許す）ための能力に時間を割いてきた。第3部では〝自分にとって大事なことをする〟能力を養う。自分の〝価値〟に触れ、それを人生の向上に役立つ行動につなげる能力だ。

　次の三つの言葉、「〝今〟を生きよ、心を開け、今すべきことをせよ」はＡＣＴのモデルを的確に言い表している。今に集中し心を開く（思考や感情から逃れ、それらが自由に行き来することを許す）能力が高まると、苦痛の思考や感情からやすやすと逃れ、後退行動を防ぐことができる。自分にとって大切なことをするほど、人生は向上する。上の図⑦がこの仕組みを表している。

　〝今を生き、心を開き、今大事なことをする〟能力は、専門用語で〝心理的柔軟性〟という。心理的柔軟性が高いほど、健康や満足度、幸福感も高くなることを研究結果が明白に示している。

　もちろん、望む人生を創るための行動は、多くの恐れや障害、問

題を持ってくる。不快な思考や感情は避けようがない。だが錨を降ろす、思考に気づき名前をつける、居場所を作ってやる、セルフ・コンパッションを実践する、何度も集中する、味わい、楽しむなどを実践して現在に生き、心を開いていれば、こうした障害は乗り越えられ、よりよい人生に必要な行動ができるのだ。

第3部

人生を意味あるものにする

第22章　生きるに値する人生

数年前、私の友人のフレッドがベンチャー企業を立ち上げた。しかしその結果はさんざんだった。彼とその妻は、家をはじめ財産のほとんどを失った。財政状態が厳しくなった彼らは地方に移り住むことにした。地方なら安い家賃でそれなりの生活ができるからだ。フレッドはその地域の寄宿学校に職を得た。主に中国や韓国から来た十代の留学生の世話をする仕事だった。

これはフレッドのビジネスキャリアとは何の関係もないものだった。彼の業務には寮の規律と安全を保ち、学生たちが宿題を済ませ、就寝時間に床につくのを確認することなどだった。彼は学校に住み込み、朝、子供たちが学校に行く準備を整える手助けまでした。

フレッドの境遇に置かれたら誰もがひどく落ち込んでしまうだろう。彼は自分の会社、家、貯金をすべて失い、安月給で週に五日、妻と離れて暮らさなければならない仕事に甘んじているのだ！　だがフレッドは、自分が二つの選択肢を持っていることに気づいていた。一つは自分を責めて惨めさに浸ること、もう一つは状況を最大限に使うことだった。

幸運にも彼は後者を選んだ。

フレッドは自分の基本的価値、「他者を助け援助する、人々をケアし勇気づける」を活用した。またこうした価値の行動に加え、彼は子供たちにアイロンかけやちょっとした料理など、役に立つスキルを指導した。学校始まって以来の芸能コンテストを主催し、学生たちが学校についてのユーモラスなドキュメンタリー映画を制作するのも手伝った。さらに、学生たちの非公式なカウンセラーまで務めた。友人関係や家族の問題、勉学まで、さまざまな悩みを抱えた学生たちが彼にアドバイスや助力を求めてきた。これらは何一つフレッドの職務ではなく、従って報酬もなかった。彼は自分の価値、「他者に与え、他者を気遣う」に従って、まったく純粋に行っていたのだ。その結果、退屈で単調なはずの仕事は意義ある、満足のいくものとなった。

　フレッドには苦痛な思考や感情はなかったのだろうか？　もちろんあった！　すぐには埋められない現実とのギャップ（自分の理想と現実との乖離）を抱える人々の誰もがそうであるように、彼は深く傷ついていた。フレッドが価値に沿って生きることを選んでからも、すぐに問題が消え失せて幸福になったわけではなかった。だが人生は確実に向上した。生きがいと幸福感が生まれたのだ。彼が、「人生なんて最悪だ！」「最低の仕事だな」「俺は何もかも失った」「救いようのない負け犬だ」などの考えに囚われながら仕事をしていたらどうなっていただろう？　価値に生き現在に集中していなかったら、思考に囚われ感情と戦うことに日々を費やしていたなら、どれほどのチャンスを逃していただろう？

■価値と目標

　第10章で、価値とは、自分がどう行動したいか、自分や他者、世界とどう接したいかについての心の一番深い部分にある欲望だと説明した。これについては後ほどもう少し深掘りするが、その前に自分の価値を知り、それを使うことのメリットを検討してみよう。

1. 価値のおかげで賢い選択ができる。うまくいく行動が多くなる
2. 価値は私たちをガイドするための内蔵コンパスになってくれる。行くべき方向を示し、目的意識を与えてくれる
3. 価値は私たちにモチベーション、本当に大切なことをするための強さをくれる
4. 人生が退屈で単調な時、色彩を加えてくれる
5. 価値に基づいて行動すると満足感が得られる。自分に忠実で自分の人生を生きているという感覚、自分が理想とする人間として行動しているという気持ちになれる

価値と目標を混同しないことは大切だ。価値とは私たちが自分の行動に持ち込みたい性質だ。それは私たちの言葉の選び方や話し方、行動やそのおこない方などだ。一方、目的は私たちが欲しいもの、手に入れたい、なしとげたいことなどだ。〝素晴らしい仕事〟に就きたいなら、それは目標だ。だが〝筋の通った信頼できる人物〟を目指すのは価値だ。以下にもう少し例を示そう。

・〝伴侶を見つける〟、これは目標だ。一方〝愛情ある人物になる〟（パートナーがいようといまいと）のは価値だ
・家族のために〝家を買う〟のは目標だ。家を買おうと買うまいと、家族に対し〝気遣いを持ち協力的にふるまう〟のは価値だ
・〝海外旅行に行く〟のは目標だ。旅行の最中、〝好奇心にあふれ、オープンで何事も楽しむ姿勢で

いる〟ことは価値だ（たとえそれが通勤だったとしても）

・〝子供を持つ〟ことは目標だ。一方、〝温かくオープンで、面倒見のよい人間になる〟は価値だ（たとえ子供がいなくても）

・〝たくさんの友人を持つ〟〝人々に好かれる〟〝人気者になる〟は目標だ。〝温かみがあり、オープンで理解ある人間になる〟のは価値だ（友人がたくさんいるかどうかは関係ない）

・〝肉体的な病から回復する〟あるいは〝怪我を治す〟のは目標だ。〝自分を気遣い、自分を援助する、セルフ・コンパッションを実践する〟などは価値だ（体がどんな状態であろうとも）

上記の例のどれも、目標を達成しようがしまいが価値に生きることが可能な点に注目しよう。あなたが学位をとること、金持ち・有名人、権力者になること、自分の家や車を持つこと、かっこいい体になること、周りからよい扱いを受けること、病気から回復することを目指しているとして、これらはすべて目標だ。一方価値は、自分の目標を達成するか否かに関係なく、現在そして未来において、自分や他者、周りの世界といかに接するかということだ。

価値とは、〝自分が人生というテーブルに持ち込みたいもの〟だと考えよう。人生という巨大なテーブルの上にはたくさんの皿が載っている。いくつかは大好きな皿だ。好きな食べ物や音楽、親しい仲間との、温かく思いやりにあふれたつながりなど。私たちが忌み嫌っている皿もある。ひどい病気や愛する人の死など。その他の皿は二つの間にある。

人生のテーブルに載る皿は毎瞬変わり続けている。そして私たちは、自分が望む皿がないことに大声で文句を言い、時には怒り狂う。こうした態度は当然であるとはいえ、何のプラスにもならない。

よりよい態度は、自分は人生のテーブルに何を置きたいのかを考えてみることだ。テーブルの上がどのような状態だろうと、私たちが持ち込めるものは必ずあるものだ。愛、優しさ、気遣い、好奇心、オープンな心、勇気、知恵、セルフ・コンパッション、その他自分で選択した価値……。これらの要素を自分の言葉や行動に持ち込むことは可能だ。そしてこれこそが、〝価値に沿って生きる〟ということなのだ。

　第10章で、私たちには想像も出来ないような、欠乏と困難に満ちた難民キャンプで暮らす人々について取り上げた。自由と食糧、水、家、医療や電気など、私たちが当たり前のように考えているものがまったく望めない世界。それでも彼らは、ささやかであっても毎日自分の価値に沿って生きている。そして価値に沿えば沿うほど、難民キャンプでの生活は充実する。これは非常に重要なことだ。特に人が、もっとも望むものが得られなかったり、したいことができない状況（刑務所や病院に入っていたり、ひどい仕事をしていたり、慢性病や怪我に悩まされているなど）にある時には。

　言っておくが、価値に沿って生きることは目標をあきらめることではない。フレッドの話に戻ろう。彼はお金のために寄宿舎の仕事をしていたが、価値に沿って日々を生きることも忘れなかった。そして同時に、本当にしたい仕事を見つけるという目標も持ち続けていた。彼は優秀なオーガナイザー、管理者であり、特に演劇や音楽イベントを専門としていた。それは彼がもっとも望んでいた仕事だった。この種の求人に応募をしつづけること数カ月、彼は地域のアートフェスティバルのオーガナイザーの職を得た。それは待ち望んでいた仕事であり、また妻と過ごす時間も得られた。

　フレッドの話は目標を追求している最中でも自分の価値に従って生きるのが可能なことを教えてくれる。またそれは、どんな仕事においても、たとえ望まないものであっても、自分の価値観を持ち込むことによって満足を得られるという好例である。より良い仕事を探している時、あるいはトレーニングを受けている時でも、今の仕事から満足を引き出すことは可能なのだ。この章では、現実的な目標設定のやり方と、その実現可能性を高める方法を説明する。だが今の所はもう少し価値について見ていこう。なぜなら、目標だけに集中した生き方は常に不満足な状態を引き起こしてしまうからだ。その理由をさぐるために、次のことを考えてみよう。

■後部座席の二人の子供

車の後部座席に二人の子供が座っている。母親に連れられ、三時間ドライブしてディズニーランドに行くところだ。一人の子供は目的地しか頭にない。「早くディズニーランドに行きたい！」彼はイライラしながらシートの端っこに座り、繰り返しぶつぶつ言う。「まだ着かないの？」「つまんないよ」「あとどのくらい？」（あなたも経験があるのではないか？）。もう一人の子供も思いは最初の子と同じだ。「早くディズニーランドに行きたい」。だが彼は自分の価値も持っている。楽しむことと好奇心だ。彼はアイ・スパイ（単語あてゲーム）をしたり、野原のたくさんの牛や羊をながめ、巨大なトラックがものすごい勢いで通り過ぎるのを興奮しながら見つめ、道行く人々に手を振る。まだ到着していない場所のことを考えるよりもこの瞬間に生き、今いる場所を楽しんでいる。ディズニーランドに到着すれば二人とも目標を達成し、ハッピーになれる。だが途中の旅を楽しんだ子供は片方だけである。そして再び帰り道。最初の子供はまたぶつぶつ言う。「まだ着かないの？」だがもう一人は旅を楽しむ。

別のシナリオも想像してみよう。もし車が途中で故障し、ディズニーランドに行けなかったとする。

二人ともがっかりだ。だが、それでも旅を楽しんだのはどちらの子だろうか？

最初の子供のように人生を生きるととても疲れる。次々と現れる目標を追いかけ続けなければならないからだ。心はこんな物語で私たちを捕まえる。「この仕事に就ければ私はハッピーなのに……。体重を減らせれば、パートナーがいれば、昇進すれば、子供がいれば、車が買えれば、このプロジェクトさえ終われば幸せなのに……」こうした物語に人生を支配させると、がむしゃらに目標を追求している間、とんでもなく長い時間を不満とフラストレーションとともに過ごすことになる。それを達成した直後、ごく短い間満足を経験するかもしれないが（それも次の目標が現れるとすぐに消え失せてしまう）。だが、価値に集中した人生は目標達成を目的とした人生よりも満足度が高い。達成するまでの一歩一歩を楽しむことができるからだ（たとえ目標に到達できなくても）。

■生きる価値のある人生

クライアントの多くがこんな質問をする。「人生の目的は何でしょう？」「人生ってこんなもんですかね？」「何で私の人生には刺激がないんでしょう？」「何でこんなに味気ない・からっぽ・退屈なんでしょう？」。さらにはこうまで言う人もいる。「人生なんて最悪だ！」「私がいなけりゃもう少しましな世の中だろうに」「世間に貢献できることなんてないよ」「ベッドに入って二度と目覚めなければいいのに」。こうした思考はうつに悩まされる一〇％の成人だけでなく、世の人々全員に見られるものだ。そしてこんな時の特効薬が、人生に目的と意味をもたらしてくれる〝価値〟だ。

価値に基づいていれば、私たちのあらゆる行動はより多くの意味を持ち、より満足のいくものになる。私たちは「生活費を稼ぐために働かなきゃ」というルールに囚われて服従モードで仕事に行くこともできる。また、苦痛の思考や感情から逃れるために抵抗モードで働くこともできる。「仕事をしている時だけ自分は負け犬だという思考から逃れられる」など。これとは別に、自分の価値に動機づけられて仕事に行くこともできる。「私は自分の価値に生きている。それは家族を助け、面倒を見ることだ」

また、職場で「こんな仕事、最低だ」という思いに囚われたまま一日を過ごすこともできる。毎日を、価値に生きるための機会、他人を手助けすることや正直で協力的であるなどの価値を実践する場と捉えて生きることもできる。そうしたからといって退屈な仕事が夢の職業に変わることはない。だがそこに意味と満足感は生まれるだろう。同じことは私たちの行動、特に退屈で単調でストレスも多いが、人生を向上させるには避けて通れない物事などにも当てはまる。

さあ、理屈はもう十分だろう。実用的な段階に移ろう。

■つながり、考えるエクササイズ

〝つながり、考える〟は、あなたにとって大事な誰かを思い浮かべ、その人と一緒にしてみたいことについて考えるエクササイズだ（視覚化するのが難しくても問題ない。感覚的に想像してみよう）。

●パートA

あなたの人生で重要な役割を果たしている人を思い浮かべよう。あなたを優しくケアしてくれる人、あなたが一緒にいたいと思う人だ。いつの出来事かも思い出そう。それは今か昔か？　二人が一緒にいたのは、二人で好きなことをしたのはいつか？　何もドラマチックな出来事である必要はない。二人で一緒にいた時のこと、酒を飲んだか食事をした、あるいはゲームか散歩をした、ビーチで泳いだ、おしゃべり、ドライブ、抱きしめてキスした、ボールを蹴った、子供と遊んだなど、二人で楽しんだことなら何でもよい。

思い出を選んだら、それをできるだけ生々しく思い出そう。今ここで起きているかのように。それを感じ、味わい、再現してみよう。あなたはどこにいたか？　何をしていたか？　何を見、聞き、触れ、味わい、匂いを楽しんだか？

この記憶に登場した他の人々についても思い出そう。彼らはどんなだったか？　何を着ていたか？　何を言い、どんな行動をしたか？　彼らの声の調子はどんなだった？　顔の表情や姿勢は？

記憶を最大限に引き出そう。それを感じてみよう。あなたのことを本当に気遣ってくれる誰かと大好きなことをするのはどんな気分だろうか？　それを味わい楽しもう。堪能しよう。

次に進む前に、少なくとも一分間はやってみよう。

●パートB

次は、少し下がってこれを、テレビを見ているかのように鑑賞しよう（あるいは記憶を注意深く調べる感じでやってみよう）。

記憶の中にいる自分に集中しよう。あなたは何を言い、何をしているか？　他の人々とどんなふうに関わり合っているか？　どのような受け答えをしているか？

あなたはあけっぴろげで愛情深く、優しく、楽しむことが好きで、気が置けず、周囲とつながり集中しているだろうか？　好奇心が強く何でも受け入れ、正直で現実的、好奇心が旺盛、親密、官能的、創造的、情熱的だろうか？

ちょっと真剣に考えてみてほしい。あなたがテーブルに置いている自分の資質は何だろうか？

このエクササイズはあなたが理想とする他者との接し方について、あなたにどんな思いを抱かせたか？ これについて一、二分考えてみよう。

ここでもう一度このエクササイズをやってみよう。今度は別の素晴らしい思い出、別の人でやってみよう。

さて、このエクササイズはあなたが理想とする他者への接し方、あなたが作り上げたい人間関係について何を示唆しているだろうか？

最後にもう一度だけやってみよう。今度は今まで経験した楽しく意義深い、満足した行動を選ぼう。

そして再び考えよう。この行動は、あなたが望む自分との接し方やあなたが築きたい自分との関係について、あなたにどんなことを思い起こさせただろうか？

結果はどうだっただろうか？ 〝温かくぼんやりとした〟感情をもった人もいれば、苦痛の思考と感情が湧き上がった人もいただろう。どちらもまったく正常な反応だ。

だがこのエクササイズの目的は特定の感情を呼び覚ますことではない。それは、あなたをあなたの価値とつなげることだ。目的は果たされただろうか？ あなたは、選択した人間関係から、どんな人間になりたいかについてのヒントをつかんだか？ 人や自分にどのように接したいかがわかっただろうか？　また、あなたが接続していた価値を少なくとも三つか四つ特定できたか？（もし苦痛の思考や感情が起こったらそこから逃れるスキルを使い、心に感謝し、居場所を作ってやり、自分に優しく接しよう）。

さて、次の実験に移る前に、価値についての大事なこと二つに触れておこう。

■価値＝ルールではない

ルールとは、心によって定められた命令、指示、決め事である。あなたの心は暴君のようにふるまい、言う。「ルールに従え。さもなければ厄介なことが起こるぞ！」。気が重かったり面倒だったり身動きがとれないと感じた時は、あなたはおそらく価値につながっておらず、ルールに囚われているのだ。以下にいくつか例を示そう。

・愛情あふれる人間になる＝価値
・私はどんな場合でも常に、愛にあふれていなければならない＝ルール

・優しくふるまう＝価値
・私は常に優しくなければならない。たとえ人に不当な扱いをされたとしても＝ルール

・常に能力を発揮する＝価値
・私は常に有能でなければならない。間違いなど決して犯してはならない＝ルール

ルールは基本的に、それに従うよう心が提示する命令だ。多くの場合、「～すべき」「必ず」「義務」「～した方がよい」「正しい」「間違っている」「いつも」「決して」「これをせよ」「これをするな」「～するまでできない」「～でないとできない」「～できない、なぜなら」などの言葉を含んでいる。もっとも困難な状況でさえ、価値に沿った行動はたくさんある。一方ルールの場合、私たちの選択肢は極端に限られる。ルールに厳密に従うほど、選択も少なくなる。

ルールが役に立つ時もある。道路のどちら側を運転すればよいか知っていれば役に立つ。だが自分で自分に課したルールというのは往々にして私たちを縛りつける。「私はこれを完璧にやらなければいけない、できないならやる意味はない」「飲まなきゃやってられない」「他人と仲良くすると傷つけられる」「他の人を優先すべきだ、彼らは私なんかよりずっと大事なんだから」。ルールに囚われるほど、それに縛られる気持ちは強くなる。ルールを変えたり無視したりするとさらに大きな不安に襲われる。

さらに、ルールが私たちを縛る時、私たちの〝価値〟が持つ生命力を奪い取ってしまう。価値に沿って柔軟に生きていると、意義や目的、力やバイタリティーを感じる。だがルールに囚われると、プレッシャー、義務感、重圧、恥、罪悪感、不安感、閉塞感などが現れる。

となると、ルールから逃れ、その下にある価値を掘り出したくなるのは自然の流れだ。ここですべての〝逃れる〟手法が役立つ。たとえば、〝気づき、名づける〟。「私は～しなければならないというルールの存在に気づいている」または「おっと、またあのルールが現れた！」。あるいは心にお礼を言うだけでもよい。「ありがとう心。私を助けるためにはっきりした道標を示してくれてるんだね。

でも私は別のやり方でやってみるよ」。それでもルールに従わなければという思いが強い場合は錨を降ろそう。

■価値は常に移り変わる

価値とは地球の上の大陸のようなものだ。どんなに速く地球を自転させても、一度にすべての大陸を見ることはできない。いくつかが後ろに隠れると、別の部分が前に現れる。価値も同様だ。状況とあなたの役割の変化とともに、価値は一日のうちに何度も位置を変える。ある価値が表面に現れ、別の価値は後ろに引っ込む。

　ということは、私たちは状況に合わせて価値を選ばなければならない。親しい人間関係の場合、愛と気遣いを選択するだろう。だが敵意を持つ虐待的な親に対しては、自己防衛や自尊の価値を全面に出し、連絡を断つほうが得策だ。ただしこの場合でも〝人を愛し気遣う〟という価値が消え失せるわけではない。その時だけ〝地球の後ろに回って〟もらうだけだ。そして健康で良き人間関係に向き合う場合、〝愛と気遣い〟は再び表に現れる。

■価値のチェックリストを再点検しよう

　私は第10章の価値のリストで、あなたにとって何が重要で、何がそうでないかをチェックしてもらった。その後あなたはさまざまなテクニックと知識を身につけた。ここで再びリストを再検討してほしい。いろいろな実験の後なので、結果が変わっているかもしれない。それとも同じかもしれない。いずれにせよやってみる価値はある。少なくとも自分の価値がより明確になる。読み進める前に今すぐやってほしい。

やってみただろうか？　その時苦痛の思考や感情は現れただろうか？　それは最初にやった時と同じだったか、それとも違っていたか？　価値に関する練習では、人々の経験は本当にさまざまだ。少数だがとても簡単だと言う人もいれば、なかなか難しい、あるいはものすごい苦痛や不安が起こったという人もいる。苦痛の思考や感情が現れてもあきらめず、逃れるテクニックを使ってみよう。そして自分に優しく接するようにしよう。

さまざまな障害

心は私たちを価値から引き離すためにさまざまな障害を仕掛けてくる。カールはこのエクササイズを試したあと悲しげに言った。「ラス、正直に言うけど、僕は〝愛情〟とか〝優しさ〟が価値だと言いたいんだ。でも自分のしてきたことを振り返ると、僕はひどく嫌な奴で自分勝手だった。とてもじゃないがこれらは自分の価値とは言えない」。これはよくある誤解だ。多くの人が、困難で破壊的で自己破滅的な行動は、自分の基本的価値が反映された結果だと考えている。だが研究によればそれは真逆だ。それらの行動が価値によって引き起こされていることはほとんどない。むしろ、こういう行動は私たちが思考や感情に囚われ、価値から引き離されることによって起こる。

　私はカールに、価値とは望まれる行動の質なのだと説明した。「価値とは私たちがどう行動したいかを表すものだ。なので、もし君が価値を持ちたいと思うなら、持とうと努力するなら、それはすでに君の価値なのだ。それは君が望む行動の質だ。君が温かさを望むなら〝愛にあふれた存在〟でいることは君の価値だ。もし君が優しくありたいなら、〝優しさ〟が君の価値だ」

だがカールは言った。「でも僕は優しいことも愛することもしてないよ」

「君は今とても大事なことを言った」。私は言った。「価値と行動の重大な違いについて説明したんだ。それがどんな価値でも君は行動するか、しないかを選ぶことができる。君が優しさや、人を愛するという価値に生きたいなら、今までの人生でそうしてこなかったとしても、今日、今すぐ始めることができる」

「でもこれらが本当に自分の価値なのかっていうのはどうすれば分かるんだい？」カールが聞いた。

これはよくある質問だ。私はこれに、古い英語の諺で答えることにしている。

「プディングの出来がいいかどうかは食べてみなければ分からない」

おいしいプディングが目の前のテーブルに置いてあるのを想像してみよう（プディングがそれほど好きでなければ他のデザート、デザートが好きでなければピザ、ピザが嫌いならフルーツサラダでも）。美味しそうで匂いもいい。だが本当にそうだろうか？　あなたはいろいろと分析する。自問する。あれこれ考え抜く。何時間もぶっ通しで哲学的思考にふける。だがどんなに考えても、プディングの味は分からない。ちょっと食べてみるしか方法はない。

〝価値〟もこれと同じだ。それが自分の価値かどうか分からない時、あれこれ悩んだり思索しても無駄なことだ。判断するにはそれを実行してみること、自分の人生に取り入れて結果を見てみることだ。それを行動に移した時、自分が理想としている人物に近づいた気がしたら、あなたは順調に進んでいる。もしそう思えないなら他の価値を試してみよう。

■価値で味つけする

人々は人生を一夜にして変えようとしてうまくいかず、打ちのめされる。これでは失敗とストレスにまっしぐらだ。コツは、まず小さく始めること、小さな一歩で行くことだ。価値によって生活を変えるための小さな方法を見つけよう。小さな一歩は長い間には大きな効果を生む。これを心に留め、次の練習に移ろう。〝価値で味つけする〟方法だ。

毎朝、その日実践する価値を一つか二つ選ぶ。〝人の助けになる〟〝心を開く〟あるいは〝人に優しく接する〟〝勇気を持つ〟などだ。これは継続的な実験なので、価値は毎週、毎日変えて構わない。（どの価値を選ぶか決められない場合はリストのＡＢＣ順にやっても構わない。そして結果を見てみよう。新しいスーツのサイズを試すようにやってみよう。ぴったりのものがあれば素晴らしい。なければ他のものを試そう。）

これらの価値をその日の行動、特に他者との関係の中に〝散りばめる〟よう努力してみよう。一人でも仲間と一緒でも、あなたが言ったりしたりするすべての行動に、価値で味つけする機会を探してみよう（状況に相応しい場合において、だが）。

そして、味をつけたらそれを味わおう！　自分のしていることに気づき、それに完全に集中しよう。現在に意識を向け、その経験を積極的に楽しもう。自分の好きな食べ物や音楽を楽しむように。

第23章　一度に一歩ずつ

大理石の塊を刻んで美しい彫刻を作ったことがあるだろうか？　ない？　私もない。だが映画では見たことがある。ひとつ言えることは、彫刻家は十カ所を同時に削ろうとはしないことだ。彼らは一度に一カ所しか彫らない。それも少しずつ、小さく削るのだ。やがて単なる石の塊は素晴らしい芸術作品になる。

人生についても同じことが言える。一度に多くの事柄を改善しようとするとストレスと不安が増し、結局圧倒されてあきらめてしまう。秘訣は控えめにすることだ。まずは人生の一つの側面にだけ集中し、小さな変化を起こしてみよう。しばらくすると小さな変化は巨大な効果をもたらす（「そんなまどろっこしいのはいやだよ！　いますぐ人生を何とかしたいんだ！」と心がこう叫んだらどうする？　そう、エクササイズである）。

だが、たまにこう言う人がいる。「確かに理屈の上ではそうだろうね。でも僕の場合は当てはまらないよ。僕の置かれてる状況ではそんなのうまくいかないよ」。こういう時私は反論しない。その代わり、あることをやってもらう……。

■困難の原則

置かれている状況がどんなに難しかろうと、私たちは選択できる。それがどんな困難だろうと選択肢は三つある。

１．その状況から離れる
２．その場に居続ける。そして自分の価値に従って行動する。状況を改善するためにできることは何でもやる。そして苦痛が現れたら場所をつくってやり、自分に優しくする
３．その場に居続けるが、今までと同じか、さらに状況を悪化させるような行動をする

もちろん、１の「その状況から離れる」はいつも可能とは限らない。あなたが刑務所にいるならそこから離れることはできないだろう。だが〝離れる〟ことが可能なら、それは検討すべきだ。非常に対立的な人間関係や無意味な仕事、好ましくない地域などについては、離れた方が人生がうまく運ぶのではないだろうか？

だがもし離れることが不可能な場合や、離れるつもりがない、あるいはそれがベストの選択ではないと思われる場合、選択肢は２か３しかない。そしてまずいことに、私たちが自然にやってしまうのは３だ。困った立場になると私たちはすぐに不快な思考・感情に囚われ、状況を変えないか、さらに悪くなるような自己破壊的な行動をしてしまう。

従って、あなたのテーブルの上に１がない場合、人生をよりよくするのは２の「状況が改善しそうなことをすべてやる」である。とても大事なことだが、これには助けてくれそうな人に頼むことも含まれる。あなたを取り囲む文化、社会やコミュニティーの改善に積極的に働きかけているようなグル

ープに参加するのもいいかもしれない。

もちろん困難な状況にいる時に幸福を感じるのは難しい。そんな時、苦痛の思考や感情は避けられない。なので、２の後半、「痛みに場所を作ってやり、自分に優しくする」が重要になる。

第10章で、ＷＨＯが世界中の難民キャンプでＡＣＴプログラムを使用していることに触れたが、〝困難の原則〟はこのプログラムの支柱になっている。難民はキャンプを離れることも、戦争や暴虐を止めることもできない。従って１の選択はない。だが２はありだ。キャンプの中で、価値に基づいたちょっとした行動をすることは誰にも可能だ。人々と親しく接し、助けになり、セルフ・コンパッションを実践し、食事を心底味わうなどは人生に大きな影響を与える。そしてそれは私たちにも言える。実際にどうするかを次で説明しよう。

■人生の四つのドメイン

一度に多くのことを改善しようとして疲弊してしまわないために、人生を四つの部分、仕事、愛、遊び、健康、に分けて考えよう。目的は、一度に一つのドメインにだけ働きかけることだ。これらの区分がカバーする範囲は非常に広い。

・仕事：お金を得る仕事はもちろん、ボランティアや家事、誰かを世話することも含む。何かのトレーニングや教育もこれに入る。また公式なもの（何かのコースを受講する、研修を受ける）も、気軽なもの（読書、ドキュメンタリーを見る、友人に何かを教わる）も含まれる
・愛：愛はあなたにとって大切な人間関係すべてのことだ。あなたの伴侶や両親、友人、親戚、さ

らには同僚など、あなたが強い結びつきを持っている（あるいは持ちたいと思う）すべての人が含まれる

・遊び：あなたが休息と娯楽のためにするすべてのことが含まれる。スポーツ、趣味、あるいは創造的行為、楽しむ、リラックスする、自分の周囲の世界を探究するなどの行動だ

・健康：体や精神、そして（信仰がある場合）宗教的な幸福を保つための行動を指す。具体的にはエクササイズ、健康的なクッキングや食事、自然と親しむ、本書のような心についての本を読む、メンタルの指導者やセラピストに会う、思考・感情から逃れるスキルを磨く、セルフ・コンパッション、祈り、瞑想、ヨガや社会奉仕などをする

これら四つのドメインは多少重複することがある。これはむしろ好都合だ。相乗効果が期待できるからだ。一つの分野で小さな変化が起これば他の分野に連鎖反応が起こる。

あなたのテーブルは人生の四つのドメインに分けられている（Extra Bits の Chapter23から用紙をプリントアウトできる）。必要なら、各ドメインをさらに細分化しよう。たとえば愛のドメインに〝友人〟〝伴侶〟〝子供〟のサブドメインを作ってもいいし、健康のドメインを〝肉体〟と〝心〟に、仕事の部分を〝賃金労働〟と〝ボランティア〟に分けてもいい。

それぞれのドメイン（あるいはサブドメイン）に、当てはまる価値を一つから三つ書き込もう。その区分で自分にとって一番大切な価値、これから持ちたい、あるいは継続したい価値だ（価値がいくつかのドメイン、サブドメインに重複するかもしれない。また一カ所だけの価値もあるだろう）。

書き終わったら、先週一週間、自分がそれぞれの価値をどのくらい実践したか（それが自分の言動

や行動にどの程度影響を与えたか）の〝平均値〟を、10（非常にした）から0（まったくしなかった）までの十段階で評価してほしい。わざわざ〝平均値〟と言ったのは、実践の度合い、理想の自分の達成度は刻々と変わるからだ。自分が理想通りだと思った次の瞬間、私たちは思考と感情に囚われ、後退行動に引きずり込まれ、理想像とはかけ離れた言動・行動をしているかもしれない（サブドメインを作った場合、その一つ一つにも点数をつけよう）。

読み進める前に必ずやってほしい。

結果はどうだっただろうか？　作業している時、苦痛の思考や感情が浮かんできただろうか？　そうだとしてもまったく正常だ。ほとんどの人が、自分のスコアは予想以上に低いと感じる。すると心は私たちを批判し、罪悪感や恥ずかしさ、不安が湧き上がる。どうすればいいかはお分かりだろう、これらの思考と感情が存在することを許し、心の助言に感謝し、自分に優しくして現在していることに集中する。そして次にすることは……。

■一つのドメインを選び、短期目標を設定する

四つのドメインから一つを選び（サブドメインでもよい）一週間取り組んでみる。そう、選ぶのは一つだけ、やるのは一週間だ。小さく始めることが大切だ。一度にたくさん変化させようとすると手に負えなくなって投げ出してしまうことが多いからだ。

最終的にはすべてのドメインについて、中・長期の目標を立てることになる（これは後の章で扱

図⑧価値の四角形

仕事 仕事について私が持ちたい、あるいは継続したい価値 先週一週間、これらの価値をどのくらい実践したか？ 0＝（まったくしなかった） 10＝（非常にした） スコア：	愛 愛について私が持ちたい、あるいは継続したい価値 先週一週間、これらの価値をどのくらい実践したか？ 0＝（まったくしなかった） 10＝（非常にした） スコア：
健康 健康について私が持ちたい、あるいは継続したい価値 先週一週間、これらの価値をどのくらい実践したか？ 0＝（まったくしなかった） 10＝（非常にした） スコア：	遊び 遊びについて私が持ちたい、あるいは継続したい価値 先週一週間、これらの価値をどのくらい実践したか？ 0＝（まったくしなかった） 10＝（非常にした） スコア：

う）。だがこの挑戦を成功させるにはゆっくり進む必要がある。中国の古い言葉を思い出そう。「千里の道も一歩から」である。イソップ物語にもある。「小さな積み重ねが大きな結果を生む」のだ。古い言い伝えをもう一つ。「立派な樫の木も元は小さなどんぐり」。もうひとつ有名なことわざは……おっともうやめよう。あなたも納得してくれたと思う。

今のところは、一つのドメインを選び、選んだ価値に基づき、今後数時間、あるいは数日間行う短期目標を一つ設定することだ。ここで目標設定についていくつか注意点を挙げておこう。

●簡単すぎず、難しすぎない

目標が簡単すぎると成長にはつながらない。それはやや難しいくらい、あなたをコンフォートゾーンから引き出してくれるくらいがちょうどいい。だが難しすぎるとあきらめるか、やっても失敗してしまうだろう。なので適切な線を見つけよう。

●感情的な目標は避ける

自分がどのように感じたいかなどの、感情がからんだ目標は避けよう。この種のものは自己破滅的な闘争戦略にあなたを引き込むだけだ。

●〝死者の目標（何かをしない目標）〟を避ける

〝死者の目標〟とは、あなたよりも死者の方がうまくできることを指す。たとえばタバコを止めるという目標は、死者の方がうまくやれる。彼らがタバコを吸うことはないからだ。彼らを火葬したなら話は別だが（訳注：go up in smoke 煙になる、に引っ掛けたジョーク）。申し訳ない、ちょっと悪趣味だがどうしても言ってみたかった。

〝何かをしない〟という目標は〝死者の目標〟だ。死者は〝何かをしない〟ことにかけては最強だ。なのでこれらの目標は、〝生者のための目標〟（死者よりも生きている人間の方がうまくできること）に切り替えよう。自問してみよう。「この行動をしないとしたら代わりに何をするだろう？」たとえば、タバコを吸う代わりに錨を降ろす、吸いたいという衝動にのってサーフィンする。あるいはストレッチをする、散歩をする、マインドフルにコップの水を飲むなど（これらは死者よりあなたの方が絶対にうまいはずだ）。

●行動を絞り込もう

行動を絞り込むことも重要だ。たとえば、「もっとエクササイズをする」などの曖昧なものではなく、「私は週に二回、三十分間泳ぐ」あるいは「ランチタイムに十分間散歩する」などにする。いつ、どこでやるかについても決めておこう。「私は水曜日、仕事の後に公園を走る」など。

●現実的な目標にしよう

目標はあなたの状況に合わせた現実的なものにしよう。状況とは時間、お金、健康状態、スキル、知識、他者から受けられる援助などだ。たとえばあなたが健康を損なっているなら、ジョギングやジムでのトレーニングは現実的ではないだろう。だが散歩なら実現可能だ。そして忘れないでほしい、これは短期目標だ。少なくとも来週中には実現できるような目標にしよう。

●苦痛の思考や感情は避けられない

コンフォートゾーンを出ると何が起こるか？　そう、その通り、不快感だ。頭の中の言いわけ製造機が、行動を止めさせるためのあらゆる理由を吐き出す。同時に、不快な感情、特に不安の感覚が体に現れる。どんな思考や感情が沸き上がるだろうか？（それらはエクササイズをしている時でさえ現れる）。あなたは望む人生を目指すために、これらの苦痛の思考や感情に場所を作ってやれるだろうか？（答えがノーの場合、前に戻って難易度の低い、もっと小さくシンプルな目標に変更する必要がある）。

さて、あなたは先に進みたいだろうか？　研究によれば、頭で考えるだけよりも目標を書き出した方が、行動する可能性はずっと高まるそうだ。なので是非、よりよい人生のためにペンを取ってほしい。そして本に書き込むか、次の用紙を写し取るか、Extra Bits からワークシートをダウンロードして、数分かけて書き込んでほしい。

読み進める前に書き込もう。

■やってみることが大切

やってみただろうか？　ときおり、この部分を読み飛ばしてしまう人がいる。もしあなたがそうなら、覚悟してほしい、どこまでも追いかけて、捕まえて、あなたが罪を悔いるまでくすぐりの刑を喰らわせる。冗談はさておき、どうか飛ばさないでほしい。今の時点では大変な作業に思えるかもしれ人生のドメイン：

価値：

目標：

いつ、どこでこれを行うか、具体的にどんな行動をするか？

どんな苦痛の思考や感情が現れそうか？

これらの困難な思考と感情に対し、それから逃れるスキルを積極的に使い、望む人生を創るために必要なことをするか？　イエスかノーで。

（答えがノーなら目標を小さくシンプルで簡単なものに変えよう。）

0から10の段階で、この行動をするのはどの程度現実的か？

（答えが7未満なら目標を小さくシンプルで簡単なものに変えよう。）

ないが、何度かやっているうちにいちいち計画しなくても自然にできるようになる。

前に、不安を置き換えるための効果的な目標設定と行動計画について説明した。これがまさにそうだ。面倒そうに見えるが、やってみると思ったほど時間はかからない。そして実りは思っているよりずっと大きい。また、他のスキルと同じように、練習するほど簡単になる。

続けていくうちに価値から行動に移るまでを三つの簡単なステップで移行できるようになる。

1. 人生の一つの分野に取り組む時、まず自分にたずねる。「自分はどんな人間になりたいか？」「人生でもっとも支持したいものは何か？」
2. そして、二つの価値を選んだら、こう自問する。「これらの価値をどんな行動で表したいか？どんな行動、発言をすべきか？」
3. 最後にまた自問する。「この行動が呼び起こす不快感に進んで居場所を作ってやれるか？」

少々不自然に感じる？　細かくかっちりとし過ぎている？　昔ながらのおおらかな人生、自然な生き方はだめなのかって？　心配いらない、これが軌道に乗れば、おおらかに生きるチャンスはいくらでもある。だがまずは動き出すことだ！

■いくつかの例

前に紹介したソウラを覚えているだろうか？　三十三歳になったばかりの彼女は悲しみと孤独に沈んでいた。友人たちには長い付き合いの伴侶がいるのに彼女は相手がいなかったからだ。

〝愛〟のドメインにソウラが置いた価値は、愛にあふれ、人を気遣い、オープンで、セクシーで、楽しむことが好き、というものだった。親しい友人たちや家族、そして自分自身に向けてこれらの価値を形にするのは簡単だった。しかし彼女は自分の伴侶に対しても、それを実践したかった。だがその相手がいなかった。なので、彼女の長期目標はパートナーを見つけることだった。そこで私はソウラに、来週中に実行可能な短期目標を考えてもらった。長期目標に一歩でも近づけるような目標だ。彼女はネットの出会いサイトに登録することにし、自分のプロフィールを作り、候補者探しに少なくとも一時間をかけた。

この課題を実行すると、驚くほどの不安が湧き上がってきた。彼女の〝言いわけ製造機〟は「こんなことは時間とお金の無駄だ、こんな所にいるのは冴えない男か、詐欺師かサイコパスだけだ」とささやいた。だがソウラは、心が彼女の安全を守ろうとしていることに感謝し、不安に居場所を作ってやり、目標を押し進めた。

ドナのケースを見てみよう。愛するものを失った悲しみと折り合い、飲酒をやめた彼女は、人生を立て直すという手ごわい課題に一つずつ取り組んだ。ドナはひどく痩せ細り、健康状態は最悪だった。彼女はいつも健康、特に今まで肝臓に与えてきたダメージを心配していた。当然、彼女の選んだドメインは〝健康〟だった。彼女の主な価値は自分を気遣うこと、勇気づけることだった。短期目標はヘルシーなランチをとり、その後十五分ほど散歩することだった。また、今までのように深夜二時ではなく、十一時までにはベッドに入るようにした。目標が三つであることに気づいたと思う。現実的で重荷に感じられなければ、複数の目標を設定してかまわない。

最初の一週間、ドナはヘルシーなランチを食べ、一週間のうち五日間散歩した。また週四日は十一時にベッドに入った。彼女はそれに満足していた。もちろん完全達成ではないが、だから何だというのだ？　彼女の健康のためには素晴らしい進歩だ。また、完璧を目指すのは惨めな失敗への早道だ。

　さて、話をあなたに戻そう。あなたはこの課題を終わらせただろうか？　まだならどうか今すぐやってほしい。ひとつ役立ちそうな情報がある。研究によれば、あなたが他の人に実行を誓えば、目標の達成率はぐっと上がる（協力的で信頼できる人であることが条件だ）。誰か電話かテキストメッセージ、メールかズームで連絡できる人がいるだろうか？　いたら彼らにあなたの課題について説明しよう（いなければ仕方ないが、誰かいればそうすることを強くお勧めする。たとえ少々不安だろうと）。

■一〇〇％保証する！

　ソウラとドナが目標を達成できたのは、二人がすべきことをしたからだ。思考から逃れる方法を学び、自分の価値を見つけ、現実的な目標を設定したのだ。さて、私は次のことをあなたに請け合おう。

　この章で取り上げたことをすべて実行すれば……。

　私は一〇〇％保証する。

　あなたはそれを達成するか、

　達成しないかのどちらかだ！

完全保証、さもなければお金はお返しします！

　ふざけたコメントだが一面の真実はある。ある時は、私が言った方法で最後までやりとげ、すべてがうまくいく。だがある時はうまくいかない。なぜか？　あなたが人間だからだ。他の人と同様、びっくりするほど不完全で当てにならない存在だからだ。あなたはさまざまな障害を乗り越えていつも狙い通りにやってのける架空のスーパーヒーローではない。あなたは人間だ。他の人々と同じように、時には成功し、時には失敗する。

目標を達成したなら万々歳だ。価値に従って生きること、自分の望む人生に向かって進むことがどんな感じか気づこう。今に完全集中し、素晴らしい経験を味わおう。

もし達成できなかったら？　あなたの最初の目標を〝プランA〟としよう。理由は何にせよプランAはうまくいかなかった。ならば〝プランB〟に移ろう。それらの価値を行動するための別のやり方を設定するのだ。

結局のところ人生は複雑であり、計画は変わるものだ。そして私たちが目指すのは目標をすべて達成することではない。それは愚かなやり方だ。目的は価値に沿って生きるのがうまくなることだ。プランAがテーブルから下げられたらプランBに移行しよう。そして価値を行動に移しながら、どんな気分がするか見てみよう。人生が意味ある方向に向かっていることに感謝しよう。

どちらもできなかった場合は、a．自分に優しくなろう――あなたは人間で、不完全であることを忘れてはいけない。私たちの誰もが同じような失敗をするのだ――と考え、次に、b．あなたの行く手をふさいでいるものに気づこう。特に、どんな思考や感情に囚われているかを見てみよう。この情報は次の章のテーマ、「変化を邪魔する壁を乗り越える」のために非常に役に立つ。

さて、もう説明は十分だろう。では先に進もう。幸運を祈る！

第24章　手強い障壁

セラピストやコーチに聞いてみよう。彼らは口をそろえて「そんなのは日常茶飯事だ」と言うだろう。カウンセリングの時、クライアントが興奮し、熱狂し、まくし立てる。「私はこれをやりますよ。そしてこれも、あ、そうだあれも」。だが彼らは罪悪感と恥ずかしさでいっぱいになって次のカウンセリングにやってくる。何一つできなかったからだ。こんな時、私はクライアントに何と言うか？「私もあなたと同じですよ！」（この時の彼らの驚きの表情を見せたいくらいだ）。「やると宣言したのにやらないことなんてしょっちゅうですよ！」

「あなたが？」彼らは驚きの声をあげる。「しかし、あなたは医者でしょ？　本も書いているし、クリス・ヘムズワース（訳注：オーストラリア出身の俳優。〝アベンジャーズ〟などに出演）にそっくりじゃないですか！」（そう、最後の部分はウソだ。）

「みんな同じ穴のムジナ、似たものなんですよ」私は言う。「これが人間ってもんです。最初は盛り上がって絶対やると言う。でもやる時はやるし、やらない時はやらないんです」。そしてクライアントが自己批判の思考から逃れ、セルフ・コンパッションの練習をするのを助ける。次にクライアントの前に立ちふさがっているものが何かを探る。

話をあなたに戻そう。あなたがプランAからプランBに移行したなら上出来だ。だができなくても心配いらない。あなたの仲間はたくさんいる。私たちは失敗するものだ。そして自分を責めることは何の助けにもならない。〝私はダメ〟という思考から逃れ、自分を優しく抱きしめよう。そして次のことを探求してみよう……。

■立ちはだかっているものは何か?

わたしたちが意味ある人生を目指して前進していく時、〝手強い(HARD)〟壁が何度も現れる。

H(Hooked):思考・感情につかまる
A(Avoiding):不快感を避ける
R(Remoteness from values):価値から離れる
D(Doubtful goals):実現が疑わしい目標を設定する

一つずつ見ていこう。

●H:思考・感情につかまる

私たちの心にある〝言いわけ製造機〟は驚くほどクリエイティブだ。ありとあらゆるトークで私たちを行動から遠ざけようとする。「いい人生なんて自分にふさわしくない」「どうせ失敗するよ」「私にはうまくやれない」「何かまずいことが起きるぞ」「私の力じゃ無理だ」「忙しすぎる/疲れてる/落ち込んでる/不安だ」「もう少し後でやろう」。まだまだある。

だが、これらは全然問題にならない。それに囚われない限りは。これらの思考は私たちを捕まえ、コースから引きずりだそうとする。だがうまく逃れれば何も起こらない。解毒剤は〝逃れるスキル〟だ。思考に気づき、名前をつける、あるいは心にお礼を言う。もし捕まったなら、錨を降ろす。

●Ａ：不快感を避ける

成長し、意味ある変化をとげるためにはコンフォートゾーンを出る必要がある。すると、苦痛の思考・感覚・感情・記憶・衝動という形の不快感に襲われる。だが経験に対し積極的に心を開き、場所を作ってやらなければ意義ある挑戦などできない。

解毒剤は？　そう、逃れるスキルだ。ＴＡＭＥのテクニックを使ってこれらの感情をなだめよう。それらの存在を許し、息を吹き込み、居場所を作ってやり、自分を優しく抱きしめる。こう自問する習慣をつけよう。「私は大事なことをするために、積極的に不快感に居場所を作ってやれるか？」

●Ｒ：価値から離れる

それが重要でも意義深くもなければ、こんな難しいことに挑戦する意味はない。価値を無視したり、軽視したり忘れたりすると動機は弱まってしまう。解毒剤は価値と真につながることだ。価値は私たちの奥底に常に存在している。私たちがそれとどんなにかけ離れていようとも（それはちょうど体のようなものだ。私たちが何年も体をないがしろにしたとしても、それは存在する。そしてそれを使うのに遅すぎるということはない）。一つ一つの行いがどんなに小さなものでも、あなたは価値に基づいて行動していることを確認してほしい。価値に生きることは本当に大切なのだ。

●D：実現が疑わしい目標を設定する

あなたの目標は本当に現実的だろうか？　高望みし過ぎ、あるいは急ぎ過ぎてはいないか？　あるいは完全を目指し過ぎているとか？　達成に必要な材料（時間、お金、エネルギー、健康、周囲の協力、スキルなど）がないにもかかわらず、目標を設定していないだろうか？

目標が現実的でない場合、あなたは圧倒され、あきらめてしまうだろう。あるいは挑戦しても失敗するだろう。解決策は目標をいくつかに分けることだ。目標を小さくシンプルに、より簡単なものにすれば、現在のあなたの環境でも現実的になるだろう。自分にたずねよう。「この目標にほんの少しでも近づくために、私ができるもっとも小さい、簡単な行動は何だろう？」そしてそれを実行しよう。実行したらもう一度自問しよう。「目標にもう一歩近づくための次の小さな行動は何だろう？」（これはちょうど昔のジョークのようなものだ。「象を食べるにはどうすればいい？」「一度に一口ずつ！」）

目標を達成するためのスキルがない場合はどうする？　その時は、それを学ぶことを目標にしよう（自転車に乗れないうちはツール・ド・フランスに出場するのは無理だ）。

時間、お金、健康、エネルギー、周囲の協力、機材などで、足りないものがあり、今すぐは手に入らない場合は？　その時はいさぎよく目標をあきらめ、現実的なものに変えよう（少なくとも今は。あとでいくらでも挑戦できる）。

■言いわけ製造機はしばらくすると必ず動き出す

心がいつもあなたのチアリーダーになってくれるとは限らない。「さあさあ、きっとできる！　さあさあ、挑戦だ！」こうなることはほぼ絶対ない。本当にまれに、そうなることはある。目標をずっと先に設定したような場合だ。「来年これをしよう」（心は言うだろう。「いいね！」）。あるいは超カンタンな、レモンを搾るような、不快感など起きようもない目標を設定した場合もそうなる。だが短期の、しかもコンフォートゾーンから出なければならない目標の場合、言いわけ製造機が動き始める。以下はよくある言いわけだ。

●「たぶん失敗する」

「失敗するよ」「きっとミスをするよ」。これは例によって、心がお節介な友人になった状態だ。心があなたに解らせようとしているのは、a．自分の行動に集中しろ、そして、b．練習は大切だ、である。

実際、私たちはしょっちゅうミスをする。それが人間の本来の姿なのだ。今のあなたが当然のようにできること、読書、おしゃべり、散歩、自転車に乗るなどは、最初はすごく難しかった（赤ん坊が歩けるようになるまで何度尻もちをつくだろう？）。大事なのは、あなたが失敗によって学んだという事実だ。何をしてはいけないか、どうすれば別のやり方ができるかを知り、あなたはうまくなったのだ。失敗は学びの本質だ。失敗を歓迎しよう。そして心に感謝し、完全主義とおさらばしよう。人間である方がはるかに楽しく満足がいくものだ。

●「できるかどうか分からない」

作家のヘンリー・ジェイムズの言葉に、「何ができないかはやってみないと分からない」というのがある。目標を設定する時、私たちは何が確実かではなく、何が可能であるかを考える。この世界に確実なものは少ない。自分が明日生きているかどうかさえ確実ではない。まして目標を達成できるかどうかなど前もって分かるわけがない。ただ一つ確かなことは、やってみなければ成功の可能性はない、ということだ。伝説のホッケー選手、ウェイン・グレツキーは言った。「ショットは、打たなければ一〇〇％外れだ」

●「でももし〜だったら？」

言いわけ製造機の大好きなストーリーに「もし〜だったら？」がある。「やってみて失敗したらどうする？」「時間とエネルギーとお金をすべてつぎ込んで、駄目だったらどうする？」「笑いものになったらどうしよう？」こういう物語に捕まったら行動を起こす代わりに何時間もくよくよ考えてしまうだろう。そんな時はそれに名前をつけ、〝流れの外に出て〟、価値に従って進もう。

たぶん、あなたの心はさらに多くの理由を作り出すだろう。そしてそれらは実にもっともらしい。だが従う必要はない。「私にはできない！」という思考が浮かび、それでもやってみたらできたことが何回あっただろうか？　今まで何回くらい、自分を傷つける自己破壊的な行動を起こそうとし、しかし思い留まっただろうか？（いずれにせよ、いつも思考に従うのは止めた方がいい。さもないと我々は結局刑務所か病院行きになってしまう）。

以下は、思考に従う必要がないことを証明する二つの実験だ。

1．自分に静かにつぶやく。「私は頭が掻けない！　私は頭が掻けない！」そう言いながら腕を動かして頭を掻く

2．自分に静かにつぶやく。「この本を閉じなければいけない！　この本を閉じなければいけない！」そう言いながら本は開いておく

どんな感じだろうか？　こうした思考に従わなくてよいことが分かったに違いない。あなたはいくつかの行動を選択できたのだ。そして、思考脱出がうまくなるほど選択肢は増える。

前に、太り過ぎの不健康を克服したがっている若者、マルコについて話した。マルコは〝健康〟のドメインを選び、〝セルフケア〟を自分の価値にした。一つめの短期目標は明日の朝三十分早く起きてジョギングに行くことだった。だが言いわけ製造機が直ちに起動した。「でも僕はゆっくり寝るのが好きなんだ。それに外は寒過ぎるよ。それに僕はあまりに不健康だし、膝を痛めるかもしれない。ジョギングシューズをどこにしまったかも分からないし、第一、僕がスポーツウエアを着たって様にならないよ」

私は言った。「それらはみんな、ジョギングに行かないための理由としてはとても正当だ。ところで、君が世界で一番愛している人が誘拐されたとしよう。誘拐犯たちは君が目標を達成しない限り人質を解放しないという。それでも君はやらないかい？」

「いや、やりますよ、もちろん」彼は言った。

「君にはこれだけ正当な〝やらない理由〟があるのに朝早く起きてジョギングに行くんだね？」

マルコは言いわけ製造機が止まるまで（あるいはそれがチアリーダーになるまで）行動を起こすのを待つ必要はないことを理解した。私たちは何かをやらない正当な理由を十でも二十でも、三十でも作り出せる。そしてそれでも私たちは行動できる。理由が現れたら気づき、名前をつける。そして心のつぶやきは後ろで鳴っているラジオのように放っておき、価値に基づいて行動し、現在していることに集中する。

〝誘拐〟のたとえ話をすると抵抗感を持つ人々がいる。「でもそれは馬鹿な話ですよ！」彼らは言う。「実際、愛する誰かが誘拐されたりしてませんからね」

私の答えはこうだ。「その通り、だが問題は君の人生の大切な一部が〝誘拐〟されているということだ。君の一部が奪われている。取り返さなくていいのかね？　取り返したい場合、君は必要なことをする覚悟があるかい？　たとえ言いわけ製造機が必死に君を説得しようとしても」

■手強い障壁

さて、四つの手強い障壁についてあなたは理解したと思う。思考に囚われる、不快感を避ける、価値から離れる、実現が疑わしい目標を設定する、だ（まだこれらを経験していなくても心配いらない。やがて必ず現れる）。では次に何をするか？

前の章のプランＡ、プランＢを実現した場合は次の短期目標をひとつ設定しよう（二つでも三つでも構わない。ただし圧倒されることのない、現実的なものにしてほしい）。同じドメイン（あるいはサブドメイン）でも別のドメインでもいい。そして前と同じ手順を踏んでほしい。手強い障壁が現れたら、どうすればいいかはもうお分かりだろう。

前の目標が達成できなかった場合、どの障壁が原因になったのか考え（全部ということもある）、今まで説明した解毒剤を使おう。そしてその目標にもう一度トライするか、新しい目標を設定しよう。

また、繰り返すがプランAが達成できなかったらプランBに切り替えよう。どんなに小さいものでも、価値に生きる道を見つけよう。

第25章　難しい決断

レベッカは、自分の価値が互いに対立していると考えていた。だが本当にそうだろうか？　彼女は四十歳のシングルマザーで不動産エージェントだった。仕事はきつかったがそれなりに楽しく、また彼女は上昇志向だった。彼女にはケアすべき二人の子供がいた。七歳のサミーと九歳のニーナだ。子供の世話と仕事のバランスをとるのは至難の業だった。

レベッカは本当に価値の対立を抱えているのだろうか？　まったく抱えていない。彼女が直面しているのは時間管理の問題だ。どのくらいの時間を家族に向け、自分のキャリアにはどのくらい割り当てるか、だ。

彼女の母親としての一番の価値は、愛情にあふれ、気遣いと楽しさを持つことだった。これらは彼女が週に十時間、二十時間、あるいは五十時間を家族に使ったところで変わるものではなかった。一方、仕事の価値は、フレンドリーで効率的、責任感にあふれていることだった。これらも、十時間、二十時間、五十時間を注ぎ込んだところで変化するものではなかった。

つまり、それらに何時間振り向けようが、家庭でも仕事でも、彼女の価値は変わらなかったのだ。それは価値の対立などではなく、時間管理の対立、人生における重要な二つのドメインでどう時間を配分するかの問題だった。彼女が自分の価値をどんなに明確に理解していようと問題は解決されない。

レベッカがすべきことは二つのドメインでの時間の配分だった。そしてこれについての完全な答えは存在しない。いろいろ試して一番よい配分を見つける必要があるが、彼女がどういう選択をしようと、彼女の心はどちらか片方の（もしかすると両方の）ドメインへの時間配分が十分でないことを責めるに違いない。

だが、時間をどのように分けようと、レベッカは価値を生きることの喜びを味わえるはずだ。子供と過ごしている時は愛情、気遣い、楽しさという価値を、仕事をしている時は親しみやすさ、能率、責任の価値を。そして心が片方のドメインへの時間が多いあるいは少ないことを責めたら、〝十分ではない〟物語から逃れ、罪悪感や不安に居場所を作ってやり、自分に優しく接し、こういう複雑な状況には完全な答えなどあり得ないことを認めればよい。

■難しい決断と板挟み（ディレンマ）状態

私たち誰もが時に、何かの板挟みになったり難しい決断を迫られ、愚痴をこぼす。「この関係を続けるか、やめるか？」「この仕事を続けるか辞めるか？」「このコースを受講するか、他のにするか？」「この治療を受けるか、やめておくか？」「子供を持つべきか、それともいらないか？」「彼らに本当のことを言うべきか、自分の秘密を告げるか、それとも隠しておくか？」

こういう状況になると心はすぐにオーバーヒートし、あせって答えを探す。正しい決断を見つけようとする。問題は、決断を下すのに数日か数週間、数カ月、不満な結婚や仕事など、場合によっては答えを出すのに数年かかるものもあることだ。そしてその間、私たちは深い心の霧の中でくよくよ考えながら生きる。やるべきかやらざるべきか、終わりのない問いを繰り返しながら。その間私たちは不安やストレスに苛まれ、人生を、今・ここを楽しむ機会を失う。

ＡＣＴはそんな状況をどうやって救うのか？

●ステップ１：板挟み状態を認める

大きなディレンマ（板挟み）や難しい決断を迫られた場合、それを数時間で解決するのは極めて難しい。あなたはこの現実に居場所を作ってやれるだろうか？　それと戦うのは状況を悪くするだけだ。

●ステップ２：常識的なステップ――コスト、利益、情報などを考慮する

ディレンマは古くからある常識のメソッド、〝費用対効果分析〟によって解決できることがある。それぞれの選択におけるすべての利益と費用をリストにしてみよう。すでにトライしたが効果がなかった、というのなら仕方ない。あなたは少なくともやってみたのだ。だがもしやっていないか、やってもあまり真剣でなかったか、頭で考えたが紙に書かなかった場合、挑戦する価値はある。

紙に書き出すのは、頭の中で考えたり友人に話すのとはまったく違う効果がある。それはあなたの決断を助け、板挟みを解消できるかもしれない。

また、信頼できるソース（本、人、ウェブサイト、何かの組織など）から情報を得ることによって問題を解決できることもある。それが十分な情報を得た上での決断であることを確認しよう。運が良ければ情報によってその選択の費用対効果がはっきりし、決断を助けてくれるかもしれない。

だが、〝不都合な真実〟がある。ディレンマが大きいほど決断は難しくなり、これらの〝常識のメソッド〟が使えなくなることだ。そもそも、一つの選択肢がもう一つよりずっと良ければディレンマ

など生まれないのだ。

●ステップ3：完全な解決法などない

次のステップは、完全な解決など存在しないのを認めることだ。あなたがどんな選択をしようと不安は起こるし、心は「それは間違いだ」とささやくだろう。そしてやらない方がいい理由を次々挙げる。不安がなくなり、間違った選択をするという思考が消え失せるのを望んでいたら、おそらく永遠に待つことになるだろう。

●ステップ4：選択しないという選択肢はない

どんなディレンマを抱えていようと、あなたはいつも決断を下していることに気づこう。あなたは毎日、仕事を辞めずに続ける決断をしている（辞表を提出する日まで、あなたは仕事を続ける）。毎日あなたは離婚せず結婚生活を続ける選択をしている（あなたが荷物をまとめて家を出る日まであなたの結婚生活は続く）。手術の同意書にサインしない日、あなたは手術をしないことを選択している。秘密について語らなかった日、あなたはそれを言わないことを選んでいるのだ。

●ステップ5：今日した選択を認めよう

あなたがその日にした判断を認めることから一日を始めよう。自分に言おう、「よし、次の二十四時間私は結婚生活を続けることを選択しよう」あるいは「今から二十四時間、この秘密を守ることを選ぼう」。二十四時間では長過ぎると感じたら、次の十二時間でもよい。あるいは六時間でも（次の六十分でも構わない）。そしてそれが終わりに近づいたらもう一度見直し、次の二十四時間（あるいは十二時間、六時間）の選択をしよう。

●ステップ6：態度を明確にする

ステップ5での選択を踏まえて、あなたは次の二十四時間（あるいは十二時間、六時間）その人生のドメインでどんな態度を貫きたいだろうか？　そのドメインの中でどんな価値に従って生きたいだろうか？　あなたがあと一日（あるいは一時間）結婚生活を続けることを選択したなら、その一日（あるいは一時間）どんなパートナーでいたいだろうか？　あと一日（あるいは一時間）仕事を続けることを決断したなら、その間どんな従業員でありたいだろうか？

あなたがどんな状況にいようと、価値に従って行動する方法は見つけられる。あなたがある秘密について、人に話さないことを選択したとする。だが正直であるという価値はとても重要だ。その場合でも、毎日、正直という価値を生き抜く方法は山ほどある。たとえば自分がどれほど傷ついているかについて正直でいることをテーマにしたセルフ・コンパッションの練習もできる。あるいは自分の感情を正直に日記に書き記すこともできる。秘密にしておくことがどんなに難しいかを誰かに打ち明けることも可能だ。

●ステップ7：考える時間を作る

自分の置かれている状況をマインドフルに考える時間を決め、それを定期的に行う。これを実行する一番効率的な方法はステップ2で説明した。日記帳かパソコンを使い、それぞれの選択肢の費用対効果を書き出し、その行動を最後に行ってからどんな変化があったかを振り返ってみる。また、a．ある選択をした場合と、b．別の選択をした場合、それぞれの人生がどうなっていたかを、ポジティブ、ネガティブの両方想像してみる。

大体の人は一回につき十〜十五分間を週に三、四回やれば十分過ぎるだろう。だがもっと長くても短くても、自分がやりたい長さでかまわない。大事なのは集中することだ。テレビを見ながらとか、家事をしながら、車の運転、ジムでのトレーニング、料理をしながらやってはいけない。心静かにすわり、紙とペンかパソコンを使い、他のことはせずに上記の内容を時間までひたすら考える。

●ステップ8：物語に名前をつける

心は一日を通してあなたを何度もディレンマに引き戻そうとするだろう。だがそれについて思考するのが有効なら、あなたはとっくに板挟み状態から抜け出ているはずではないか？　そこで〝物語に名前をつける〟練習の出番だ。自分に言ってみる。「おっとまた来た、〝続けるか辞めるか〟の物語だな。ありがとう心。君が私を助けようとしているのは分かってるよ。でももう手は打ってあるよ」。そして、自分の意識をもっと意味あること、価値に基づいた行動に向けよう。また、自分にこう言い聞かせるのも効果がある。「これについては後で、〝思案の時間〟の時に考えよう」

●ステップ9：心を開き居場所を作ってやる

〝不安〟はあなたがどんな選択をしようがほぼ確実に起こる。何度も何度も……。なので心を開きそれに居場所をつくってやる練習をしよう。まず認めよう。「不安が現れたぞ」。次に思い出そう。「これはノーマルな反応だ。困難で先が予想できない状況に陥ったら誰でも感じることだ」

●ステップ10：セルフ・コンパッション

最後に一番大事なことを。自分に優しくしよう。思いやりをもって自分に接するのだ。優しく語りかけよう。あなたにとって一番効果的なテクニックを使い、役に立たない自己批判的な心の声から逃れよう。

自分は感情のある人間なのだということを忘れてはいけない。冷徹な確率分析で答えを弾き出すハイテクコンピュータではないのだ。思い出そう、これはとても大変な決断なのだ。もし簡単ならそもそもディレンマなど生まれないだろう！

苦痛があること、傷ついていることを認めよう。そして優しさや気遣い、育みの心をもって、自分をいたわろう。苦難の時に自分を慰め、優しくサポートしよう。親しい友人とゆっくり過ごす、体の手入れをする、好きな娯楽に浸ってみる、スポーツやクリエイティブなことを追求してみる、ヘルシーなディナーを作ったり、第15章で紹介した〝優しい手〟のエクササイズをするなど。

以上のステップを毎日繰り返そう（必要なら何回かやろう）。すると以下のどれかが起こる。

1. しばらく続けると、一つの選択肢が他のものより魅力的になってくる
2. しばらく続けると、選択肢の一つが消える
3. しばらく続けても板挟み状態が解消されない

もし結果が1か2の場合、決断を下すことができ、ディレンマは解消される。3が起こった場合、決断しないことによる不安の霧の中をさまよう代わりに、毎日をマインドフルに価値に基づいて生き、自分に優しく接するようにしよう。

第26章　悪い習慣を打ち破る

私たち誰もがそれに取りつかれている。しかも多くのそれに。〝悪い習慣〟（私たちを望む人生から遠ざける、どうしても繰り返してしまう行動）は誰も避けることができない。そして、めったなことでは変えられない。作家マーク・トウェインは言った。「習慣は習慣だ。誰もそれを窓から放り出すことはできない。階段を一段ずつ降ろしていくしかない」（トウェインはこうも言っている。「タバコをやめるなんて簡単だ。私は何百回も辞めている」）

そういう意味では習慣を〝破る〟という言い方は誤解を生む。それを一刀両断にし、ゴミ箱に投げ込んで終わりにできるような響きがあるからだ。思い出してほしい、脳のしくみはあくまで足し算で、引き算はできない。〝悪習慣〟を支えている古い神経経路を消去することは不可能なのだ。これらの経路はいつまでも存在し、衝動を生み出し、どんな後退行動だろうと継続させる。だが私たちは古い神経経路の上に新しい経路を上書きすることができる。私たちは新しい、より効果的な行動パターンを身につけ、古い後退行動の代わりにその前進行動を意識的に選択できる。

そして、こうした新しい習慣を何度も繰り返し、ひたすら練習に練習を重ねれば、長い間には自然に、自動的に行動に移せるようになる。この時点で私たちは〝新しい習慣〟を確立したと言える。だが、新しい行動が習慣として定着するには〝ものすごーく〟長い時間がかかる。二十一日（あるいは

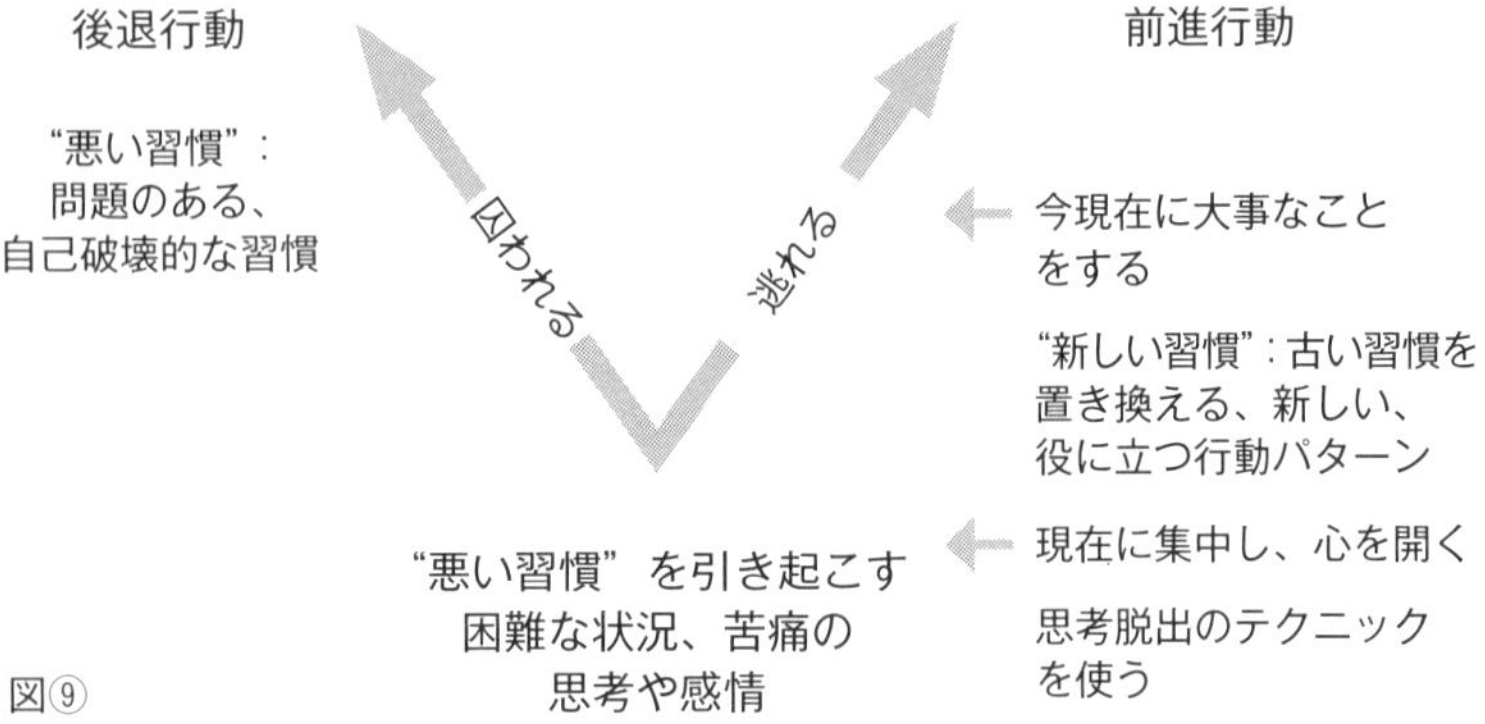

図⑨

二十八日、三十五日）で新しい習慣を定着できると主張するブロガーや自己啓発本、講演者などを信じてはいけない。なかなか魅力的な数字だが科学的な根拠はない。耳に心地よいというだけの理由で誰かが創作し、人々がそれを事実であるかのように広めているに過ぎない。自分の経験を振り返れば、新しい行動を習慣にするには数年とは言わなくても、少なくとも数カ月、繰り返しの練習が必要であることは分かると思う。なので、新しい行動が自然に起こるようになるまで、意識的に努力して〝古い行動をしている自分を捕まえ〟、つまり古い後退行動を始めようとした時（あるいは始めた時）にすぐに気づき、それを阻止して前進行動を選択する必要があるのだ。

　さいわい、この本で紹介したスキルを応用すればほとんどの〝悪い習慣〟を阻止し、より効果的な行動を選択できる（上に図⑨を示す）。

　悪い習慣を追い出すプロセスを始めるにあたり、以下の五つを検討するとよい。

1．何が悪い習慣行動のきっかけになっているか？

2. それをすることで得られるもの、犠牲になるものは？
3. 悪い習慣を置き換える新しい習慣は何か？　そしてその理由は？
4. どの思考脱出スキルが必要か？
5. 悪い習慣をやめる助けになるもの、人は誰か？

では早速やってみよう。何とかしたい〝悪い習慣〟（何度も繰り返してしまう役に立たない、あるいは問題の種になる自己破壊的な行動）を一つ選び、それぞれの質問に、それについての答えを書く（Extra Bits にワークシートがある）。もっとも一般的な悪習慣、〝先送り〟を例にとろう。準備はできた？　紙とペンは用意した？　ＯＫ、ではやめたい習慣を書き出し、考えてみよう。

■質問１：何がきっかけになっているか？

どんな状況、思考・感情がきっかけでこの習慣が始まるか？　特定の人々、場所、出来事、思考、記憶、衝動、それとも感情だろうか？（きっかけが分からない場合、とりあえず〝分からない〟と書いておこう。そして次の数日間、〝今を生きる〟テクニックを使い、いつ、どこでその習慣が起こるかを観察し、直前にどんな思考・感情が現われたかを見てみよう）。

例：私の〝悪い習慣〟は大事な課題を先送りにしてしまうことだ。引き金になるのはａ．退屈で不快で不安を呼び起こすその課題について考える時だ。あるいはｂ．課題について考える時湧き起こる不安や恐怖、その他の不快感だ。

■質問2：その結果得られるものとその代償

どのような習慣にも見返りと代償があるものだ（見返りとは〝恩恵〟〝利益〟のことだ）。自分がなぜ問題のある習慣を続けてしまうのか知りたければ、まずきっかけを観察してみることだ。次に見返りは何かを特定する（前進行動、後退行動問わず）。どんな習慣の見返りも、以下のものに集約される。

・望まないものを避ける、あるいは逃れようとしている（あなたの内側にあるもの、外側にあるものの両方を含む）
・欲しいものを得ようとしている（自分の内側のもの、外側のものを含む）

以下は特によく見られる見返りだ。その習慣によってあなたは……

・苦手な人々、場所、状況、活動を避けられる
・望まない思考、感情、記憶、衝動あるいは感覚を避けられる
・必要なものを得られる
・人々の注目・承認を集められる
・他の人に自分が望む行動をしてもらえる
・他の人から〝よく見られる〟、他の人に〝溶け込める〟
・気分がよくなる（リラックス、安心、穏やか・幸福になる、安全を感じる）

・自分の正当性を感じる（私たちは正しく、他の連中は間違っている）
・問題に真剣に取り組んでいるように感じることができる

どんな習慣にも考えられる見返りはたくさんあるが、ほとんどはこれらの大まかな分類のどれか、あるいはいくつかに当てはまる（通常は複数に当てはまる）。場合によっては、必死に探したにもかかわらず見返りが分からないことがある。それも問題ない。分からなければそれでもよい。実は見返りの代償をはっきりさせる方が重要なのだ。

習慣を変えようとしている時点で、私たちはいくつかの代償にうすうす気づいている。でなければわざわざそれを変えようとはしないだろう。だがここではさらに深く掘り下げ、また私たちは習慣のために払っている犠牲をより明確にしたいとも思っている。でなければこんな大変な作業はやらないだろう。自分自身に素直に尋ねよう。

・この習慣になんらかの不利な点、代償があるだろうか？　意図しなかったネガティブな結果があるだろうか？
・この習慣によって何か重要なものを失うか、あるいは得られなくなるだろうか？
・この習慣によって重要な人や物との接触が妨げられるか？
・この習慣は私たちの健康や幸福、仕事、人間関係、あるいは人生の満足度にネガティブな影響を与えるか？

例：先送りにする習慣の見返りは
・退屈で、面倒で、不安を呼び起こす行動を避けられる
・不安、恐怖、その他の不快感を避けられる
・もっと面白い、簡単な、あるいは楽しいことができる
・先送りにすると決めると、ホッとする

例：先送りにする習慣の代償は
・人生を向上させるための重要な課題ができない
・課題をすることでもたらされる恩恵が得られない。例えばA、B、C（満足感、達成感、自分に忠実でいること、健康や人間関係の向上、重要な長期目標に向かって進むことなど）
・長期的にみると、先送りは不安を増大させ、幸福を損ない、X、Y、Z（健康、財政状態、人間関係など）を制限してしまう
・貴重な時間とエネルギーを、気をそらすための行動に浪費してしまう

作業が終わったら自問しよう。これらの代償は見返りを上回っているだろうか？

答えがノーなら（そしてあなたが自分自身に一〇〇％正直であるなら）その習慣はあなたにとって大した問題ではない。別の習慣を選ぼう。

イエスなら、次にするのは……。

■質問3：代わりにすべき習慣は？　そしてその理由

習慣に支払う代償が見返りを上回ることが分かったら、代わりにすべき習慣を考えよう。

例えば、

a．子供やパートナーの行動にイライラしたり腹が立った時に、彼らを怒鳴りつける代わりにどんな行動をしたらよいか？

b．惨めさやストレス、不安、退屈などを感じた時、酒を飲んだり薬物をやったり、過食したりタバコを吸う代わりに何をしたらよいか？

c．テレビを見たりゲームをしたり、ＳＮＳで時間を潰したり、朝ベッドから出ない代わりに何をすべきか？

ここで目標設定のスキルを使おう。価値に基づいた新しい、役立つ行動を選択するのだ。

例えば、先ほどのリストの場合、

a．私たちは怒鳴りつける代わりに、辛抱強く穏やかに相手に行動を変えるよう頼むことができる。あるいは起こったことを受け入れジョークにしてしまうこともできる。相手が引き金になる行動をした時、穏やかに正直に、自分の感情を言葉にすることもできる

b．酒を飲んだり薬物や食べ物、タバコに頼る代わりにＴＡＭＥのテクニックを使って感情をなだめることができる。そしてその後、有意義で心地よい行動をする。犬や猫と遊ぶ、本を読む、

ワークアウトしながら映画を見る、休暇の予定を立てる、クリエイティブなことをする、古い写真を眺める、家族や友人と楽しい時間を過ごすなど（まずＴＡＭＥを先におこない、感情に心を開き、居場所を作ってやることが大事だ。さもないとこれらの行動は単なる逃避になってしまう）

ｃ．こうした行動をする代わりに、ｂで挙げたようなもっと意味あることに時間を使おう（もしアイデアがでなかったらExtra BitsのChapter26にある三〇〇の行動を参照してほしい）

なぜこれらがよい代替行動なのかについてもはっきりさせておこう。これはつまり、その見返りは何かということだ。それは私たちの健康、幸福、人間関係、仕事にどのように役立つか？　人生を望む方向に導いてくれるか？　どんな価値に基づいて生きられるか？　それはどんな長期目標に導いてくれるのか？

例：この課題を先送りする代わりに、私はそれをすぐに始める。

（　　　　　）から始める：（具体的な日付、時間）

それに（　　　）分を費やす（時間をはっきり決める）

まず（　　　）から始める（最初のステップを書く）

０から10段階の評価で、この計画はどのくらい現実的か？（　　　）

その見返りは（　　　　　）だ

　価値に基づいて生きられる、大事な課題を終わらせることができる、Ａ、Ｂ、Ｃのような恩恵が得られる（例えば：満足感を得る、成果を得る、健康の増進、充実感や人間関係の向上、人生を意味ある方向に導く、重要な長期目標の実現に近づくなど）

■質問４：どの思考脱出スキルを使うべきか？

新しい習慣は私たちをコンフォートゾーンの外に押し出すため、苦痛の思考や感情はどうしても現れる。なので、前もって準備しておこう。「備えあれば憂いなし」だ。

・どんな〝役に立たない思考〟が起こってくるだろうか？（やるべきでない理由、厳しい規則、容赦のない自己批判など）
・どんな不快な感情が起こるだろうか？（不安、怒り、恥ずかしさなど）
・どんな脱出スキルを使うべきか？（心に礼を言う、物語に名前をつける、錨を降ろす、衝動のサーフィン、優しい手など）

言うまでもないが、思考脱出スキルが弱い場合はもっと練習が必要だ。素晴らしいのは、すべての逃れるテクニックを練習するほど、対処しなければならない不快感が減ることだ。「お前は失敗するぞ」という思考を単なる言葉として捉えると、その影響は服従モードで反応するよりもはるかに弱くなる。悪あがきのスイッチをオフにすると、生きるのはずっと楽になる。思考が増幅されないからだ。

ある課題にとりかかろうとする。すると足をひっぱる思考が現れる。「後回しにしよう」「すぐやる必要はない」「今は元気が出ないよ」「そんな気分じゃない」「こんなことやりたくない」「そんなの退屈だよ」「他の日にしても問題ないよ」。また、不安、むかつきなどの、苦痛の思考や他のことへの衝動（スナックを食べたりコーヒーを飲んだり、ネットを見たりメールをチェックするなど）も湧いてくる。

こんな時は錨を降ろし、これらの思考・感情に居場所をつくってやることで逃れる。

■質問5：助けになるもの、人は何か？

新しい習慣を定着させるのに役立つものはたくさんある。他の人々から励ましやサポートを受ける、ほうびの仕組みをつくる、自分の環境を作り替えるなど。これらの手法は次の章で検討する。とりあえずはとても効果的な方法を二つ紹介しよう。〝小さく始める〟と〝優しい独り言〟だ。早速見てみよう。

●小さく始める

あなたがジムに行き始めたとして、最初から一番負荷の高いものは使わないだろう。まず軽いものから始めて少しずつ筋肉をつけていく。新しい習慣もこれと同じだ。簡単な目標から始め、時間と共にだんだん難しいものに移行する。まずあまり難しくないものを考えよう。現実的で、今の自分のコンフォートゾーンから大きくかけ離れていないものは何か？

運のよいことに、**過去最高びっくり仰天の、先送りにメチャクチャ効果的な、黄金の**手法がある。先送りに対する戦略では、一つの課題やプロジェクトを一回で終わらせようとしてはいけない。少しずつ噛み砕こう。課題に取り組む時間を短く設定しよう。時間が来たら止める（続けたければそうしてもよい）。

例：私はこの課題に二十分間だけ取り組む。時間がきたらやめてよい（続けたければ続けてよい）。

●優しい独り言

ちょっとした優しい、自分を勇気づける独り言は動機づけに驚くほどの効果を発揮する。

例：僕にはできる。たったの二十分だ。二十分過ぎたら止めていいんだから。続けたかったら続けてもいいし。僕はたいてい、一度何かを始めたらやる気を振り絞って続ける。だがそうならなくても二十分はやる。最初にしては悪くない。ここから積み上げていこう。不快な感情がきたら居場所を作ってやろう。そしてやるべきことをやるんだ。

■行動の時

ここまで読んだら、後は行動あるのみだ（そしてＨＡＲＤ〔手強い壁〕が現れたら、どうすべきかはお分かりだろう。忘れた場合は第24章に戻ろう）。

だが、覚えておいてほしい、これは義務ではなくあなた個人の選択だ。自分の価値に従って生き、なりたい自分になるために選んだ行動だ。なのでやるなら真剣にやろう。現在の課題に集中しよう。そして現れる思考や感情には居場所を作ってやろう。

つまり、現在にあり、心を開いて今すべき行動をせよ、ということだ。

第27章　距離を取る

哲学者のアルフレッド・スーザは書いている。

「私は長い間、本当の人生はこれから始まると思っていた。だがそこにはいつも何かしらの障害があった。まず最初に解決しなければならない問題があった。片づけなければならない物事があった。しなければならない仕事があった。返さなければならない借金があった。それを片付けたら人生が始まると思っていた。そして最後に気づいた。こうした障害こそが人生なのだと」

彼は悟ったのだ。人生は障害物だらけであり、それが現れた時、私たちは「イエス」と言って思考と感情に場所を空けてやり、今すべきことをするか、「ノー」と言って逃げ出すかだ。拒否を繰り返していれば人生は停滞し、縮小していく。「イエス」と言い続けていれば人生は拡大していく。また、「イエス」と言う気分でない時でもすべきことを選択することはできる。そして選択するたびに、私たちは人間として成長していくのだ。

続けていれば、障害に「イエス」と言うのが徐々に簡単に、習慣的になっていく。そしてこれらの経験によって、厳しい状況に陥った時そこから抜け出すための強靭さを鍛えることができる。これは、私が〝積極性〟と呼ぶものだ。積極性をもっと理解するために、次のことを考えてみよう。

■ウンパルンパの失われた都市

あなたは勇敢なる探検家だ。古の都市、ウンパルンパを求めてジャングルを切り進む。突然、ヒルでいっぱいの、ひどい悪臭のする巨大な沼に遭遇する。古代遺跡に到達する唯一の道は、蚊がたむろする泥の中を渡っていくしかない。進むか撤退するか、他の選択はない。あなたはどちらを選ぶだろう？

進むことを選ぶ場合でも、ひどい臭いのする腰までの深さの冷たい沼を、ヒルや蚊に食われながら進むのが好きだからそうするわけではない。古代遺跡の探検があなたにとって真に大事だからだ。進んで不快感を受け入れるのはそれが好きだから、それを楽しんでいるからではない。そうすることで重要な、意味あることが達成できるからだ。

ソウラはこのたとえ話の意味をすぐに理解した。パートナーを見つけるという彼女の目的を果たすために、彼女は出会いサイトで知り会った相手とデートし始めた。自分の傷つきやすさ、不安、「こんなこと時間の無駄だ」「きっと変わり者や社会の除け者に違いない」「もしいい人がいても私なんか好きにならない」などといった感情に進んで居場所を作ってやった。彼女は不快感を進んで受け入れ、デートをし、素敵な相手に何人か出会った。

ミシェルも、家族ともっと濃密な時間を過ごすために、湧き起こる不安に居場所を与え、人々を喜ばせることよりもはっきりと「ノー」を伝えるようにした。

ドナはアルコール依存症を過去のものにし人生を立て直すために、痛みから逃れるために酒を飲むのをやめ、心を開き悲しみに居場所を与え、セルフ・コンパッションを練習した。

最後に富裕な弁護士のカーク。真の価値に接続すると、仕事は彼にとって何の意味も持たなくなった。彼は社会的地位と金、そして両親の承認を得るために弁護士になった（両親も名のある弁護士だった）。だが彼の本当の望みは人々を助けケアすること、特に成長と学び、進歩の手助けをすることだった。彼は心理学者になることにした。この道を進むためには多くの不快感に場所を与える必要があった。収入の減少、何年もの勉強、両親の反対、果たして正しい決断なのかという不安、今まで無駄に費やした時間など。私が最後にカークに会った時、彼は卒業して心理学者になっており、自分の仕事を愛していた。彼が積極的に不快感に場所を与えなければ、現状に到達することは決してなかっただろう。

■個人的な成長

人間的に成長していきたいなら、心を開き、自分にとって大切なことをし続ける必要がある。ここまで私たちは、人生の一つのドメインにのみ短期の目標を設定してきた。手始めとしてはそれが最良の方法だからだ。だがこの辺で、重要だと思われるすべてのドメインに中期と長期の目標を設定しよう。では早速始めよう。

●中期目標

人生のドメインを一つ選ぼう。実行したいと思う人生の価値二つか三つを選び、自問しよう。「次の数週間か数カ月、（自分の価値と一致した）どんな大きな挑戦を掲げられるだろうか？」

今までと同様、ここでも細かく設定しよう。例えば、選んだのが健康のドメインで価値が自分をケアすることだったら、中期目標は「週に三日は健康的なレシピの本から選んだ夕食を作り、昼休みには必ず二十分歩く」など。

●長期目標

今のと同じドメイン、同じ価値について自問しよう。これから数年間、どんな大きな挑戦を行えるだろうか？」ここではあえて大きく考えてみよう。今から一年後、二年、三、四年、あるいは五年後何をなしとげていたいだろうか？　自分のキャリアの変更からパートナーを見つけること、子供を持つこと、家を買う、楽器を習うこと、世界旅行をすることなど。あれこれ夢想してみよう。

何も浮かんでこない場合、心が「まったく何も思いつかないよ」と言ったとしても心配いらない。これもよくあることで問題はない。短期目標、中期目標だけにしておこう。やがてあなたの成長と共に人生が広がり、遅かれ早かれ長期目標は現れる。あるいは現れないかもしれないが、どちらにしても問題ではない。なぜならその期間もあなたは自分の価値を生き、なりたい自分になり、今この瞬間人生を最大限に生きているからだ。

●その他のドメイン

ドメインの一つで何らかの進歩が得られたら、ドメインを変えてみよう。それについても成果があがったらさらに別のドメインに移る。

やり方については正しい・間違いはない。従わなければいけない形式もない。いろいろ試して自分に一番合う方法を探してほしい。毎週ドメインを変える人もいるし、毎月の人もいるし、目標が達成されるまでは変えない人もいる。いくつかのドメインを同時に行う人もいる。だがほとんどの人には複数のドメインを同時に行うのは荷が重いようだ。

なので、自分と相談しながら進めることが重要だ。圧倒されて重荷に感じたり、身動きが取れなくなったり、無理している感じがないだろうか？　もしそうなら自分の限界を超えて、あまりに短時間にあまりに多くを（あるいはあまりに完璧を）望んでいるということだ。その場合は少し減らそう。また、現実的で人生を豊かにする目標にしよう。それが人生のエネルギーを損なうようなら、あなたは再び〝目標至上主義の罠〟に陥っている（第21章の〝楽しめ、だが固執するな〟の項を参照してほしい）。

また、次の〝心の罠〟にも気をつけてほしい。「私は自分の人生で何をすればいいのか？」こういう思考に捕まったことはないだろうか？　私はある。そして断言する。これは惨めさをもたらす処方箋でしかない。この思考に囚われるほど、人生に対する満足度は低下する。問題は、この問いが〝超巨大〟なため、ほとんど誰も答えられないということだ（ごく一部、宗教、政治の分野か、世界を救うなどの壮大な使命を持つ人々を除いては）。

ほとんどの人にとってこれは役に立つ問いではない。あまりに大きく圧倒されてしまうからだ。現実的な問いかけは次の通り。

人生におけるこのドメインの中で、
次の数時間、
次の数日間、
次の数週間、

次の数カ月、
私がしたいことは何だろうか？

答えが出たら、次のドメインに移り同じ質問を繰り返そう。そして次々やっていこう。「人生において何をすべきか？」という質問よりもずっと充実することを保証する。

さて、この章の後半では、もう一つのとても大切なトピックを見ていく。

■新しい習慣をいかに保持するか

新しく身につけた習慣を続けるという難しいチャレンジをサポートするツールは、数千とは言わないまでも数百は存在する。そしてそれらは私が〝七つのR〟と呼ぶ一つのテクニックにまとめることができる。「Reminders リマインダー（注意喚起）」「Records 記録」「Rewards 見返り」「Routines ルーティーン（決まった行動）」「Relationships 人間関係」「Reflecting じっくり考える」「Restructuring the environment 環境の再構築」である。

●Reminders：リマインダー（注意喚起）

私たちは、定着させたい新しい習慣を忘れないためにさまざまなツールを創造できる。重要な言葉やフレーズ、シンボルをコンピュータやスマホのスクリーンにして、マインドフルに行動することや特定の価値を使うことを思い出すようにしてもいい。

昔からある、カードにメッセージを書いて冷蔵庫に貼ったり、バスルームの鏡に立てかけたり、車のダッシュボードにテープで留めるなどもいい。

日記帳やカレンダー、あるいはスマホのノートアプリに言葉を書いておいてもいい。〝錨を降ろす〟や〝優しく〟などの一言二言でもいいし、〝ACE（認める・つながる・集中する）〟のような頭文字だけでもいいし、「今に存在し、心を開き、今すべきことをせよ」のようなフレーズでもいい。

あるいは、腕時計のバンドやスマートフォンの裏、コンピュータのキーボードに明るい色のステッカーを貼っておけば、それを使う時新しい習慣について思い出せる。

● Records：記録

一日を通して習慣の記録をつける。新しい習慣を行ったら、いつどこでそれをしたか、どんな恩恵があったかをノートに書き、また古い習慣が顔を出したら、その時間と場所、その代償を記録する。日記帳でもノートでも、紙でもコンピュータでもいい（Extra Bits にワークシートがある）。

● Rewards：見返り

価値に基づいた新しい習慣を行う時、望ましいのは行動それ自体が見返りとなることだ。だがそれに追加の見返りを加えることで習慣化を強めることができる。

見返りの一つの形は優しく勇気づけるような独り言だ（自分に言おう。「よくやった、大したもんだ！」）。別の見返りは、あなたが愛する誰か、あなたがなしとげた結果にポジティブに反応してくれる誰かと、成功と進歩を分かち合うことだ。

あなたはもっと物質的な見返りが好きかもしれない。この習慣を一週間続けたらあなたが本当に好きなものを買うか、好きなことをするなどだ（マッサージを受ける、本を買うなど）。

●Routines：ルーティーン（決まった行動）

毎朝決まった時間に起きてジョギングに行く、ヨガかメディテーションをするなどの新しい行動パターンはしばらくするうちに自然な習慣になる。そうなれば自分に鞭打たなくてもできるようになる。〝意志の力〟はいらなくなり、それはあなたの日常になる。一つ実験してみよう。新しい習慣がどんなものだろうと、それを日常の動作の中に溶け込ませ、人生の一部にできるかやってみよう。たとえば、仕事が終わって車で家まで帰る時、毎晩、車から降りる前に二分間〝錨を降ろす〟エクササイズをし、玄関まで歩きながら自分が行動に表したい価値について考えてみる。

●Relationships：人間関係

勉強仲間がいれば学ぶことは楽になるし、エクササイズ仲間がいればエクササイズも楽しくなる。アルコール依存症更生プログラムでは、苦しくなった時に禁酒を続ける手助けをする〝援助者〟が存在する。

あなたも、新しい習慣を身につける時に、優しく気遣い勇気づけてくれる誰かを見つけよう（セラピストやカウンセラー、コーチなどでもいい）。〝見返り〟のところで説明したように、その人と常に連絡をとり、うまくやっていることを報告しよう。

あるいはあなたをサポートしてくれる誰かに今までつけてきた記録をメールしてもよいし、誰かにリマインダーになってもらい、新しい習慣を実行することを思い出させてもらうのもいい。例えば、パートナーにこう伝えておく。「私が〝心配〟していたら「錨を降ろせ」と言ってくれないか?」

● Reflecting：じっくり考える

定期的に自分の行動を見すえ、それが人生にどんな影響を与えるかをじっくり考えよう。書き出す（記録する）のでもよいし、誰かと話し合うのでもよい（〝人間関係〟の項参照）。

また、これを心のエクササイズとして一日を通してやってみるのもいい。寝る前にやってもいいし、朝起きた時でもいい。ちょっと時間をとって以下の質問について考えよう。

・私はうまくやっているだろうか?
・自分の行動で、うまくいっていることは何だろうか?
・自分の行動で、うまくいっていないことは何だろうか?
・もっとたくさんできる、あるいはもっと減らせること、あるいは別のやり方は何だろうか?

かつての習慣に逆戻りしてしまった時も、じっくり考えてみよう。何が再発、後退のきっかけになったのか、それが起こった時あなたが支払う代償は何か?（例：どんな被害を被ったか?）。自分を責めるのではなく優しい視点で、古い習慣があなたの健康や幸福に与える影響を考える。そして被害に気づいたことを、再び正しい方向に戻るきっかけにする。

● Restructuring the environment：環境の再構築

新しい習慣を定着させ長続きさせるために、自分の環境を作り変えることも可能だ。それが〝健康的な食事〟であれば、キッチンを見直し、ジャンクフードを一掃して冷蔵庫や食品庫を健康的な食材で満たすこともできる。

朝ジムに行きたいのであれば、ジムバッグに必要なものを入れてベッドの脇か、目につきやすい所に置いておけば、起きてからすぐ行動することができる（見える所に置いてあるジムバッグはリマインダーの役目も果たす）。

さて、七つのR、リマインダー、記録、見返り、ルーティーン、人間関係、じっくり考える、環境の再構築について、だいたい理解できたと思う。ここで少しクリエイティブになってみよう。これらのいくつかを組み合わせて満足いくまでいろいろ試し、新しい習慣を保つためのツールを複数用意しておこう。

第28章　ルールを壊す

私たちの心は時に暴君のようにふるまう。厳しいルールを作って言う。「これに従え、従わなければひどい目にあうぞ！」。だれもが、程度の差はあれこの声に従っているが、それを意識していないことも多い。ルールは以下のような言葉が使われているかどうかで見分けられる。「～した方がよい」「～すべきだ」「～する必要がある」「～する義務がある」「～になるまではできない」「～でなければできない」「～になるまではやらない」「～だからやらない方がいい」「いつもはこんなことしない」「こんなこと絶対やらない」「こういうやり方をしろ」「そんなやり方はするな」などなど。

以下はよくある例だ。

・私は完璧にやりとげなくてはならない。ミスをしてはならない
・私は皆を幸せにしなければならない。自分のことは二の次だ
・私は常に周りの人の行動を確認しなければならない。人は信用できない

厳格なルールは人生を締め付ける。例えば一つめのルールは私たちを〝不健康な完全主義〟のストレスに引き込む。二つめは〝過剰な言いなり〟状態に陥れる。三つめはいつも他人に疑心暗鬼になる。

ちょうど口うるさい両親や重箱の隅をつつく職場の上司のように。

一九四〇年代、心理学者のカレン・ホーナイは、こうした問題を「〝すべき〟という暴君」と呼んだ。一九六〇年代、やはり心理学者のアルバート・エリスは〝Musturbation（訳注：Masturbation自慰とmustしなければならないを掛けている）〟と言った。この暴君から自由になるにはどうすればよいか？

■見返りと代償

第25章では習慣を打破するさまざまなテクニックについて検討した。同じ仕組みがここでも適用できる。まず最初に、服従モードでルールに従った場合の見返りと代償について見ていこう。

●見返り

ミシェルが「人の頼みを断ってはいけない」というルールに服従する動機は、他者のケアをすること、拒否や敵意から身を守ること、人々からの好意、感謝、愛を得ること、対立を避けること、「気遣いと優しさに満ち、人を助ける、与える人」という彼女のセルフイメージを上げること、そして、少しの間でも〝私は愛されない〟の物語から逃れることだった。

あなたはどんなに厳しいルール（親や宗教、文化、職場に要求されるものでも、自分で設定した〝完全を目指す〟欲求からくるものでも）も選べるし、ミシェルのような見返りを望んでもいい。ルールに従うと、一瞬は望まない思考や感情を避けられる。特に恐れ、不安、罪悪感、恥、そして〝自分はイマイチ〟の物語から逃げられる。また、望むものを手に入れ、なしとげる助けにもなる。

●代償

長期的に見ると、ルールに服従することの代償はたくさんある。慢性的なストレス、疲労、燃え尽き、充実感のなさ、親しい人々との緊張や対立、人生における物足りなさ、重苦しさ、閉塞感、喜びや満足を取りあげられた人生など。ミシェルが経験したのはこれら全部だった。さらに、彼女が人々の言いなりになることを続けるほど、彼女の持つ「私なんて重要な存在じゃない、自分のことなんて後回しにすべき」という感情は強まっていった。なぜか？　恐れていることを避け続ける限り、うまく対応する方法は学べないからだ。エレノア・ルーズベルトはこれを見事にまとめている。

「恐れと向かい合うことによって、強さ、勇気、自信が培われる。自分にこう言えるようになる、「この恐怖を切り抜けたのだから、次に何が来てもへっちゃらだ」。できないと思うことをやってみなさい」

ルールに服従することが大した手間でない時は問題ないが、健康や満足感、幸福感が犠牲になる場合は、読み進める前にちょっとの間、その代償について考えてみてほしい。

■もっと自由で充実した人生

厳しいルールに縛られる生活にとって代われるのは、より自由で満ち足りた人生だ。もうお分かりと思うが、ルールの下には重要な価値がひそんでいるものだ。そしてこれらの価値は、もっとずっと自由なやり方で実践することができる。

完全主義の下には有能で頼りになる、責任感があるなどの価値が隠れている。〝頼みを断れない〟

傾向の下には自己防衛、寛大さ、寛容、援助などの価値がある。そして私たちはこれらの価値を、人生を消耗させる〝ルール〟という形ではなしに実行する方法を学べる。もっと柔軟に、もっと長いあいだ幸福感と充実感を高めながら行動する方法を身につけられるのだ。

これを実践すると、代償を支払うことなく、今までルールに服従することで得ていた見返りが手に入る。もちろんいくつかの恩恵は得られない。特に不安などの不快感から一瞬逃れるなどはできなくなる。だがそれは、より自由で満足のいく人生と引き換えなのだ。

ここでしばらく読むのをやめ、浮かんでくる思考や感情に気づこう。それは不安、それとも疑いだろうか？　心は意義を唱えているか？　言いわけ製造機が動き出しただろうか？　それともあなたはわくわくしている？　好奇心満々で、新しい何かに心を開いているだろうか？　どんな反応にせよそれに気づき、名前をつけ、存在を許し、先を読み進もう。

私たちはルールを曲げたり無視して、より良い、より自由で楽しい人生を送ることが可能だ。避けようもなく湧き上がる思考や感情、恐れ、不安、罪悪感、自己批判、言いわけなどに場所を空けてやるならば、だが。つまり、思考脱出のテクニックをフルに使う必要があるのだ。

■前進行動を選ぶ

厳しいルールに従うのをやめたければ次のことを考える必要がある。従う代わりにどんな前進行動をするべきか？　自由で健康で幸福になるために、ルールの下に埋もれている価値をどんな行動にしていくか？　図⑩で示そう。

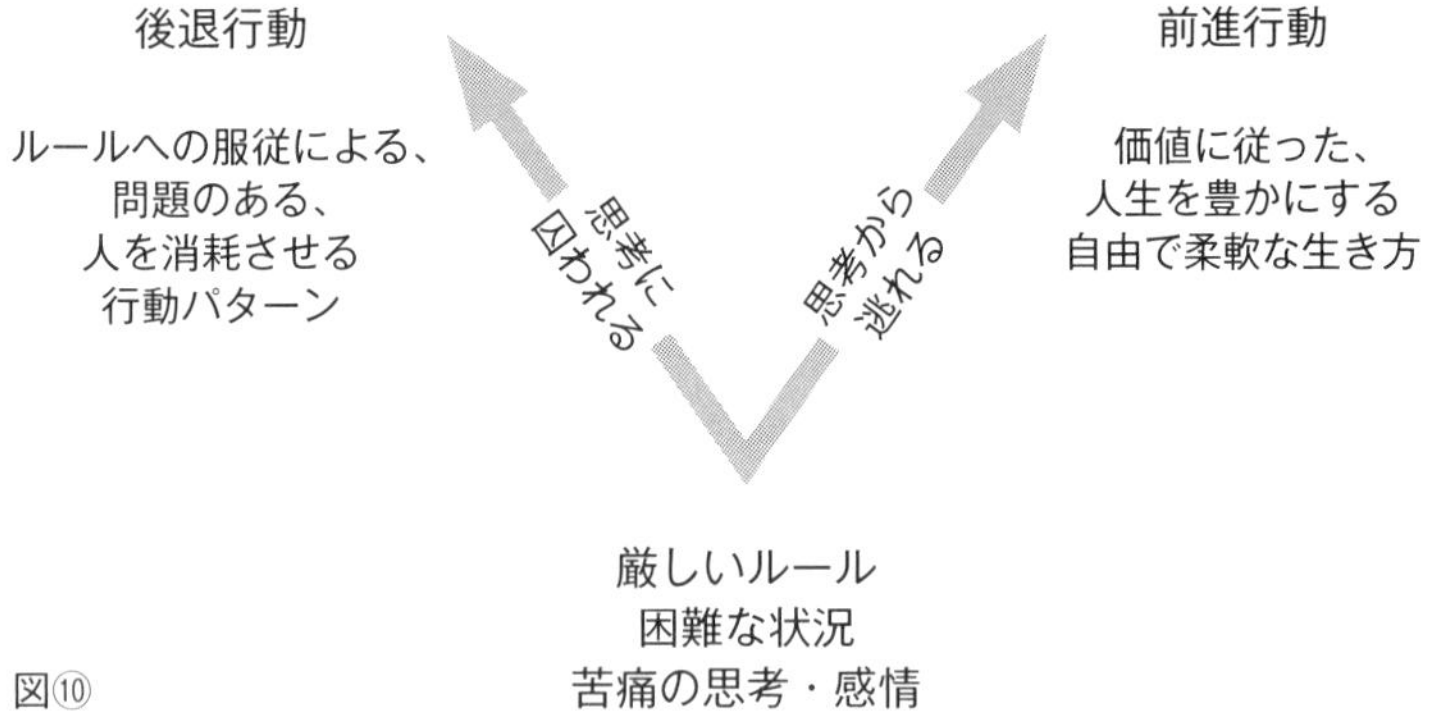

図⑩

完全主義的なルールは、あまりにハードルが高い、あまりに速い、あまりに完璧など、非現実的な目標を設定させる。なので、ルールに取って代わる前進行動は、第22章で説明したような現実的で価値に沿ったものでなくてはならない。これには思考脱出のテクニックが必須となる。新しい目標を設定する前に、まず〝自動運転〟のスイッチをオフにし、現在に集中しよう（自動運転モードにいると、自分では気づかずにルールに服従してしまう）。その場合は一瞬小休止して錨を降ろすか、ゆっくり深呼吸をしよう。必要であればＴＡＭＥのテクニックを使って不安を手なずけたり、完全主義的な目標への衝動に乗ってサーフィンしてみよう。思考から逃れたら、現実的でフレキシブルで、人生を豊かにしてくれる目標を設定しよう。

そして、いつものことだが小さく始めよう。難しいものは後回しにし、難易度の低い挑戦から始める。カールの完全主義的行動は、満足いくまでメールを四、五回書き直すことだった。結果、五分でできる課題が三十分かかる大仕事になってしまうのだった。実はカールは、メールを書くのがうまかった。そして時には素早く送れることもあった。締め切りが迫り書き直す時間がない時だ。そんな場合でも、不都合はまったく起こらなかった。彼のメールはいつも明瞭で、実用的で評判がよかった。書き直しの行為は単に彼の不安を軽くするだけのものだった。これに気づいたカールが設定した目標は「メールの書き直しは一回だけにする」だった。

彼はまた、課題に締切りを作った。課題が三十分くらいで〝満足のいく水準〟になりそうな場合は、こんな目標を設定した。「私はこの仕事に三十分しかかけない」（彼の後退行動は完璧を目指して何度も繰り返しチェックすることだった。そして二時間が過ぎてしまうのだった）。彼はまた、こんな目標も作った。「私はこの仕事にかける労力を、最大限の努力の八〇％まででよしとする」

（言うまでもないが、こうした戦略を使う場合、分別を持ってやってほしい。完全主義の脳外科医が手術の時能力の八〇％しか使わないということはない。だがこの手法を病院管理業務のメールに使うことはある。）

カールが課題を〝完全には満たない〟レベルで行うと、不安が襲ってきた。そんな時はそれに居場所を作り、必要なことに集中した。彼は〝完全にやらなければ〟という思いを追い払うのは不可能なことを知っていた（脳には消去ボタンはない）。なので彼は不安が現れたらそれに気づき、名前をつけるやり方を覚えた。心のささやきに感謝し、後ろで鳴っているラジオのように聞き流す方法も。そして自分に話しかけた。「まああの出来だったら十分だよ」「完全にする必要なんかない」「誰だってミスはするさ。僕は人間なんだ」

始めてしばらくしてカールは気づいた。完璧な仕事をしなくても何ら問題ないことに。それどころか彼は今まで以上に効率的、生産的になった。先送りはなくなり、処理できる課題は多くなった。さらに、〝完全〟にこだわるのをやめると、仕事はずっと楽しくなった。

■新しいスキルを学ぶ

時には、厳しいルールを壊すために新しいスキルを学ぶ必要がある。ミシェルのケースが好例だ。彼女はいつも人々のために駆けずり回るのをやめ、自分の時間を作りたかった。そのためには人々の頼みや要求を断り、自分に必要なことや自分の権利を尊重する必要があった。つまり、自己主張のスキルだ。

〝自己主張〟とは自分の権利を守ることだ。しっかりと、だが公正さを保ちながら、おだやかで平和的に自分の望みと要求を主張することだ。私たち誰もが他人からの不当な要求を断る権利を持っている。また自分の望みを伝える権利も。だがそうする時のマナーには注意が必要だ。公平で、穏やかさと尊敬を失わずに自己主張するのと、他者の権利を踏みにじってでも要求を通そうとするのとでは根本的に違う。攻撃的になると人は破城槌（城門を打ち壊すための武器）のようになり、欲しいもののためにはドアをも打ち破ろうとする。そこには自己主張が持っているべき穏やかさ、公正性、相手への尊敬などはかけらもない。

自己主張は〝受け身〟であることともまったく違う。受け身とは、よく言われるドアマット状態、人々が自分を踏みつけにするのを許すことだ。自分の権利や望み、ニーズなどはどうでもよく、他人が一番重要という状態だ。受け身はミシェルの〝初期設定《デフォルト》〟だった。彼女はまず、はっきりノーという練習から始めた。そして新しい行動習慣を定着させるために、〝練習〟〝小休止〟〝小さく始める〟の三つの戦略を使った。

●練習

どんなスキルでも練習が必要だ。ミシェルは密かに、寝室の鏡の前で頼みをはっきりと断る練習を始めた。こんな自己宣言を使って。「私ははっきりノーと言う。とても大事な他の用事があるから」。「お申し出ありがとう。でも今回はやめておくわ」「私の助けが必要なんて光栄ね。でも今はダメなの。やらなくちゃならないことが多過ぎて」「手を貸したいのは山々だけど他の仕事とぶつかっちゃうのよ」

彼女は特に、上司の要求に対応する時の練習に時間を割いた。「お手伝いしたいんですが、他にやらなければならない仕事がたくさんあるんです。とりあえずやるべき仕事がどれかを教えていただけますか？　そしてどれが後回しにできるかも」（リハーサルにはどこでこのスキルと戦略を使うべきかのプランも含まれていた。このセリフをウォータークーラーの所で言っても効果的ではなかっただろう。彼女はどんな機会に話し合うべきかも決めていた）。

ミシェルはまた、次のような言葉も練習した。「あとでお返事します」。これは時間を稼ぐには特に有効な自己主張フレーズだった。このセリフは次の言葉を付け加えることでフォローが可能だった。「他の人に確認しないと分かりません」「ちょっとカレンダーを見ないと……」、あるいは「今は手いっぱいなので予定表を見て確認したい」など。そして、自分にとって正しいチョイスをする時間を稼ぐのだ。そしてノーと言おうと決めた時は、直接よりもテキストメッセージやメール、あるいは電話で伝える方がやりやすい。

●小休止

厳しいルールに従いたい衝動が現れたら、一瞬間を取るのが驚くほど効果的だ。錨を五秒間降ろす。

ゆっくり優しい呼吸をする。あるいは足を床につけ背筋を伸ばす。これらを数秒間するだけで〝初期設定〟を崩せる。

人々に何かを頼まれるたび、彼女はゆっくり静かな呼吸をし、三、四秒空けてから返事をした。短い時間だが、練習してきた〝自己主張の宣言〟を思い出すには十分だった。

●小さく始める

新しいスキルを始める時、まず小さく始め、少しずつ上達するのが理想だ。ミシェルはあまり難しくない状況を選び、はっきり断る自己主張を始めた。アンケートの依頼の電話や、「二つ買うと三つ目が無料になりますが」といった言葉、あるいは夕食の前に娘に「チョコレート食べていい？」と言われた時など。その後、もうちょっと難しい状況にステップアップした。

数カ月後、ミシェルは徐々に〝自己主張の筋肉〟を育てていった。今まで〝彼女が助けてくれるのは当然〟と考えていた多くの人からの頼み（そして要求）を断った。そしてそのたび心配が湧き起こった。そんな時、彼女は自分に優しく言った。「私はノーと言う権利がある」。そして心配に居場所を作ってやり、大事なことに集中した。

ミシェルに断られてもまったく気にしない人もいた。だがつらく当たる人もいた。彼らはムッとして〝ガッカリした〟ことを彼女に伝えた。いろいろな方法で彼女を操り、態度を変えさせようとした人もいた。時には屈服し、やりたくないのにイエスと言ってしまうこともあった。だがほとんどの場合、彼女ははっきりノーと言い続け、そのたびに勝利の感覚を味わった。

ミシェルは少しずつ義務を減らし、自分の時間を作り、やりたいことがより多くできるようになった。加えて彼女は、ノーを受け入れなかった二人の〝有害な友人〟と縁を切ることもできた。これはしばらくの間非常に大きな不安をもたらしたが、時が経つとそうなってよかったことに気づいた。

もちろん、自己主張には不合理な要求を断る以外の要素がたくさんある。穏やかに、公正に、尊敬の念をもって自分の要求を伝えることや、頼み事をすることなどだ。これらはミシェルにとってノーと言うより難しかった。それを考えるだけでも内なる暴君が言い張った。「お前の望みなどどうでもいい」。そこでミシェルは、次の目標としてオンラインの自己主張講座に申し込むことにした（健全な人間関係のための自己主張のスキルについてもっと知りたければ、私の別の本、『相手は変えられない　ならば自分が変わればいい――マインドフルネスと心理療法ＡＣＴでひらく人間関係』を読むといいかもしれない）。

時間とともにミシェルは人生をさらに有意義にしていった。相変わらず人を助け、愛されていたが、一方で厳しいルールに服従する代わりにすべてを自分でコントロールしていた。彼女が自分のやり方で人生を生き、ルールや自己批判から逃れ、不安に居場所を作り、セルフ・コンパッションを実践すると人生は格段に良くなった。不安は減り、憂鬱は消え、ストレスはずっと少なくなった。以前よりはるかに充実した人生になったのだ。

■自分のルールを他者に押しつける

ここまでは、自分に対するルールの話だったが（「私は〜すべきだ」など）、人に自分のルールを押しつけることも同じくらい問題となる（「彼は／彼女は／彼らは／あなたは／私たちは〜すべきだ」）。人に対して、こうすべき、こうすべきではないというルールを持つことは、人間関係に緊張と対立を引き起こす早道だ。なぜか？　人が自分のルールに従わない時、私たちは怒り、傷つき、心配し、失望するからだ。愛する人や職場の同僚との間に緊張と対立が起こったら次のように自問してみよう。

「私はどんなルールを彼らに押し付けているのだろうか？　このルールにこだわっていることは自分が望む人間関係を築く助けになるだろうか？」

　そして自分の価値に戻ろう。この関係においてあなたはどんな人間でありたいだろうか？　他の人々とどんなふうに接したいか？　どうすれば受身にも強引にもならずに自己主張できるだろう？　穏やかで公正で尊敬の念をもって、望まないことにノーといい、自分の要求を告げられるだろうか？

　どんな価値も、いかに自分に、そして他者に接するかという点で、双方向であると言える。あまりに自分中心であるなら、自分が他者にどのように接したいかを考えてみよう。他人中心が過ぎるなら、自分をどのように扱いたいかを考えよう。これには単純な法則はない。いろいろ実験していい方法を探すしかない。だがそれをする価値はある。なぜなら、あらゆる人間関係には〝あるもの〟が避けられないからだ……。

第29章　いい時と悪い時

どんなにうまく歩き方を学んでもいつかあなたは転ぶ。危うくバランスを取り戻すこともあれば完全に倒れることもある。怪我もするだろう。実際、人生最初の一歩を踏み出した時から、あなたはもう数百回も転んでいるのだ。それでもなお、あなたは歩くことをあきらめない。いつも立ち上がり、そこから学び、歩き続ける。これは、アクセプタンス&コミットメント・セラピーにおいて〝コミットメント（誓い）〟という言葉で言い表される態度である。

〝コミットメント〟とは完全を目指すことではない。常に目的を追求し、決してあきらめたり迷ったりしないことでもない。それは、私たちが避けようもなく転んだり、道から外れた時にすぐに起き上がり、自分の位置を確認し、行きたい方向に突き進むことである。

よい例がスコットランドの偉大な英雄、ロバート一世だ。七百年前、イングランド国王がスコットランドを統治していた時代に起こった実話である。イングランド国王は暴力的で容赦がなく、スコットランド人を差別し、長年にわたり残虐に扱ってきた。一三〇六年、ロバート一世はスコットランドの国王となり、自分の国を圧政から解放することを最大の目標とした。彼は即位するとただちにイングランドに対して兵を挙げ、ストラス・フィランの戦場で血まみれの戦いを繰り広げた。だがイングランドは兵員の数でも武器の性能でも勝っており、スコットランドはさんざんに打ち負かされた。

ロバート一世は戦場から逃れ、洞窟に身を隠した。濡れて冷え切った体は疲労し、傷口からは血が流れ、希望はすっかり消え失せていた。圧倒的な不名誉と絶望に押しつぶされた彼は、故国を永遠に離れることまで考えた。

洞窟で寝ている時、彼は岩の裂け目に巣をかけようとしている一匹のクモに気づいた。それは簡単なことではなかった。クモは糸を紡ぎながら、隙間の一方の端から向こうの端まで巣を巡らしていた。クモは次々に糸を紡ぎ、行ったり来たりしながら巣を作っていった。だがたびたび、強い風が穴から吹き込んで巣を壊し、クモは何度も地面に落ちた。

しかしクモはあきらめなかった。風がやむと再び隙間の端に這い上がり、最初から巣作りを始めた。風は何度も巣を破壊し、クモは何度も最初からやり直した。しばらく風が止んだすきに、ついに頑丈な巣の基礎部分ができあがった。再び風が襲ってきても巣は持ちこたえ、クモの仕事はついに完成した。

ロバート一世はクモの忍耐力に驚愕した。「こんな小さな生き物に挫折を乗り越える力があるなら、私にできないわけがない」。このクモはロバート一世のインスピレーションの象徴となり、彼はあの有名な言葉を生み出したと言われている。「最初の挑戦がうまくいかなければ、何度でも挑戦しろ」。傷が癒えた後、彼は再び兵を挙げ、その後八年に及ぶイングランドとの戦いに突入する。そして一三一四年、バノックバーンの戦いに挑み、敵の十分の一の兵員にもかかわらずついに彼らを打ち負かした。

もちろんロバート一世は、目標を必ず達成できると思っていたわけではない。だが彼にとっては自由がすべてだった。そして自由を追求している限り、自分が価値を置く人生を生きることができた

（だからこそ彼は繰り返し襲ってきた苦痛に居場所を作ってやれたのだ！）。

これこそがコミットメントというものだ。目標を達成できるかどうかを前もって知る方法はない。ひたすら自分の価値の方向に進んで行くだけだ。あなたは未来をコントロールできない。あなたが自由にできるのは、旅を続けるための自分の能力だけだ。一歩一歩学び、成長し、途中道から外れたらもとに戻ることだけなのだ。

■成功を再定義する

ロバート一世のような、人を鼓舞する逸話を紹介するのは危うい一面もある。成功がどんなものかを定義することには危険がついてまわる。芸術家、医者、スポーツ選手、ビジネスマン、ロックスター、政治家、警察官などあらゆる分野において、〝成功した人々〟というものは彼らがなしとげた目標によって決められやすい。だがこのひどく偏った定義を信じると、私たちは目標に縛られた人生に囚われてしまう。そうなると、延々と続くフラストレーションの中で、目標を達成した時だけ束の間の満足感が顔を出す、といった人生になってしまう。

そこで私は新しい定義を提唱したい。それは、「人生の成功は自分の価値に沿って生きること」だ。この定義を受け入れるなら、自分の目標を達成していようがいまいが、あなたは今すぐに成功できる。価値に従ってさえいれば、満足は今この場所、この瞬間に与えられる。他の人々からの承認を求める必要はない。誰かに「やり遂げたね」あるいは「君のやってることは正しいよ」と言ってもらう必要もない。価値に従って行動していることは自分がよく知っているし、それで十分なのだ。

ソウラやドナはじめ、本書に登場した人々は、映画に出てくるようなヒーロータイプではない。皆がひれ伏すような功績を上げたり、圧倒的に不利な状況から勝利をつかみ取ったわけではない。だが彼らは自分の心とつながり、人生に意義ある変化を起こした（前に述べた通り、価値に沿って生きるのは目標を諦めることではない。ただ、ちょっと視点を変えるだけだ。そうすればまだ手に入っていないものを追い求める人生ではなく、今持っているものを楽しむ人生に切り替えられるのだ）。

　また、本書で紹介した私のクライアントが何度も〝脱線〟したことも言っておこう。彼らは皆、何度も価値を見失い、役に立たない思考に囚われ、苦痛と戦い、自己破滅的な行動をした。だが彼らはしばらくすると正しい道に戻ることができた。

　ドナの例で言えば、アルコール依存症から立ち直るのにほぼ一年を要した。数週間酒を断ったことも何度かあったが、些細なきっかけで再び深酒してしまった。事故から一年目、葬儀から一年目、夫と娘を亡くしてから最初のクリスマスなど。これらの節目がドナの苦痛の記憶や感情を呼び覚まし、それが飲酒の衝動につながった。彼女は時にセラピーで学んだスキルをすべて〝忘れ〟、痛みから逃れるために飲酒に走った。

　だが時とともに、ドナは自分を抑えることがうまくなった。彼女の最初の飲酒癖のぶり返しは娘の誕生日に始まり、一週間の深酒が続いた。二度目の再発は三日間、三度目は一日で終わった。ドナは、失敗や挫折の際に自分を責めることが無意味なのに気づいた。罪悪感や自己批判は決して意味ある変化につながらない。行き詰まりと後悔を生み出すだけだ。飲酒癖が再発するたびにドナはＡＣＴの原則に戻った。

・今を生きる

・心を開く（思考や感情から逃れ、それらが自由に行き来することを許す）
・今すべきことをする

具体的にどんなことをすれば良いのか？　自分が脱線した時、まずそれを認識すること、そして今現在に存在することだ。同時に、脱線した事実は変えようがないことを受け入れる必要がある。過去の出来事を変える方法はない。過去を反省し、次の機会にどう行動するかを考えることは意味があるかもしれないが、過去を悔やみ、自分の愚かさを呪うのはまったく無意味だ。自分が道を外れたことを認め、自分を優しく抱きしめよう。〝自分は無能だ〟という思考から逃れよう。心を開き、後退行動をした時に必ず現れる苦痛の思考・感情に居場所を作ってやる。〝優しい手〟や〝優しい言葉〟を実践しよう。大きな優しさと理解をもって自分に言い聞かせよう。「起こったことは起こったことだよ。それはすでに過去で変えようがない。私は人間だから間違いだってするさ。この星に住む他の人々と同じようにね」

次のステップは考えることだ。「私は今何がしたいのか？　過去についてくよくよ考えたり自分を責めるのでなく、今すぐできる重要で意味あることは何か？」

そして三つ目のステップは、言うまでもなく、価値に沿った行動を起こすことだ。

■何度でもトライする？

ロバート一世のモットー「最初の挑戦がうまくいかなければ、何度でも挑戦しろ」はとても力強いが、これだけでは不十分だ。次の段階として自分の行動が効果的かどうかを判定する必要がある。従ってより良いモットーは「もし最初の挑戦がうまくいかなければ何度でもトライしろ、それでもうまくいかなければ別のやり方でやってみろ」だろう。

だがここでは慎重に歩みを進めるべきだ。難しい状況にぶつかった時、〝こんなの手に負えない〟の物語が現れる。あなたの心は言う。「お前には無理だ、やめておけ」。言いわけ製造機は止めるべき理由を二十もリストにしてプリントアウトする。私たちはそれをあきらめ、別のことをしたい誘惑にかられる。こうした状況ではまさに忍耐が必要とされる。

こんな時にもってこいなのが〝集中・再集中する〟と〝今に存在する〟のテクニックだ。今していることに完全に集中し、それが持つ影響力に気づいた時が、次の質問に答えるベストの瞬間だ。「目的を達成するために、今していることを続ける方がよいか、それとも他のことをすべきか？」答えに従って、行動を続けるか変えるかを決めよう。

■楽観主義の手法

第27章で触れた通り、ソウラは出会いサイトに登録しさまざまな男性とデートした。最初はぎこちなく、気恥ずかしく、イライラしてばかりだった。心は繰り返し、彼女が〝負け犬〟で、こんなことをしても同じような〝負け犬〟としか出会えないと語りかけてきた。だがこうした役に立たないささやきをものともせず、ソウラは辛抱強くデートを続け、やがてそれは心地よいものになっていった。

確かにひどい相手もいた。退屈だったり横柄だったり、女性差別主義者、エゴイスト、あるいはただ感じが悪い相手もいた。だがとても楽しい相手もいた。機知に富み、魅力的で、知的で心が広く、人を引きつける力を持っていた。良いことも悪いこともあった。ある時、彼女はある相手と七週間にわたって付き合い、激しい恋に落ちた。だがその間彼がずっと浮気をしていたことが発覚した。当然彼女の心は押し潰され、しばらくコースから外れた。彼女は一カ月以上かつての悪習に戻った。家で一人で過ごし、友達と連絡を絶ち、とりつかれたように自分の孤独を嘆いた。気分を盛り上げるためにラージサイズのアイスクリームを食べた。だが彼女は最終的に自分の行為に気づき、ＡＣＴの基本テクニック、今を生き、心を開き、今すべきことをする、を行った。

ソウラは自分の悲しみと孤独に居場所を作り、自分に優しく接した。〝今・ここ〟にある人生に集中し、彼女の価値である〝愛情にあふれ気遣いのある存在〟と再びつながった。そして彼女は自分の長期目標（パートナーと共に愛すべき、意味のある関係を作り上げる）が達成されていないにもかかわらず、今ここで、さまざまなちょっとしたやり方で、友人や家族（そして彼女自身）に対し、自分の価値、〝愛と気遣い〟を役立てるのが可能なことに気づいた。そしてソウラは愛する人々と価値ある時間を過ごす生活に戻り、出会いを求めることも続けた。

ほどなくソウラは別の男性と恋に落ち、七カ月付き合った。残念ながらそれはうまくいかず、二人は別れた。ソウラが婚約を望んだのに対し、彼はまだ落ち着く準備ができていなかったのだ。あなたをがっかりさせて申し訳ないが、ソウラにおとぎ話のハッピーエンドは訪れていない。私が最後に会った時、彼女はまだデートを続けていた。だが同時に友人や家族、そして自分自身との関係に対しても努力を惜しまなかった。それらが彼女のパートナーを得たいという思いを補完することはなかったが、それでも多くの満足と充足感をもたらしてくれた。さらに、彼女はデートの際のユーモアのセンスを培った。デートを新しい知り合いと出会う機会と捉えるようになり、多くの社交の場を発見し、男性について多くを学んだ。彼女はまた、ミニチュアゴルフや乗馬まで、新しい体験の場としてデートを利用した。今や、彼女にとってデートは自分の価値に沿った行動であり、孤独に突き動かされた苦痛な体験ではなく、自分を成長させる行為になったのだ。

生きているとさまざまな障害、困難、課題に遭遇する。その状況を成長と学び、進歩の機会として受け入れるか、それともそれと戦い、抵抗し、避けるためにありとあらゆる手段を講じるかは、私たちの選択に任されている。ストレスの多い仕事、病気、うまくいかない人間関係、これらはすべて人間として成長する機会、新しい、よりよいスキルを身につけ成長するチャンスである。ＡＣＴは基本的に楽観主義の手法だ。悲観的な思考を見つけ出して対処したり、楽観思考で置き換えることはしないが、人生に対するスタンスはあくまで楽観的だ。問題がどういうものであれ、そこから何かを学び成長できると考える。置かれた状況がどんなに劣悪なものでも、価値に生きる中である程度の満足を味わい、何度道から外れようとコースに戻り、そこから再び始めることができるのだ。

■成長を選択する

本書のメインテーマは、「人生には苦痛がつきもの」というものだ。結局のところ、誰もが肉体的、感情的、心理的に苦痛を経験する。だがどんな苦痛な状況でも成長するチャンスはあるものだ。本書の前半で紹介した、多発性硬化症と診断された三十二歳の弁護士ロキシーを思い出してほしい。病気になる前の彼女は仕事一辺倒だった。彼女にとっては成功がすべてで、人生は順調だった。ジュニアパートナーに昇進し、高い給料を貰っていた。だが労働時間は週平均八十時間で食事はすべてテイクアウト、エクササイズもめったにせず、家族や友人と過ごす気力もないほど疲れていた。費やす時間もエネルギーもないため恋愛関係も短いものばかりで、誰かと一緒に過ごしたり楽しんだりする暇も作れなかった。リラックスしたり楽しむこともほとんどなかった。

だが深刻な身体障害と死の危険に直面したことで、ロキシーは人生には仕事や金以外に大切なものがあることを悟った。私たちがこの星で生きられる時間は限られていることに気づき、心の奥の一番重要なものとつながることができた。彼女は労働時間を減らし、大切な人々とより多くの時間を過ごし、水泳やヨガをし、また食事に気を遣って健康を保つ努力をするようになった。

職場の人々との関係も変えた。今までは人より秀でることがすべてで、細かな人間関係にはほとんど注意を払わず、同僚には閉鎖的で冷たい人間と思われていた。現在の彼女は同僚との接し方を変え、職場の外での彼らの生活に興味を示すようになり、自分の人生についてもオープンにした。同僚と親しく交わると彼らも同様に接してくれ、彼女は職場での友情を育むようになった。

降りかかった困難を受け入れることにより、ロキシーは自分の人生をより豊かで意味あるものにした。もちろん病気にならなかった方が良いに決まっているが、それは自分がコントロールできることではない。そして彼女は個人的成長の道を選んだのだった。

こうした話はたくさんある。私は、癌、心臓疾患、脳卒中などの深刻な診断を受け、その結果人生を根本的に見直すことになった人々を大勢見てきた。だが死神に目をつけられるまで待つ必要はない。私たちが望めば、今すぐ意味深い変化をもたらすことができる。困難に遭遇したら（必ず起こる）自分にこう尋ねる習慣を持とう。「この出来事をどう考えたら価値に沿った生き方ができるだろうか？」あるいは「この出来事をどのように解釈すれば、もっと効果的な行動ができるだろう？」こういう習慣を続けていると、私たちの人生はあるものを引きつける……。

第30章　大胆な冒険

ヘレン・ケラーの物語を聞いたことがあるだろう。一八八〇年に米国アラバマ州で生まれた彼女は、生後十九カ月で難病（おそらく髄膜炎）に罹患し、耳も目も不自由になってしまった。だがこれらの困難にもかかわらず読み書きを覚え、多作の作家、強力な社会変革者となった。そして例の有名な言葉を残した。「人生は大胆な冒険に乗り出すか、何もしないで終えるかだ」

あなたはどちらを選ぶだろうか？　もし自分の人生を大胆な冒険にしたければ、何が起こるか見当もつかず、望みが叶う保証もないのにコンフォートゾーンから出て、価値だけを頼りに海図のない海に乗り出したければ、必ず湧き起こる不快感に居場所を作ることが必要だ。いよいよ最後の章だ。この偉大な冒険の旅に役立つ方法を復習しよう。

■今に存在する、心を開く、今すべきことをする

あなたの幸運を祈って、再びＡＣＴの三つの原則を書いておく。

・今に存在する——今一番大事なことに意識を向け、現在の行動に没入する
・心を開く——思考と感情から逃れる。それらがあるがままに存在し、去っていくのを許す

・今すべきことをする――価値に沿って効果的に行動する

「今に存在し、心を開き、今すべきことをする」ための能力を専門的に言うと〝心理的柔軟性〟となる。前に言った通り、ACTに関する研究は三千にものぼり、それらは皆同じことを言っている。「あなたの心理的柔軟性が高くなるほど人生の質は高くなる」。だが研究結果を鵜呑みにしないでほしい。やってみて、自分で経験してほしい。もしACTの原則があなたに合っていて、人生が豊かで幸福になったなら、徹底的に取り入れてみよう。

また、これはあくまで個人の選択だということを確認しよう。これらの原則に縛られる必要はない。これは義務ではない。そこには良いも悪いも、正しいも間違いもない。これらの原則に沿って生きたとして、あなたが〝良い人間〟になるわけでも、他者より抜きん出るわけでもない。この原則に従って生きるべきだと考えるのは、別の厳しいルールに服従するのと同じだ。それは強制の意識を生み出し、やりたくないことを無理強いさせられることになってしまう。これでは人生が豊かになるどころか貧しくなってしまう。

あなたの生き方はあなたが決めるものだ。多くの人が、「この原則が人生をポジティブに変えた」と言ったとしても、これが〝十戒〟ではないことは肝に銘じてほしい。人生の向上を望み、自分でやると決めた時だけやってほしい。決して〝服従すべきルール〟にしてはいけない。

また、この本で得た知識をすっかり忘れてしまうことも何度もあるだろう。役に立たない思考に捕まり、感情とのむなしい戦いを繰り広げ、自己破壊的な行動をしてしまう。だが自分のしていることに気づきさえすればすぐにすべきことを選択できる。ここでも大事なのは自分で選択することだ。しなければならないことなど何もない。あなたが自分の意志でＡＣＴの原則を使わない時もあるだろう。だが問題はない。ひたすら自分の選択と、それがもたらす結果に注目しよう。特に、次に説明する〝チョイスポイント〟に差し掛かった時には。

■チョイスポイント：はまり続けるか、逃れるか？

本書をここまで読んだのに、あまり（あるいはまったく）変化が起こらなかった、という人がいるかもしれない。その場合、多分あなたは〝手強い（ＨＡＲＤ）〟壁に出会ったのだろう。

Ｈ（Hooked）：思考・感情につかまる
Ａ（Avoiding）：不快感を避ける
Ｒ（Remoteness from values）：価値から離れる
Ｄ（Doubtful goals）：実現が疑わしい目標

身動きが取れない感じがしたり、行動するのを避けている場合、ちょっと立ち止まって目の前の壁が何なのか見てみよう。そして第23章で説明した〝解毒剤〟を使ってみよう。

■チョイスポイント：服従する？　戦う？　それとも逃れる？

苦痛の思考や感情が浮かんだ時の人間の〝初期設定〟は〝服従〟か〝抵抗〟だ。服従モードではそれから目を離せなくなり、行動を支配させてしまう。一方抵抗モードでは、思考・感情と戦うか逃れようとする。これらの反応は必ずしもまずいわけではないが、多くの場合私たちを後退行動に駆り立てる。

思考脱出のスキルは、苦痛の思考・感情への別の反応の仕方を提供してくれる。私たちは思考・感情を、心を開き好奇心をもって観察し、その真の姿を見ることができる。それは頭の中の言葉と映像、あるいは体の中の感覚に過ぎない。私たちは判断を加えずにそれに名前をつけ、好きなように行き来させる。痛みを認め、自分に優しく接し、今すべきことに集中・再集中できるのだ。

■チョイスポイント：流されるか、錨を降ろすか？

〝錨を降ろす〟は本書で紹介した思考から逃れるスキルの中でもっとも応用範囲の広いテクニックだ。いつでもどこでも、どんな行動にも、気分のよい時でも悪い時でも、おだやかな時も激情に駆られた時も使える。思考から逃れる時も、居場所を作る時も、目覚める時も、再び集中する時も、行動に没頭する時も、行動へのコントロールを取り戻す時も、じっとして感情の嵐をやり過ごす時も。十秒のバージョンから十分のバージョン、あるいはその間の長さでもよい。状況に合わせてやってみよう。もしこれを飛ばしたか、ちょっとやって止めたか、やってみて好きになれなかった場合でも、もう一度第5章に戻ってしっかり練習することをお勧めする。

■チョイスポイント：困難に対処するか、何もしないか？

困難な状況に直面したら、〝困難の原則〟を思い出そう。その困難がどんなものであれ、あなたには選択肢がある。

1．その状況から離れる

2．そこに留まり、価値に従って行動する。状況を良くするためにできることをすべてやってみる。苦痛に居場所を作ってやり、自分に優しく接する

3．そこに留まるが、状況を変えないか、悪化させる行動をしてしまう

時には離れることが一番よい選択であることもある。しかしそれができない時は、2を選択する方が3よりもずっとよい結果をもたらす。

■チョイスポイント：即席の成功か、長期にわたるフラストレーションか？

あなたが〝すぐに成功する〟ことを望むなら（望まない人がいるだろうか？）価値に基づいた人生を大いに受け入れるだろう。その場合でも、私たちはやはり目標を設定しそれを追求する。だが目標がすべてにはならない。私たちは価値に沿って生きることを成功とする。そうすればどんな瞬間でも何かしらできることがあり、望めばいつでも成功できるのだ。

■チョイスポイント：心地よさか、意味ある人生か？

私たちは第1章で幸せの二つの意味を検討した。a．束の間の喜びと満足、b．豊かで意味ある人生、その中にはあらゆる種類の人間感情、喜びや苦痛が詰まっている。aを追いかけるのをやめてbの人生を追求したら、私たちは〝幸福の罠〟から抜けられる（そして反対の道をたどれば再び罠には

まる）。

■チョイスポイント：チャンスを逃すか、最大限に利用するか？

思考や感情に捕まると、つまり抵抗モードか服従モードに入ると、私たちは人生から外れてしまう。そんな時、思考脱出のスキル、特に〝今に存在する〟〝集中する〟〝味わう〟などは、今ここにある人生を楽しむことを可能にしてくれる。これはとても大事なことだ。〝今〟とは私たちが持っている唯一の時間だからだ。過去は存在しない。それは今抱えている記憶に過ぎない。未来も存在しない。それは今現在持っている思考とイメージ以外の何物でもない。あなたに与えられた時間は〝今この瞬間〟だけなのだ。これを最大限に使おう。最高に味わおう。そして、忘れないで欲しい、「人生は、与えられたものを最大限に使う者にもっとも多くを与える」のだ。

■チョイスポイント：〝自分に優しく〟か、〝自分に厳しく〟か？

これは前にも述べたがもう一度言おう。あなたは人間だ。私や、この星に生きる他の人々と同じなのだ。あなたは失敗する。ミスをし、道を外れる。この本に書かれていることを忘れてしまう瞬間が必ずくる。思考と感情に囚われ、価値から引き離され、理想とする人間とはかけ離れた行動をする。その結果あなたは傷つき苦しむ。

そんな時、あなたは自分に優しくできるだろうか？　人間であることの大変さを認め、自分に優しく接することができるだろうか？　自分の苦しみは他のすべての人も共有しているものだということが理解できるだろうか？　私たちは行動を改善することはできるが、完璧にはなれない。誰でも道を外れる。ミスをする。そして傷つく。だが自分に厳しくしても何の助けにもならない。いっそう身動きが取れなくなるだけだ。〝自分は無能だ〟の物語から逃れ、傷ついた友人に接するように自分と触れ合おう。優しい言葉、優しい手、優しい行動によって。

■究極の選択

アウシュビッツはもっとも残虐なナチスの強制収容所だ。そこで行われていたことは私たちの想像をはるかに超えている。おぞましい拷問や虐待、人間の尊厳の冒瀆。病や暴力、飢え、そして悪名高いガス室による数えきれない死。ユダヤ系の精神分析医、ヴィクトール・フランクルはアウシュビッツやその他の収容所での言語に絶する恐怖の数年間を生き延びてきた。目をそむけたくなるような描写が、彼の畏敬すべき著書、『夜と霧』に描かれている。

本の中でもっとも驚くべき事実は、死の収容所で長く生き延びたのは、肉体的に健康で強い人々ではなく、人生の目的としっかりつながった人々だったことだ。自分の価値とつながっている囚人は、そこから生きる目的、あらゆる苦痛に耐え忍ぶ力を貰っていた。価値とつながっていなかった人々はすぐに生きる意欲を失い、命を落とした。

フランクルの場合、基本的価値は他者を助けることだった。彼はキャンプにいる間ずっと、他の囚人が苦痛に耐え忍ぶ手助けをした。彼らの苦悩に熱心に耳を傾け、優しく勇気づける言葉を投げかけ、病や死の床にある人々の世話をした。特筆すべきは、人々が心の奥深くにある価値とつながることを助け、人生の意義、目的を見つけられるようにしたことだ。こうして彼らはそれぞれの目的意識を持つことができた。これは彼らに文字通り〝生き延びる強さ〟を与えた。

『夜と霧』がもたらすもう一つの大事な洞察は、ナチの強制収容所の中でさえ、人々は選択できたということだ。フランクルによれば、ナチスのメンバーは、時にユダヤ人に対して優しさを見せることがあったという。彼は、危険を冒して密かにパンを手渡してくれた看守のことを書いている。「それには一切れのパンをはるかに超える意味があった。私は感動のあまり涙を流した。彼が私にくれたのは、人間の大切な〝何か〟、パンを手渡してくれた時の彼の言葉と表情だった」。フランクルはまた、これとまったく対照的な、仲間の囚人にゾッとするような敵意とサディズムを向けたユダヤ人の話も書いている。これらが示すメッセージは明らかだ。もっとも厳しい環境にあっても、私たちは選択できるのだ。

　フランクルは言う。「収容所で暮らしていた人々は、皆を慰めるために収容棟を回って最後のパンの一切れを配っていた男たちのことをはっきりと記憶に留めている」。彼は、そうした人々は非常に少数だったと認めているが、それでも彼らの行動は誰も否定できない事実、「人間には他者が絶対に奪えないものが一つだけある、それは人間の最後の自由、いかなる状況であっても自分の心的態度、自分のやり方を選ぶ自由だ」ということを証明している、と結んでいる。

　この言葉を読むたび私は魂を揺さぶられる。〝いかなる状況であっても自分の心的態度、自分のやり方を選ぶ自由〟、なんと感動的な言葉だろう！

　だが、実際どうすればよいのだろう？　人生が軌道に乗っている時、欲しいものが得られる時、理想と現実のギャップが小さい時、健康状態がいい時、休日、天気は最高、心配事など何一つない時に、自分の態度を決めるのは簡単だ。しかし人生が困難に満ちている時、どうやって心を決めればよいのだろう？　自分が理想とする人生と現実がひどくかけ離れている時は？　〝ポジティブ・シンキング〟が救ってくれるだろうか？　それともナイキのポスターにあるように、「Just Do It（とにかくやれ）」がいいのか？

途方もない困難の最中に判断をしなければいけない時は、まず錨を降ろそう。直面している苦痛な現実を認めよう。現れる思考と感情に場所を作ってやろう。自分を優しく抱きしめよう。そして、自分の価値に触れ、困難に対する自分の態度を明確にしよう。つまり、今に生き、心を開き（思考や感情から逃れ）、今すべきことをするのだ。これがうまくできるほど、私たちは自由になっていく。人生が私たちの行く手にどんな困難を突きつけようと。

さて、この本もこれで終わりだ。だがあなたの人生は終わりではない。それはまだまだ続く。毎分、毎時間、毎日。それを最高に使ってほしい。毎日自分に尋ねよう。私は今を生きているか？　心を開いているか？　今すべきことをしているか？

前進しよう。生き続けよう。愛し続けよう。あなたの勇敢なる旅が、素晴らしきものにならんことを。

ラス・ハリスの本

●『幸福になりたいなら幸福になろうとしてはいけない――マインドフルネスから生まれた心理療法ACT入門』（*The Happiness Trap: Stop Straggling, Start Living*）岩下慶一訳　筑摩書房

世に流布している幸福の概念の多くは、不正確で、人々を惑わし、惨めな結果をもたらすものだ。『幸福になりたいなら幸福になろうとしてはいけない』は、こうした〝幸福の罠〟にはまることなく、人生を豊かで充実した、意義深いものにするためのガイドブックだ。心理療法ACTをベースに、仕事のストレスから依存症、日常の不安からうつ、子育てのプレッシャーから末期疾患まで、さまざまな状況に対応が可能だ。本書は世界中のACTセラピストと患者に読まれており、十五カ国語に翻訳されている。第二版は五〇％以上が新たに書き下ろされ、『定本　ハピネス・トラップ――マインドフルに生きたい人のための心理療法ACT入門』として出版されている。ウェブサイトhttps://thehappinesstrap.comでは本書に関連する多くの資料が掲載されている。

●『自分自身にやさしくすれば悩みの出口が見えてくる――マインドフルネスと心理療法ACTで人生のどん底からはい上がる』（*The Reality Slap: How to Survive and Thrive When Life Hits Hard*）岩下慶一訳　筑摩書房

ACTを基本とした悲嘆、喪失や危機を乗り越えるためのセルフ・ヘルプ本。特にセルフ・コンパッションについて紙幅を割いている（第二版は五〇％以上が新たに書き下ろされている）。

●*When Life Hits Hard: How to Transcend Grief, Crisis and Loss with Acceptance and Commitment Therapy*

The Reality Slap（2nd edition）と同じ本。前述したように五〇％以上が新たに書き下ろされているため、米国の出版社はタイトルを変え、新しい本として出版した。

●『相手は変えられないならば自分が変わればいい――マインドフルネスと心理療法ＡＣＴでひらく人間関係』（*ACT With Love: Stop Struggling, Reconcile Differences, and Strengthen Your Relationship with Acceptance and Commitment Therapy*）岩下慶一訳　筑摩書房

『相手は変えられないならば自分が変わればいい』は、一般的な人間関係の問題にＡＣＴの原理を応用した、示唆に富んだ自己啓発本。

●『自信がなくても行動すれば自信はあとからついてくる――マインドフルネスと心理療法ＡＣＴで人生が変わる』（*The Confidence Gap: from Fear to Freedom*）岩下慶一訳　筑摩書房

自信と成功、能力発揮についてＡＣＴの理論を応用した本。ライフ・コーチングやスポーツ、ビジネスにおける能力を伸ばしたい人に。

●『よくわかるＡＣＴ（アクセプタンス＆コミットメント・セラピー）――明日からつかえるＡＣＴ入門』（*Act Made Simple: An Easy-to-Read Primer on Acceptance and Commitment Therapy*）武藤崇監訳　星和書店

世界中でベストセラーになったＡＣＴのテキストブック。十万部に到達し、世界二十カ国で翻訳されている。心理療法の分野ではすでに古典となっている（第二版は五〇％以上が新たに書き下ろされている）。ＡＣＴに初めて接する人にも、経験豊かなＡＣＴのセラピストにも役に立つ、実用的で楽しさにあふれたテキストブック。ＡＣＴのコア・プロセスの解説から、実社会での利用方法、コーチングやカウンセリングの現場においての迅速で効果的な応用までを明快に説明する。ＡＣＴ

テクニックを用いてクライアントに劇的な効果をもたらすために必要なすべてのトレーニングが、本書に網羅されている。

●『使いこなすＡＣＴ（アクセプタンス＆コミットメント・セラピー）――セラピーの行き詰まりからの抜け出しかた』（*Getting Unstuck in ACT: A Clinician's Guide to Overcoming Common Obstacles in Acceptance and Commitment Therapy*）武藤崇監修　三田村仰ほか監訳　星和書店

専門家向けの最初のＡＣＴ本。すでに基礎知識があることを前提としているので基礎的な部分には触れていない。代わりに、セラピストと患者が陥りやすい行き詰まりについて説明している。

●『教えて！　ラス・ハリス先生　ＡＣＴがわかるＱ＆Ａ――セラピストのためのつまずきのポイントガイド』（*ACT Questions & Answers: A Practitioner's Guide to 150 Common Sticking Points in Acceptance and Commitment Therapy*）武藤崇監修　大屋藍子ほか監訳　星和書店

"Everything you wanted to know about ACT but were afraid to ask!" という名前でも知られている本。これもまた専門家向けのテキストブックだが、読みやすいＱ＆Ａ形式になっている。

●*Trauma-Focused ACT: A Practitioner's Guide to Working with Mind, Body, and Emotion Using Acceptance and Commitment Therapy*

最新の著作でセラピスト向け。トラウマに関する問題におけるＡＣＴの使い方を掘り下げた本。

●*The Weight Escape: Stop fad dieting, start losing weight and reshape your life using cutting-edge psychology* by Joseph Ciarrochi, Ann Bailey and Russ Harris

ＡＣＴの手法に基づいた、あらゆる体型の人に向けたフィットネス、減量と自己受容についての本。

●The Happiness Trap Values Cards（〝価値〟のカード）

私が作ったカラーの「〝価値〟のカード」。楽しいキャラクターのついたカードでシンプルな価値を説明している。詳しく言えば、これは〝価値と目標と障害〟についてのカードだ。目標の設定や行動の計画、また価値同士の対立、融合などの障害についても言及している。オーストラリアではwww.actmindfully.com .au で、オーストラリア以外の国からは www.edgarpsych.co.uk/shop で購入できる。

●Facebook グループ

「ハピネストラップ・オンラインプログラム」というフェイスブックグループ。本書を読んだ人やオンラインプログラムを受けた人による非常にフレンドリーで、助けになるコミュニティー。ＡＣＴを実践する上で、困った時に相談したり、成功を分かち合ったりできる素晴らしい場所だ。

「ＡＣＴメイド・シンプル」はＡＣＴをクライアントや患者に使用している医療関係者、コーチ、カウンセラー、セラピスト、医師、看護師、作業療法士に限定したフェイスブックグループだ。オンラインの支援コミュニティーとして、施術者や学生、研究者がリソースを共有し、質問し、意見を交換し、経験した困難と成功例について話し合い、最新の無料素材の供給も受けられる（これを執筆している時点で三万五千人のメンバーがいる）。

謝辞

まず、アクセプタンス＆コミットメント・セラピー（ＡＣＴ）の創始者であるスティーブン・ヘイズに対する感謝はあまりに大きく、とうてい言葉では表現できない。彼は私や私の家族、クライアント、そして全世界に素晴らしい贈り物をくれた。また、ＡＣＴのコミュニティーが提供してくれた素晴らしいアドバイス、さまざまな知識、ワークショップや関連の会議、そしてネットで無料でシェアされている情報にも感謝している。特にケリー・ウィルソンとカーク・ストローサルには特別な感謝を捧げたい。本書では彼らの洞察を大いに使わせて頂いた。同様に、本書の最初の版にフィードバックとアドバイスをくれたＡＣＴコミュニティーの友人たち、ジム・マーチマン、ジョー・チャロッキ、ジョー・パーソンズ、ソーニャ・バトゥン、ジュリアン・マクナリー、そしてグラハム・テイラーにも深い感謝を。

　第一版に関しては、私の兄弟であるゲンギスに大きな感謝を捧げる。彼のアドバイスは本当に尽きることがなかった。

　この第二版に関しては、私のパートナー、ナターシャがくれたすべての愛とサポート、励ましに、心からのありがとうを言いたい。彼女は本書の執筆中、本当に価値ある意見（本をよりよくするための有益な提案など）をくれただけでなく、私のエネルギーレベルが下がった時、リンツのチョコレートを差し入れることも忘れなかった。

第一版を出版する際、本を読んでフィードバックをくれた家族や友人たち、ジョニー・ワトソン、マーガレット・デンマン、カーメル・カンマラーノ、ポール・ドーソン、フレッド・ウォーレス、キャス・コーニングにもお礼を言いたい。

エグザイル・パブリッシングのスタッフには特に感謝したい。彼らは本書をまとめるために多大な努力を注いでくれた。第一版ではベニー・セント・ジョン・トーマス、ペニー・キャップとサンドラ・ノークスに、第一、第二版の両方ではギャレス・トーマスとアヌースカ・ジョーンズに大いなる感謝を。カレン・ジーには第二版の編集で傑出した仕事をしてもらった。エニー・トゥオミサロには素敵なデザインのお礼を申し述べたい。そして、最後になったがサミー・ジャステセンに、私とエグザイルのスタッフを引き合わせてくれたことに深く感謝する。

ラス・ハリス

オーストラリア　メルボルン　二〇二一年七月

●ま行

索引

*は言葉自体は出てこないがその言葉の内容をあらわしている箇所です。

PROFILE

ラス・ハリス　Dr. Russ Harris

ラス・ハリス医師は、アクセプタンス＆コミットメント・セラピー（ＡＣＴ）の施術者として世界的に知られている。もともとは医学畑の出身だが、医師として働くうちに処方箋を書くことにうんざりし始め、同時に健康と幸福における心の側面に興味をつのらせた。この興味は彼のキャリアに大きな変化をもたらした。現在の彼は、非常に関係性の深い２つの仕事、セラピストおよびコーチとして活躍している。

2015年、ラスは世界保健機関（ＷＨＯ）のために、世界中の難民キャンプで使用するストレスマネージメント・マニュアルを作り上げた。トラウマが引き起こすＰＴＳＤ(心的外傷後ストレス障害)、うつ、不安障害など、あらゆる問題に対応可能なプログラムだ。現在、シリア、ウガンダ、トルコの難民キャンプで実施され、大きな効果を上げている。その驚くべき効果は世界屈指の医学雑誌、ランセットに掲載された。

2005年以降、ラスは２日間のセミナーを800回以上行い、５万人以上の医療関係者にＡＣＴのトレーニングを施している。また現在までに４冊のＡＣＴ関連書籍を出版。また、ＡＣＴをベースにした４冊の自己啓発書も世に出している。代表作である『The Happiness Trap』は30以上の言語に翻訳され、世界中で100万部以上を売り上げている（日本語版は『幸福になりたいなら幸福になろうとしてはいけない』筑摩書房刊）。本書は これに大幅な加筆訂正を加え、半分以上を新たに書き下ろしたものである。

岩下慶一　Keiichi Iwashita

ジャーナリスト・翻訳家。ワシントン大学コミュニケーション学部修士課程修了。主に米国の文化・社会をテーマに執筆を行っている。翻訳書にクレイ・シャーキー『みんな集まれ！　ネットワークが世界を動かす』、ロバート・キヨサキ『金持ち父さんの「これがフェイクだ！」』、ラス・ハリス『幸福になりたいなら幸福になろうとしてはいけない』（以上、筑摩書房）、デイヴィッド・ゲレス『マインドフル・ワーク』（ＮＨＫ出版）など。

定《てい》本《ほん》 ハピネス・トラップ

マインドフルに生《い》きたい人《ひと》のための心《しん》理《り》療《りょう》法《ほう》Ａ《ア》Ｃ《ク》Ｔ《ト》入《にゅう》門《もん》

2023年 2月27日 初版第1刷発行

著　　者　ラス・ハリス
訳　　者　岩下慶一
発 行 者　喜入冬子
発 行 所　株式会社 筑摩書房
東京都台東区蔵前2-5-3 〒111-8755
電話番号 03-5687-2601（代表）

装　　幀　井上則人・入倉直幹（井上則人デザイン事務所）
印刷・製本　中央精版印刷株式会社

ISBN 978-4-480-84326-5 C0011

◉筑摩書房の本◉

幸福になりたいなら幸福になろうとしてはいけない
マインドフルネスから生まれた心理療法ACT《アクト》入門

ラス・ハリス
岩下慶一訳

「幸福になりたい」と願う心があなたを幸福から遠ざける。欧米で人気の「マインドフルネス」で、自分の身体や気持ちの状態に気づく力を育てて罠から抜け出そう。

相手は変えられないならば自分が変わればいい
マインドフルネスと心理療法ACTでひらく人間関係

ラス・ハリス
岩下慶一訳

「私は正しい。間違ってるのはそっち！」と繰り返していても何も解決しない。争いをやめてお互いの違いを認め、心を開いてつながりを深める方法を学ぼう。

自信がなくても行動すれば自信はあとからついてくる
マインドフルネスと心理療法ACTで人生が変わる

ラス・ハリス
岩下慶一訳

自信のなさと戦うのをやめ、マインドフルネスとACTでネガティブな思考や感情をコントロールしよう。恐れや不安と新たな関係を築けば次の一歩を踏み出せる。

自分自身にやさしくすれば悩みの出口が見えてくる
マインドフルネスと心理療法ACTで人生のどん底からはい上がる

ラス・ハリス
岩下慶一訳

死別、離婚、失業、天災、疫病など、突然襲いかかる過酷な現実から立ち直るには？傷ついた自分をやさしく抱きしめるマインドフルなやり方を伝える。

〈ちくま文庫〉

家族を亡くしたあなたに
死別の悲しみを癒すアドバイスブック

キャサリン・M・サンダーズ
白根美保子訳

家族や大切な人を失ったあとには深い悲しみが長く続く。悲しみのプロセスを理解し乗り越えるための、思いやりにあふれたアドバイス。

解説　中下大樹